企业操作实务方略

建立优良客户服务关系

JIANLI
YOULIANG KEHU
FUWU GUANXI

《企业操作实务方略》编委会 / 编著

内蒙古人民出版社

图书在版编目(CIP)数据

企业操作实务方略：建立优良客户服务关系/《企业操作实务方略》编委会编著. —呼和浩特：内蒙古人民出版社，2020.8

ISBN 978-7-204-16354-0

Ⅰ.①企… Ⅱ.①企… Ⅲ.①企业管理-销售服务 Ⅳ.①F272

中国版本图书馆CIP数据核字(2020)第118853号

企业操作实务方略：建立优良客户服务关系

作　　者	《企业操作实务方略》编委会
图书策划	石金莲
责任编辑	晓　峰　李月琪
封面设计	宋双成
出版发行	内蒙古人民出版社
地　　址	呼和浩特市新城区中山东路8号波士名人国际B座5层
印　　刷	内蒙古爱信达教育印务有限责任公司
开　　本	710mm×1000mm　1/16
印　　张	18
字　　数	300千
版　　次	2020年9月第1版
印　　次	2020年9月第1次印刷
印　　数	1—3000册
书　　号	ISBN 978-7-204-16354-0
定　　价	38.00元

如发现印装质量问题，请与我社联系。联系电话：(0471)3946173　3946120

前 言

客户关系管理是一套系统，涉及企业的方方面面。我们从客户关系管理系统结构模型的设计讲起，一步一步地介绍了怎样进行客户关系管理系统的设计与建设、数据库及企业信息系统的建设、工程项目小组的创建等。这些都是客户关系管理系统建设中必不可少的要素。

为了实施客户关系管理，企业要借助 CRM 系统。从 CRM 项目准备开始，到项目启动，再到系统的安装和调试，我们都详细地做了介绍。在本书中您可以清楚地了解实施 CRM 系统的所有关键步骤。

客户关系管理并不是要抛弃企业原有的先进的管理模式。客户关系管理要与企业资源规划和供应链管理整合在一起，使企业的信息和资源在电子商务中顺畅流通。如何整合？如何把客户关系管理渗透到企业的业务环节中去？本书将给您一个满意的解答。

我们讲解了如何通过客户关系管理系统对市场和客户信息进行统计和分析，发现市场机会，确定目标客户群和营销组合，科学地制订市场和产品策略。由此，您可以掌握如何通过 CRM 信息系统管理各类市场活动，对市场活动进行跟踪、分析和总结。

客户关系管理离不开网络和电子商务，如何实现客户关系管理系统与电子商务的对接？如何利用数据库全面支持和开发电子商务？在本书中这些问题将迎刃而解。

最后，我们介绍了客户关系管理的核心：如何进行一对一营销。为客户提供个性化的服务，实现一对一营销，是客户关系管理的目的。通过我们的实例和操作讲解，您可以成功地实施一对一的电子营销，与客户建立起学习型关系，加强与客户的互动，有效地挖掘客户价值。

如何留住客户、抓住客户？如何与客户相处？如何维护客户的忠诚度，并通过他们影响潜在用户、扩大市场份额？如何让客户感受到企业对他们的重视从而增进彼此的信任和感情？如何实施客户关系管理，作为经理人的您是不是经常为这些问题而发愁呢？

现在您的愁眉该舒展了，因为针对所有的难题我们都给出了简洁明了的解决方案。

本书可操作性强，是企业经理人必备的经营工具箱。我们彻底摒弃枯燥的理论阐述，把理论不知不觉地融入实践中去。

本书犹如一张你可以一步步按图索骥的地图，经由一个个轻松有趣却又深入人心的销售实例以诠释解决问题之道，让你在看似成交希望渺茫时，还能将销售会谈拉回正轨。通过本书，你无需再害怕遇见形形色色的客户问题，也唯有翻开本书，才能让你处于销售劣势时不致节节败退，有效地反败为胜，成功无畏地达成销售目的，冲向业绩的高峰。

本书能够在一年多的时间里顺利编写完成，离不开诸多同仁的精心协作和努力。在这里我们要感谢李元秀、贾瑞山、徐凤敏、孙影、夏飞、邓颖、陈礼春、石文慧、张卓、莘瑞印、秦宇超等同志参与编写，感谢你们的努力与付出！在此付梓之际，一并向你们表示衷心感谢！

编委会

目 录

第一章 优质服务决定优质客户 …………………………………… 1

- 唯有优质服务，才有优异业绩 ………………………………… 2
- 消除抱怨是稳固客户最好的时机 ……………………………… 6
- 顾客的利益是服务方向的航标 ………………………………… 12
- 敢于打破陈腐的观念 …………………………………………… 14
- 相信自己，才能说服客户 ……………………………………… 18
- 告诉自己一定能行 ……………………………………………… 20
- 把顾客当作自己的一部分 ……………………………………… 24
- 优质的服务是业绩增长的土壤 ………………………………… 27
- 随时保持与客户的联系 ………………………………………… 28
- 增强忠诚度的良方 ……………………………………………… 31

第二章 认识客户关系管理中的客户 …………………………… 35

- 根据企业与客户的关系对客户进行分类 ……………………… 36
- 如何分析客户对企业的价值 …………………………………… 38
- 如何面对价值不等的客户 ……………………………………… 40
- 如何收集客户的详细资料 ……………………………………… 43
- 如何对客户信息进行差异化分析 ……………………………… 46
- 如何发现最有价值的客户 ……………………………………… 49
- 如何把握客户对产品的不同要求 ……………………………… 51
- 如何确定客户满意度的系统定义 ……………………………… 53

| 如何展开客户满意度系统的评估 | 56 |
| 如何获得客户的忠诚 | 59 |

第三章 利益互享是共同成长的基础 …… 65

学习细节,养成良好的工作习惯	66
培育正确的价值观念	69
客户的严格会令我们不断成长	73
没有人能随随便便成功	82
从客户价值过渡到公司价值	86
寻求大家一起进步的空间	90
客户的支持是我们成功的关键	94
选准客户,共同成长	98

第四章 客户关系管理系统的实施 …… 107

如何掌控 CRM 项目实施的影响因素	108
如何进行 CRM 项目实施准备工作	111
如何进行 CRM 项目启动	112
如何对现有政策和流程进行分析和诊断	115
如何对新的业务流程进行测试	118
如何进行业务流程的二次设计与开发	121
如何验证二次开发业务流程的可执行性	122
如何从原来的前台系统切换到 CRM 系统	124
如何调整和监测新系统的运行绩效	125

第五章 用激情感染客户 …… 127

最佳的时机就是立刻动手去做	128
好运气的秘密在于比他人勤奋	131
与客户保持联络,让情感慢慢升温	134
用微笑融化顾客的冷漠与拒绝	137

真诚的赞美让你与客户的距离更近 …………………………… 140
认定对方就是你的客户 ………………………………………… 144
成功从勇敢地迈出第一步开始 ………………………………… 145
关心顾客是激发热情的源头 …………………………………… 148
情绪感染是最有效的说服利器 ………………………………… 153
你的业绩与你的热情成正比 …………………………………… 156

第六章 客户关系管理与企业资源规划整合 …………………… 159

如何从企业资源规划模式转变到客户关系管理模式 ………… 160
如何掌握客户关系管理对企业资源规划系统进行整合的重点 … 162
如何选择合本企业实际情况的整合软件 ……………………… 164
如何制订切实可行的供应链管理（SCM）总体计划 ………… 166
如何进行供应链模型的设计 …………………………………… 168
如何进行供应链流程的设计 …………………………………… 170
如何进行供应链的管理 ………………………………………… 171
如何实现 CRM 与 ERP 整合 …………………………………… 174
如何解决库存量增大的问题 …………………………………… 176
如何实现企业准时化采购 ……………………………………… 179

第七章 感恩与感动，不可或缺的因素 ………………………… 185

感恩是一种人生大智慧 ………………………………………… 186
任何时候都不要把客户当成你的敌人 ………………………… 191
不仅要让客户满意，还要令客户感动 ………………………… 195
升级服务，真诚回馈客户 ……………………………………… 199
想客户之所想，思客户之所思 ………………………………… 204
不轻易放弃每一次合作机会 …………………………………… 208
以优质服务赢得客户满意 ……………………………………… 212
提供高品质的个性化服务 ……………………………………… 217
短期有利可图，长期持续发展 ………………………………… 222

  用真心留住每一位客户 …………………………………… 226

第八章　真诚合作搭建心灵之桥　　231

  开拓有效的沟通渠道 ……………………………………… 232
  选择合适的沟通方式 ……………………………………… 237
  精心准备拜访，打有把握之仗 …………………………… 242
  对事不对人，解决问题才是关键 ………………………… 245
  争取得到客户的信赖和良好的口碑 ……………………… 250
  从客户那里寻求双方共识 ………………………………… 255
  公司是船，客户是帆 ……………………………………… 259
  每天有所成长，日后将有成就 …………………………… 263
  与客户患难与共，缔结坚固友谊 ………………………… 272
  携同公司一起进步 ………………………………………… 276

第一章

优质服务决定优质客户

无论是谁，只要想在推销行业中做出成绩，就必须明白一点：在现今激烈的市场竞争中，导致他人购买的决定因素，并非在于你推销的产品有多好，而是在于你提供给他们的服务有多么优质。因为在科学技术高度发展的今天，产品间的差异越来越小，在满足同一种需求的时候，人们有了更多的选择。在这个时候，竞争的不仅仅是产品的质量，更重要的是你所能够提供的服务，当你为客户提供的服务越优异，你所推销的产品便越发容易被客户接受。

唯有优质服务，才有优异业绩

从事推销工作，一定要强调一种责任感，即要"用心"。当然，做什么事情都可以不花费力气，可以平平淡淡地做着自己的本职工作，这样可能不会出什么大错。然而，要成为一名出色的推销员，是绝对需要"用心"的，要付出一定的努力和情感，要把推销工作当作一种乐趣，而不仅仅是工作。

在激烈的行业竞争中，很多推销员都具有相当的实力，所以就要依靠各竞争者与客户之间的关系来一决胜负：谁与客户的关系好，谁就能赢得客户的忠诚度。

若想维持长久的客户关系，推销员就必须提供高品质的产品和服务，并具备长期满足客户需要的能力。

前几年，加拿大日产汽车决定专注于提高客户满意度，而且要实施长期强调客户关系的营销计划，于是在原有各部门之外成立了"客户服务部"，并加强企业内部人员的专业训练和营销教育。公司还指派一位客户服务部经理领导此部门，职务级别与销售经理相同，其任务包括策划活动，保持购买日产汽车的客户对日产汽车以及全国经销商所提供服务的满意度。预计全面执行后，将成为客户终生满意的营销计划。

加拿大日产汽车的总裁富山英辅亲自监督该计划的执行。被朋友称为"王牌推销员"的富山说，采用这一新营销方针的重要原因之一是如今大家的产品质量都相当，要在众多品牌中脱颖而出，日产必须更加注重与客户的关系，即保持不断地令客户满意。

无论产品有多好,在过度拥挤的市场上,任何公司都不能只靠"全垒打产品"得分。

日产公司用日语"负责任的尊、美、畅"来表达全球性的产品策略。富山解释说,提出这个口号的用意是,要求公司所出品的车辆"对社会负责,并使开车成为乐趣"。"尊"代表性能,"美"代表美观,"畅"代表高度舒适。然而,"尊、美、畅"不只是公司内部的产品哲学,对富山而言,它也代表加拿大日产汽车提供服务的原则,以及与所有客户保持长久、融洽关系的方法。

日产公司的整个营销计划涵盖了对产品的整体改进,如延长保修期限、路边综合救援计划等。为了维护客户关系,使客户持续使用日产车系列,日产公司也和新车车主保持联系,追踪维修记录和购买记录,包括与经销商的交易记录。

日产汽车每隔一段时间就会寄出问卷给车主,开始时较频繁,然后至少每年一次,以得知客户对公司的服务是否满意。60%的客户会将问卷寄回,日产公司对于平均数字和个别反应一样重视。

这些问卷的目的并不只是对客户群进行研究,还在于测知某些个别客户对于经销商的服务是否满意,从而改进营销策略,以满足个别客户的需要,并根据每位客户不同的购买经验,运用各种方法提高其忠诚度。

根据客户回函的资料,日产公司就能很容易地找出对经销商服务不满意的客户,每份客户回函都变成一份客户的通信报告,必须在限定的时间内处理,并且尽快呈报,直到客户满意为止。如此一来,就能够比较好地维系好与客户的关系。

的确,无论对于推销员还是对于企业来说,"让客户满意"永远是其生存的核心资本。

IBM首创"销售和服务是营销功能中不可分离的两部分"这一思想,它成功的优势,主要得益于它那无懈可击的服务策略。

有一次，前IBM总裁老沃森先生出席了一个各部门经理参加的会议，会议的主要目的是探讨客户服务问题。桌上摆着厚厚一叠包括生产制造、技术等各种问题的资料报告。讨论发言告一段落时，高大魁梧的沃森走到会议室的前方，用手朝桌子上一挥，只见摆在桌前的资料报告飞得满屋全是。他说："这些问题实在没有什么好分类的，问题只有一个，就出在我们对客户的关心程度根本就不够。"然后，他扭头转身离去。屋中的20多位部门经理都傻傻地愣在了那里。

从那以后，IBM专门选用表现优异的推销员担任3年的主管助理。在这整整3年中，他们只负责一项工作，就是务必在24小时内解决客户的任何抱怨或疑难。而别的公司的助理人员，通常只是替老板提提公文包，跑跑腿，传递公文。

IBM新总裁小托马斯·沃森对于"服务"曾做了非常贴切的剖析："随着时间的积累，良好的服务几乎已经成为IBM的象征……多年以前，我们登了一则广告，用一目了然的粗体字写着：'IBM就是最佳服务的象征。'我始终认为，这是我们有史以来最佳的广告，因为它很清楚地表达出IBM真正的经营理念——我们要提供世界上最好的服务。"

IBM并非专业的搬家公司，然而，当一个大客户决定搬迁时，它的服务人员总是尽心尽力地帮助客户。当一家自动化公司把其总部搬进远在50英里以外的一座九层写字楼时，为了重新安装这家公司的电脑系统，IBM的24名服务人员分成3组，一天24小时连续工作，用1700多个小时，完成了这项巨大的系统连接工作。

IBM公司还在全美各地设立应用产品与技术营销中心来强化服务。该中心举办讨论会，进行产品演示，开设商用系统规划课程。IBM专家培训客户，从而使他们能够最大限度地使用设备。有些中心把重点放在满足零售商的需要上，有一些中心则注重办公系统，客户在那里花上几天的工夫就可以学会如何实现办公信息交流自动化。

IBM承诺客户晚上可以安然入睡，并保证他们的设备运转，这绝不

是戏言。IBM享有"世界上最讲求以服务为中心的公司"这一荣誉。这一荣誉不是来自一次成功的广告宣传和公关活动，而是来自多年来不懈的努力工作和服务人员十足的实际行动。

有一次，某保险公司大楼的机房突然起火，IBM分区经理虽然很早就得知失火，但直到3小时后警方才准许他检查损失情况。所有的导线被烧化，30个键盘、20个驱动器、7套通信系统和28个主要输入设备受到损害。这位分区经理立即调来IBM各服务小组，进行24小时不停顿的抢修。由于IBM服务人员连续3天抢修，这家保险公司很快就恢复了正常营业，几乎没有耽误什么工作。

IBM几十年如一日地为客户提供优质服务，从而奠定了公司繁荣兴旺的基础。IBM拥有40多万名雇员，500多亿美元的年销售额，年利润超过50亿美元，在世界上几乎每个国家都设有办事机构，其宏大的规模和显著的成就举世瞩目。

客户高度的满意会造就高度的忠诚，这既是推销目标又是一种行销工具。

怎样才能为客户提供令其满意的优质服务呢？

要有耐心。每一位客户，当他们真正产生了购买的动机后，都会仔细地去研究该产品的优点，因为这将有可能成为自己的东西。如果客户过分的细心令你不耐烦，你就应该努力控制自己的情绪，并更详细地和客户研究产品的特点、优点、效能、价格和成本，充分发挥你的口才，尽力让客户明白，他所购买的产品是物有所值的。因为你有耐心，客户必将会被你感动，虽然未必立即进行交易，但也会将你放在心上，一定会在适当的时间给你机会。

要时常设身处地地多为客户着想。在开展推销工作以前，你一定要对客户的情况进行分析，研究你所推销的东西是否真能为该客户提供服务并满足其需要。如果客户没有一定的需要，切勿过分地强迫他购买，应该采取悉听尊便的态度。如果强迫其购买，即使将产品售出了，

也只是赚取了一次佣金,却从此失去了一位客户,更失去了他的信任和他可能介绍的潜在客户。

切勿贬低客户自有的产品。客户在选购产品时,往往已经拥有了同类的产品。很多推销员为了表示自己的知识或者自己所推销的产品的优势,不惜过分批评竞争对手的产品。贬低别人是永远不能将自己抬高的,何况你并不知道竞争对手和客户的关系。

当产品售出之后,你应更加留心客户的反应,以便随时为其提供售后服务。当客户体会到你对他的售后服务精神时,会更加心甘情愿地为你义务宣传。

定期对客户进行询问,可以采取上门拜访或电话联系。对于客户遇到的问题,无论大小,都要做到及时答复。

你向客户推销的产品和服务与其他产品一样,必然会日新月异。产品在质量方面提高了,一定要及时通知客户。这样一来,既可以显示出你的关心,又可以避免竞争对手的乘虚而入。

消除抱怨是稳固客户最好的时机

我们在推销工作中会遇到各种各样的客户,有的要求严格,有的比较随和。例如某位客户订购了一批产品,并要求早些送货。

于是推销员回答说:"好的,明天给你送去。"

但到了第二天,可能因突来的急事,推销员忽略了送货这件事。

对于这种情况,有的客户能够体谅,送货晚了一两天并无大碍,但有些客户并不这样想,他们会再三催促:"上次订购的东西马上送来!"

"正想明天送去。"

"不行。明天来不及了,今天一定得送来!"

"可是今天实在没办法。"

"没办法也得想办法,我们急着要用!"

在客户这种催促下,即使你想办法将产品送去了,也会给客户留下一个办事拖拉的印象。

但是,不知你是否想过,正是在客户的严格要求下,我们才会有进步,这实在应该感谢那些要求严格的客户。

由于长时期担任社长及会长的职务,松下幸之助常常会接到客户寄来的信件。这些信件有的是褒奖,但大多数是指责和抱怨。他对于赞美的信件固然感激,但对于抱怨的意见,也同样心平气和地接纳。

举个例子来说,某位大学教授曾给松下幸之助写过一封信,抱怨他们学校在松下公司购买的产品发生了故障。松下立刻安排一位负责此事的高级职员去处理这件事。

起先,对方因为产品发生故障显得很不高兴。但这位负责人以诚心诚意的态度解释,并做了恰当的处理,结果不但令该客户感到满意,同时还善意地为这位负责人出谋划策,告诉他如何到其他学校去销售。

像这样以诚恳的态度去处理客户的抱怨,反而会获得更多达成交易的机会。

因此,松下幸之助非常感谢曾对他们抱怨的客户。他认为:"借着客户的抱怨,使我们得以与客户之间建立起另一种新的关系。而不把抱怨说出来的人,很可能只说句'再也不买那家的东西了',就没有下文了。但是,向我们表示不满的人,即使想说'再也不买了',一看到我们的人到他那里,他便会说'专程到这里来的啊',这句话足以表示他已领受到了我们的诚意。由于处理某件抱怨的事件而获得其他生意和客户的例子是很多的。"

当然,如果接到斥责的信后只是马马虎虎地去处理,那就很可能从

此失去一个客户,因此,我们必须慎重地处理客户的抱怨,找出客户不满的原因,诚心诚意地去为客户服务。我们应该将抱怨当作一个新机会的开始。

肯花时间提出抱怨的客户,表示他对企业、对推销员有信心。客户抱怨的多少显示了客户对你及你所在公司的忠诚度,客户的抱怨可以将公司的损失降到最低。如果你能适当解决他们的问题,他们下次在购买同种产品时很有可能会主动和你联系。事实上,不抱怨的客户的忠诚度最低,提出抱怨的客户可能才是最忠诚的客户。如果公司处理抱怨的方式令他们满意,他们就会变得更为积极。

美国有一家生产防盗门的瑞德公司,它一直把客户的抱怨当作改进服务品质的机会。这个公司在1996年发起了一项品质管理的计划,花了3年的时间将工作人员裁减一半,同时停止生产所有不赚钱的产品。在过去,很多客户向他们抱怨产品的品质不良、运送太慢、发票错误等。瑞德公司因而总结出了宝贵的经验,制定了一套系统,从而大幅度地降低了昂贵的退换成本。

与瑞德公司具有同样经验的专门制造门板及安全铁门的韦恩达顿公司,也把客户的抱怨当作改进服务品质的机会。由于客户抱怨门板在运输过程中容易损坏,该公司于是就将包装系统重新更换。有位客户自己不小心把门弄坏了,却还是提出抱怨。韦恩达顿公司明知责任不在己,但还是把客户弄坏的门运回了公司。经过重新仔细研究,他们改进了技术,后来生产出了更耐用的铁门。尽管改变包装系统为公司增添了许多麻烦,但出人意料的是,新的包装系统比原有的系统节省了生产成本,并且客户的抱怨大大减少。

如果客户的抱怨能够得到及时、满意的解决,客户就会觉得自己说话有分量、有价值,感到自己被人尊重,同时他们也会感觉到你办事有效率,会很乐意与亲朋好友分享令他们愉悦的经历。

据美国一家权威机构调查显示,六位客户之中会有一位向厂商提出抱怨。如果其抱怨获得了满意的处理，那么此后他们中有54%的人会成为该公司忠诚的客户。反之，如果抱怨处理不及时、不恰当，那么提出抱怨的客户中有90%的人不会再购买该公司的产品。

IBM公司客户服务顾问阿门·克博迪安在《顾客永远是对的》一书中阐述了IBM公司的核心服务理念，那就是：

第一，顾客永远是对的；

第二，如果有任何疑问，请参考第一条。

IBM公司将这两句话挂在公司大厅和车间中，以及公司员工都可以看到的地方。在此书中克博迪安还提出："如果你根据客户的意愿解决了客户的问题，有70%的人会跟你继续有业务往来。解决客户问题速度越快，他们成为回头客的可能性就越大。"

为客户的抱怨写回函是解决客户问题的第一步。首先要让客户明白，他的抱怨并没有被草率处置，他的问题会马上解决，同时告诉他解决问题的方法。这样客户就会慢慢地平息他的抱怨和怒气。

为客户写回函是IBM公司惯用的手法。

约克先生：

十分感谢您抽空写信。十分感激您的来信，让我们能有令您满意的机会。

您的抱怨对我们来说是份礼物，也是我们改进服务品质的机会。

您说的一点也没错。您的专业踏步机应该运作正常，但目前显示并非如此，您有权立刻获得解决。您对产品的满意，才能为敝公司带来真正的满意。我们永远欢迎您提出抱怨，这样我们才有机会使您满意。您是本公司努力的动力，您能协助我们确保我们产品的品质。

本人要向您道歉。非常抱歉，使您遭受不便。同时，我向您保证，我们会以最快的速度改正此问题。

真的很对不起！这种事不该发生，我保证会公平合理地对待您。

我们的货车司机杰克将致电给您，以便安排时间收取您的踏步机。

他在取件时会送上另一部新机器供您使用,直到我们找出其中的问题为止。

我们希望尽量给您提供方便,不给您带来任何麻烦。我们会在一周之内加以解决。

我会立刻行动。

我本人将负责此事。希望您仍旧对敝公司保持信心,也希望您继续惠顾本公司。我注意到,您4年多前向本公司购买了第一部运动器材。谢谢您一直以来对我们的支持。

我和我的同事都希望留住您这位客户。

再一次谢谢您!

史坦佛
2002年10月11日晚8时

除了写抱怨回函以外,还有一种常用的、方便的方法就是使用E-mail。它会给客户一种你已在采取行动、你在关心他们的感觉,它能缓和客户的不满情绪。

最快的答复客户抱怨的方式就是发短信息。在得知客户的抱怨后,立即发给客户一个短信息:"感谢您与我们联系,对于您的遭遇,我深表歉意。目前,我们正在调查情况,并研究解决方案,我们将于某月某日之前给您详细答复,敬请放心。"

在接到客户的抱怨时,按照如下步骤进行:

● **倾听**

不管你的客户多么气势汹汹、喋喋不休,你唯一要做的事就是倾听。静静倾听能平息客户的怒气,他就不好意思再那么蛮横、给你难堪了。

● **道歉**

首先对给客户造成的不便向客户道歉。态度一定要诚恳——客户可以清楚地辨别真伪，诚心的道歉可以使他们消气。同时，你个人必须为发生的问题提出解决之道并承担责任。

● 立即重述

重述客户向你描述的问题，确定你完全了解了客户的意见。"对不起，您的意思是不是说您的包裹没有准时到达？"然后告诉客户你将尽全力即刻解决他们遇到的问题。即使你无法完全解决问题，客户也很清楚你绝对是诚心想帮他的忙，不满的情绪也将随之减弱。

● 同情心

确定和客户做了最清楚的沟通，让他们知道你非常了解他们的感受。不要以施恩人自居，你要表现出你了解他们的感受。可以使用以下的词汇来达到此效果，例如："我了解……""我知道您的感觉……""我能够理解您的气愤……"等。

● 赔偿

你不仅要即刻处理客户的抱怨或是解决客户的问题，包括偿还客户的购物费用或退换货品，而且必须采取进一步的做法，告诉客户你将对他们有特殊的补偿，可能是一份小礼物，也可能是优惠券。把这些做法视为对客户的超值服务而非额外的花销。

● 务必确定客户是满意的

你可以在服务过程结束的同时，问客户几个简单的问题，例如："我们是否已经解决您的抱怨了？""有其他事情可以再为您服务吗？"几天后再给客户打电话确定客户是否仍然觉得满意。你也可以写信给客户，随信附上优惠卡或礼券。多一点付出，将帮你保留住忠实的客户。

顾客的利益是服务方向的航标

在销售过程中，我们会发现，想要成功，有无数的事情需要我们去做，有无数的工作等着我们去完成。但是，与顾客建立起良好的关系，不断地赢得新的顾客，却比我们做什么都重要。

因此，销售人员要获得成交量，提高销售业绩，就必须将自己所有的经营思路和活动都集中到顾客的利益这一方面，最大限度地满足顾客们的需求。任何一个渴望在销售界做出一番成就的人来说，都应该争取成为顾客的贴心人。在这一方面，你只有做得比你的竞争对手想得更周密，做得更完美，才有可能获得最大意义上的成功。

一篇介绍德国专门从事餐具清洗的温特哈特公司的文章指出："要想成为市场上的优胜者，必须具备灵敏的嗅觉，能够及时准确地捕捉顾客的需求。在温特哈特公司里，每位员工，从电话接线员到经理，在正式上班前都得在某家饭店的餐馆里从事1~3个月的餐具清洗工作。比如，主管经理从这段经历中学会了怎样在麦当劳培训员工。而且这家来自博登湖的餐具清洗商定期与生产瓷器、饮用杯的厂商以及制作餐具的设计师会面，探寻市场发展的趋势。他们讨论适用于洗碗机的饮用杯的新样式，讨论新材料和由此产生的商机。同时，他们还交换对于时局变化的观点，这些观点也许会对他们的行业产生影响。"

只有这样，才有可能满足顾客的愿望！因此，你也不妨在这一方面多花一点时间，考虑一下你的公司、你的企业应该怎样更好地为顾客服务。

总部设在美国硅谷的惠普公司是世界上最大的电子仪器公司之一。

这家公司50多年前初创时只有7名员工和500多美元的资本,是一个设在私人汽车库里的小作坊。如今它已成为国际性大企业,拥有遍及全世界的多家分公司和200多个销售网点,有雇员将近10万人,生产5000多种产品,在世界十大信息产业公司排名中位于前列。

惠普公司之所以能由一个只有几名员工、资本仅500多美元的小作坊发展成为今天的世界著名企业,就是因为他们奉行"用户是上帝"的经营策略。

惠普公司的决策者认为,好的产品还需要有优质的销售服务。只有这样,才能有巨大的销售额和丰厚的利润。销售服务工作的好坏,对企业的兴衰有着举足轻重的作用。"惠普"公司投入了占职工总数16%的人员从事销售服务工作,推销费用占总销售额的15%,比研究开发费用还要多。

惠普公司采用"敲用户门"的销售服务方式,主动、热情、积极地推销产品。公司规定每人每年必须完成180万元的指标。惠普公司的每项产品都有10个以上的竞争对手,因此,销售人员要完成自己的任务绝非易事。产品销售出去以后,公司还向用户提供及时而有效的服务,内容有安装、调试、维修、培训使用人员等。产品保修期通常为一年,厂方规定维修人员在一定的时间内必须完成任务,如计算机3天之内必须修复;用户所在地距离维修点100公里以内的,维修员接到通知后必须在4小时内到达现场,不得延误;维修更换的零部件必须保证及时获得等。备件中心日夜值班,节假日也不休息,从而使用户能及时收到所需更换的零部件。由于把用户当成上帝来对待,顾客觉得买惠普的产品不仅质量上乘,而且维修方便,确实放心。就是在"用户是上帝"这种经营策略的指导下,惠普产品的销售额每年递增26%以上。

从以上叙述中我们可以看出,惠普能跻身世界一流的公司,绝不是偶然的,它其实是"用户是上帝"结出的硕果。

以市场为中心、把顾客当作上帝的经营策略,同时也意味着了解你

的竞争对手的优势和劣势。通过你全力以赴地进行这项工作,你就会对你所在的整个行业有所了解,同时,你也会把握你自己企业的准确定位。这样,你就会永远立于不败之地!

永远把顾客放在上帝的位置上,常常给他们带去惊喜,这样,你带给他们的不仅是满意,更是喜悦!如果你能做到这一点,你又何必担忧客户不接受你的产品和服务呢?你的销售业绩又怎么能得不到提升呢?

任何一个渴望在销售界成功的人,都应该将下面三点作为自己工作的原则:

第一,顾客的愿望比任何工作都重要!

第二,应该诚实、礼貌地对待顾客,从内心深处把他们当作朋友!

第三,经常给顾客们一个又一个惊喜!

之所以要把顾客当作你的上帝,原因非常简单:没有顾客,任何一个成功者就无事可做,他们也就什么都不是!

因此,在销售界成功人士的心目中,市场永远是他们生活的中心,顾客的利益是他们行动的唯一指南。

敢于打破陈腐的观念

原一平是著名的推销大师之一。他年轻时,由于家境贫寒,小小年纪就一边在米店打工一边在学校读书,生活非常清苦。

这家米店的老板是个老古董,他一生坚信,只有勤俭刻苦才能事业成功,因此,他对那些保险公司的推销员看法偏激。他认为其钱财来得太轻巧,仅凭磨磨嘴皮子,就可以捞到大笔的钱。为此,他专门给店里立了一条店训:

> 平生绝不做保人
>
> 勿理保险推销员
>
> 勤劳节俭必成功
>
> 切记万事勿大意

他经常嘱咐店里的员工，有保险推销员来，千万别去理他们，当时，原一平也被老板的思想同化了。每当有保险公司的推销员上门来推销，他总是对他们不理不睬的。

万物都不是一成不变的。随着世事的变迁，原一平没想到自己最后居然走上了一条当保险推销员的路。每当回想起自己在米店干活时的情景，他都忍不住要笑出声来。

有一天，原一平突然大发奇想，心血来潮。他决定去米店推销保险，把那里的陈旧观念转变过来，让那个从来都瞧不起保险推销员的米店老板投一张保险单。

事不宜迟，原一平越想越兴奋，他决定去米店。他来到米店，只见老板已经换成一个年轻的了。原一平认识这位新老板，他原来是米店里的一个小伙计，因为为人忠厚老实，又勤快又能吃苦，被老板看中，再加上老板膝下无子，于是就被收为养子。原一平一看原来的老板不在，急忙问："以前那位老板身体还好吧，怎么没见到他呢？"

新老板说："哦，现在他老了，已把米店里的事情交给我打理，他正在家里休息呢。"

原一平说："噢，原来是这样，他跟太太身体都还硬朗吧？"

"都好都好，谢谢你还记得回来看一看，其他在这里干过活的人一个都没有回来过。你呢，你现在怎么样？"

原一平回答："我也挺好。"

"在哪里高就啊？"

"我现在在明治保险公司当保险推销员。"

新老板惊奇地说："哎呀，你这个转变可真是够大的了，难道你忘了米店的店训了吗？"

原一平说:"我怎么会忘记呢,可是没有办法呀。"

"那你工作辛苦吗?"

原一平一听,心想:话题已经自然而然地转移到工作上来了,这下机会到来了,他决定用单刀直入的办法,借这个机会说服新老板,让他买份保险。

谁知,事情并不如他想象的那么简单,新老板自从到了米店,早就被前老板的那套店训同化了,他可不会那么轻易地改变主意。

原一平答道:"辛苦确实是很辛苦,不过让我欣慰的是我的工作业绩一直排在公司前面。我还一直记得老板所教导的'勤劳节俭'四个字呢。如果不是这几个字,我也不会有今天的。"

老板哈哈大笑:"是啊,我也一直记得这几句话啊,勤劳节俭之人必定会成功的。"

"对了,前任老板还是老样子,没有买任何保险吗?"

新老板突然沉下脸来:"我就知道你今天不是专门来看我们的。既然你在米店干过那么久,就一定还记得那店训吧。"

原一平没想到出师不利,自己刚把话题转移到保险上来,就被泼了冷水,他还没想好说什么,就听新老板接着说:"俗话说'人各有志',你在米店时要遵守米店的规矩,出了这个门槛你愿意干什么工作就干什么工作,我们也没有权利干涉你。今天你来,我是因为你原来在这里干过活,要是换成别的保险推销员,我早就把他赶出去了。"

原一平急忙说:"好的,好的,我不会再跟你提保险的事情了。不过,我今天来确实是想看望一下老板,既然他现在过得很舒服,我也算是放心了,我以后再来拜访吧。"

就这样,原一平灰溜溜地走出了米店。看来,这米店的老传统一时半会儿怕是改不了喽。原一平一边摇头一边想,自己的计划这下泡汤了。

不过,临走时他仍没忘记交代一句:"我只想提醒你一下,保险是一种无形的投资。它有备无患,只有那些身体健康的人才能够投保,

你可别到了想要投保的时候后悔都来不及了。"

说来也奇怪,原一平去米店回来后没过几个月。以前的老板就因故去世了,原一平听到消息后,心里难过了好久好久。他还是很怀念自己在米店打工的那些日子,其实前老板对他一直很不错,他决定准备一份厚礼去吊丧。

前老板一去世,财产自然由他的养子,也就是新老板继承了。原一平还帮助新老板做了很多事,比如处理前老板的后事等。

不久后,突然有一天,米店新老板来找原一平,主动提出要投保,他说:"老板去世给我很大的打击,不过好在你帮着我跑前跑后办了不少的事情,现在我也该好好振作起来,把这个米店继续打理下去,希望生意会越来越兴隆。我这次来是想跟妻子一起投保,上次没有听你的话,我现在还有点后悔呢!"

原一平高兴地说:"你的脑瓜子转变过来就好了,趁现在身强力壮投了保,以后无论遇到什么事情都会有保障了。"

"是啊是啊,我现在已经跟以前的想法不一样了,我想通了,就像你说的,保险这玩意儿有备无患,我还真怕以后想到它的时候,又来不及了呢。"

"哈哈,这就对了,人的观念总是要不断更新才行。"

就这样,新老板主动来找原一平投保,从此,米店里再也看不见什么"平生绝不做保人,勿理保险推销员"的牌子了。原一平为这一点感到欣慰。

在销售对象攻击你的公司、公司的政策或者一件过去的事情时,别把它当成人身攻击。记住:若不能保持冷静,生意也要落空。

推销员的目的不仅仅是把产品推销出去,更应该怀有真诚关心别人。热心帮助客户的善心,也会使你得到意外的收获。

如果你对人真诚,就要用言行表现出来,客户会心存感激。

相信自己，才能说服客户

要想使自己成为一名一流的推销员，就要努力做到：相信自己能够胜任推销工作，相信自己能够说服客户购买商品，相信自己能够战胜推销活动中的各种困难，无论是顺境还是逆境始终对推销事业充满着必胜的信心。培养坚定的自信心，是推销员迈向成功的第一步。一位先哲曾经说过："自信是走向成功的敲门砖。"

美国人寿保险公司曾做过一个试验，它从报考推销员的落选考生中，聘用了10个考分稍低但充满自信的人。1年后，他们比同行中那些考高分但生活态度消沉的人的推销成绩平均高出10%。

吉尼斯世界推销纪录创造者乔·吉拉德，曾在一年中创造了零售汽车平均每天四五辆的纪录。当初他去应聘汽车推销员时，经理问他："你推销过汽车吗？"

吉拉德回答说："我没有推销过汽车，但我推销过日用品、家用电器。我能成功地推销它们，说明我能成功地推销自己。我能将自己推销出去，自然也能将汽车推销出去。"

1926年，毕业于东京大学法律系的大村文年进入三菱矿业公司，成为这个公司的一名普通职员。当公司为新加入的成员举行欢迎仪式时，他在内心中暗暗发誓：我将来一定要成为这家公司的总经理！

在确立了自己的奋斗目标以后，大村文年开始了自己的长远计划。凭借着旺盛的斗志与惊人的毅力，他数十年如一日，孜孜不倦地工作，取得了超过众多资深同事的业绩。凭借着真正的实力，他终于在35年之后被总公司任命为三菱矿业的总经理。

以三菱集团的历史而言，未满60岁就成为其直系公司的总经理，可以说是史无前例的。大村文年的就职惊动了日本工商界人士,他们无人不感到惊讶,并对他深感佩服。

是高度的自信与自我激励,引导大村文年由一个普通的职员登上了总经理的职位,并指引他永远向成功迈进。

自信的价值,已为越来越多的人所重视。目光远大的领导者已将其列为选拔人才的重要标准。

日本东京帝国大学的一个高才生,毕业后应聘某电器公司,结果落选了。他痛不欲生,决定自杀,但自杀未遂。获救后,朋友告诉他,他的笔试成绩在所有应聘者中本是第一名,由于计算机系统的问题,将他漏掉了。于是,"起死回生"的他准备宴请亲朋好友庆贺一番。这时又突然传来消息,说这家电器公司不准备聘用他。公司的人力资源部经理这样评价他:"这个人的知识和能力也许是第一流的,但连这么小小的打击都承受不了,我们有什么理由期望他将来在公司里能有所作为?假如某一天公司面临着危机,那么他一定是第一个逃兵。"

人无论做任何事情都要有自信,但是自信要以优秀的素质为基础。如果没有良好的内在修养,如知识、能力、品质等,自信是无从谈起的。

世界著名指挥家小泽征尔有一次参加欧洲指挥大赛的决赛。他按照评委会给他的乐谱指挥乐队演奏的时候,发觉有不和谐的地方。起初他以为可能是乐队演奏错了,就停下来重新演奏,但他仍然认为有不和谐的地方。于是小泽征尔向评委们提出乐谱有问题。但在场的作曲家和评委会权威人士都说乐谱没有问题,而是小泽征尔的错觉,请他找出原因。小泽征尔当时还未出名,只是一名普通参赛者。但他坚信自己的判断,肯定地说:"不,一定是乐谱错了!"话音刚落,评判台上立刻报以热烈的掌声。

原来这是评委们精心设计的圈套,以此来检验参赛者在发现乐谱的错误并遭到权威人士"否定"的情况下,能否坚持自己的正确判断。前两位参赛者虽然也发现了问题,但终因不自信而被淘汰。小泽征尔

最终摘取了这次世界音乐指挥家大赛的桂冠。

推销和其他任何工作一样,在你品尝到成功的喜悦、享受自得与荣耀前,路途上会有许多挫折与困难等着你去克服。能够伴随你克服艰辛、疲惫、拒绝的利器,就是你自己在推销工作中所秉持的信念。虽然你已经读到了很多销售大师们的成功信念以及经验教训,但是在你还没有亲自逐一验证前,这些信念就仅仅停留在"知"的阶段,你仍然无法拥有支持你成为一流专业推销员的成功秘诀——信念。因此,从现在起,你必须建立起自己的信念,这就是你成为杰出推销员的秘诀。

努力培养你的自信心。

要有全面的自我认识和正确的自我评价。

全面而深入地了解自己的各个方面,包括个性、兴趣、知识水平、实践能力、价值观念及以往的成功经验和失败教训等。然后,对自己的各个方面进行分析、比较、判断,弄清自己的优点和缺点、优势和弱势、稳定因素和非稳定因素等,并将这些方面同自己的推销工作联系起来进行综合考虑、全面衡量,做出正确、客观的自我评价。

缺乏自信的推销员,不是自卑心理很重,就是有畏难情绪,"怕"字当头——怕推销工作做不好,怕遭到客户拒绝,怕商品推销不出去……自卑感和畏难情绪严重妨碍了自信心的确立,必须加以消除。

告诉自己一定能行

要想成为一名优秀的推销员,你必须首先战胜自身的弱点,克服因失败、挫折带来的恐惧心理,自信地将自己的思想表达出来。自信是积极向上的产物,也是一种积极向上的力量。

每个人的一生都在为自己描绘一幅图画,每一笔都会遇到对手。面临强大的对手时，我们绝对不可以自卑，不可以害怕，而是要有信心，相信自己强于他人，并克服恐惧，那么我们画出的将是明亮而流畅的一笔，成功的一笔，从而增强我们改变自己生活能力的信心。如果我们失去了自信，我们就有可能为自己添加败笔，从而导致一生的遗憾。

曾有一家大公司的零售部门经理苦恼地去请教心理专家拿破仑·希尔，他很烦恼地解释说："我恐怕会失去现在的工作了。我有预感，离开这家公司的日子不远了。"

"为什么呢？"

"因为统计资料对我不利。我这个部门的销售业绩今年降低了7%，这实在是糟糕到了极点，特别是全公司的销售额增加了65%。最近，商品部经理把我叫去，责备我跟不上公司的进度。"

"我从未有过这样的感觉。"他继续说，"我已经丧失了掌控的能力，我的助理也感觉出来了。其他的主管也察觉到我正在走下坡路。我就像一个快淹死的人，旁边站着一群观者等着看我淹没。"

"我猜我是无能为力了，我很害怕，但我仍希望会有转机。"

拿破仑·希尔问他："为什么不采取行动来支持你的希望呢？有两种行动似乎可行。第一，今天下午就想办法将那些销售数字提高，这是必须采取的措施。你的营业额下降一定有原因，把原因找出来。你可能需要一次廉价的大清仓，以便买进一些新颖的货物，或者重新布置柜台，你的销售员可能也需要更多的热忱。我并不能准确地指出提高营业额的方法，但是总会有方法的。最好能私下与你的商品部经理商谈。也许他正打算把你开除，但假如你告诉他你的构想，并征求他的意见，他一定会给你一些时间去进行。只要他们知道你能找出解决的办法，他们就不会做出不合算的事情。"

拿破仑·希尔继续说："你还要想办法让你的助理打起精神，你自己也不能再像一个快淹死的人，要让你周围的人都知道你还活得好好的。"

这时经理的眼神显露出了勇气。

然后他问道:"刚才你说有两项行动,第二项是什么呢?"

"第二项行动是为了保险起见,去留意更好的工作机会。我并不认为,在你采取积极的改进措施提高销售额后,工作会保不住。但是骑驴找马,比失业了再找工作容易10倍。"

一段时间后这位一度遭受挫折的经理打电话给拿破仑·希尔:"我们上次见过面之后,我就努力去改进。最重要的步骤就是改变我的推销员。我以前都是一周开一次会,现在是每天早上开。我真的使推销员们又充满了干劲,大概是看我有心改革,他们也愿意更加努力地工作。"

"成果当然也出现了。我们上周的周营业额比去年高得多,而且比所有部门的平均业绩也高得多。"

"顺便提一下,还有个好消息,我们谈过以后,我就得到了两个工作机会。当然我很高兴,但我都回绝了,因为这里的一切又变得十分美好了。"

贝吉尔是一个成功的推销员。他著有《从失败到成功的销售经验》。该书出版后获得了极大的轰动效应,成为许多推销员必修的课程。但是,贝吉尔的成功并非一帆风顺。他的创业史也是一部由失败、痛苦到成功、自信的历史。

贝吉尔出生于美国费城的一个贫困家庭。18岁时,他参加了一个棒球队,成为一名职业棒球手。然而不幸的是,在一次比赛中,由于他用力过猛导致手臂严重受伤,从而挥泪告别了他所钟爱的棒球职业生涯。接下来的两年,他一直是在痛苦和苦闷中度过的。

一个偶然的机会,贝吉尔进入了费城一家人寿保险公司从事人寿保险推销工作。工作的前10个月,他又遭受了一连串的失败和挫折,这使他一蹶不振,这10个月曾被他称为自己一生当中最漫长、最沮丧的日子。他的推销工作"彻底失败",他甚至怀疑自己根本就不是干推销的料。他开始对工作、对生活放弃了希望,不再努力。但是为了生存,他又开始留意报纸杂志等媒体上的招聘广告。

就在这段时间里,他收到了一个当地青年会的邀请,请他去参加一个题为"三C法则——正直的人生、正直的人格、正直的运动精神"的演讲会。他回忆道:"当我面对这张题为'三C法则'的邀请函时,我实在觉得愧疚不已,我有什么理由接受这样的邀请呢?当时的我甚至没有勇气将自己说服,又怎么能够让在场的听众来信服我呢?"贝吉尔深深地意识到如果再不克服自卑、自弃、自馁的心理障碍,他就不会再有所作为了。

于是,第二天一早,贝吉尔鼓起勇气来到青年会,与主持人一同走进挤满了几百人的演讲现场。就是在这次演讲会上,他遇到了伟大的训练大师——戴尔·卡耐基,也正是在这次演讲会上,卡耐基给了他日后受益匪浅的人生教导。他记得卡耐基拉起他的手,用充满鼓励和期待的声音对他说:"去吧,下一个就轮到你上台了,你一定能行!"

"当时,我战战兢兢地走上了讲台,一直恐惧地颤抖着,并且费了很大力气才向大家解释清楚我是谁,为什么要到这里来……"贝吉尔说:"这样糟糕的开场白对我一生而言是一次最大的考验,也是一次最大的胜利,因为在此之前我甚至没有勇气站在一大群人面前说一声'大家好'。"

演讲到了中间时,贝吉尔已经不再那么害怕了,而且演讲结束后的反响出乎他的意料。当他结束演讲时,竟有二三十个听众跳上讲台争相与他热情地握手,他们十分激动地告诉他,他的演讲是多么的精彩和感人肺腑。这对他来讲,简直是个奇迹!他觉得当他走出大会会场时,自己已经重获新生了,卸下了束缚在身上很久、很重的精神枷锁。

"回到家中许久之后,我仍沉浸在一种巨大的兴奋和激情当中,我想了很多很多。比较以前的经历,结合卡耐基先生的演讲,我得出一个结论:妨碍我成功的原因在于自己的失败心理和挫折感,这种状况一天得不到改变我就一天不可能取得成功,即使是换成别的工作,也同样注定要失败!"

"想想自己在生活中遇到的各行各业的成功人士、社会名流，他们无一不具备出色的勇气和必胜的信心。他们有一个共性，就是他们都能够自如而准确地表达自己的思想，并极具说服力。因此，我也要努力克服恐惧感，自信地表达自己！"

演讲会后的第二天，贝吉尔就去拜访了一位古董商。为了突破内心的障碍，他甚至在拜访中几次挥舞着拳头以表达自己的信心和兴奋。这看起来是多么滑稽啊！但是，古董商却真的被他的热忱和激情所感染，最终欣然地与贝吉尔签下合同。

就是从这次小小的成功开始，贝吉尔感受到了真正的快乐。他决心沿着这条路坚定地走下去，直到他成为一位人人仰慕的推销大师。

在推销实践中加强克服恐惧的心理训练。

克服恐惧的过程，也是一个培养自信心的过程。克服恐惧的一种有效的方法就是进行自我暗示，你可以在推销过程中经常进行积极的自我心理暗示，逐步增强自己的自信心，从而摆脱恐惧。例如，面对陌生的环境而担忧时，你可以暗示自己很快就能够适应新的环境；接触陌生的客户缺乏勇气时，可以自我暗示总有办法说服其购买自己所推销的产品；在面对挫折时，迫使自己多想想以往所取得的成就；开拓新的推销局面时，经常默念自己的资历和业绩，将自己想象成一名出色的推销员，反复告诉自己一定能够实现预期的目标。

把顾客当作自己的一部分

世界著名的推销大师乔·吉拉德是一个真诚而善良的人，他把顾客当作自己的一部分，而不是纯粹的客户，或把他们当作工作或公司的

一部分。他一旦与哪位顾客有了业务上的联系,不管这位顾客买不买他的产品,他都会一直保持和这位顾客的联系,并且愿意为顾客做每一件事,哪怕不是他分内之事,因此,每一位与他有过往来的客户都称他是自己的朋友或亲人。

在保险行业里,客户是不分年龄、身份和地位的,这一点也正是保险公司代理不同于其他行业代理的特点之一。

有很多推销员都无法做到这一点,而乔却做到了,这就是他成功的原因。

有一次,乔向一位年轻的大学生推销了一份价值仅1万美元的保险,尽管如此,乔还是把他当作大客户看待,他跟这位年轻人签订了终身服务合同。

后来,这个小伙子大学毕业,进了服务行业工作,乔偶尔在大街上遇到他,又向他售出了一份1万美元的保险。

这之后,乔每年都跟这位小伙子联系一次。再后来,由于小伙子工作转换频繁,两个人几乎没有再见过面。但是,在乔的眼里,小伙子是他的一个永远的客户。他在与小伙子接触时,都把他当作自己的亲生弟弟来对待。

小伙子在经过多次的工作转换后,由于一次偶然的机会,命运发生了转变。

那是在一次鸡尾酒会上,有一位客人突然全身痉挛并晕了过去,小伙子曾经学过一些医疗急救措施,于是,他告诉大家:"别紧张,他不会有事的,让我来帮他吧。"

于是,他对那位客人摆弄了几下,不久之后,客人醒来了,大家这才松了一口气,鸡尾酒会也得以继续进行。

富有戏剧性的是,这位被救的客人是一位相当有钱的大富翁,为了感谢小伙子,他让小伙子去他的公司上班。

几年以后,这位富翁想给自己买一份价值2000万美元的保险,他

对小伙子非常信赖,就把他找去,问他:"你曾经做过很多工作,也一定认识不少的人,那么你在保险行业有熟人吗?我年纪已经太大了,准备买一份保险。"

小伙子问:"您准备买多少钱的保险呢?"

富翁回答:"2000万美元的。"

小伙子被吓住了,他问:"这么大一笔钱您怎么敢对我这么放心呢?"

富翁说:"你是一个待人真诚的小伙子,而且还救了我一命,我当然相信你。"

小伙子非常感动,他说:"谢谢您的信任,好吧,让我想一想。"

突然间,小伙子脑海里闪现出乔那张真诚的脸,他心想:"对呀,去找乔,只有他才是最合适的人选。"

于是,小伙子向老板推荐说:"我认识一位最值得信赖的推销员,您就放心吧,我会替您把事情办妥的。"

后来,小伙子千方百计地找到了乔,并把老板的意思转达给乔,乔立刻就去拜访了那位老板,经过几次会面,老板下定了决心,一定要与乔做成这笔生意。

于是乔把1万美元的生意做成了价值2000万美元的生意!

多么神奇啊!

你对顾客投之以桃,顾客会对你报之以李。

真诚是从书本上得不到的东西,它只可意会,不可言传。人们喜欢诚实的人,一个推销员必须诚实且处处为顾客着想。

推销的实质就是推销自己,人们更喜欢与自己看中的人打交道、做生意。

优质的服务是业绩增长的土壤

很多推销员在推销产品或服务时,从不设身处地地为客户着想。他们总抱着这样的心态:"客户为什么要购买这些产品或服务,对此我一点也不感兴趣。重要的是,他们买了产品或服务,而我则拿到了佣金。"如此的心态,怎么能够培养忠实的顾客?

当一个推销员站在客户的立场上考虑问题时,就比较容易抓住推销的重点。一个成功的销售人员最重要的品质是保持积极的心态,积极主动、设身处地地为客户着想,站在客户的角度思考问题,理解客户的观点,了解客户最需要的和最不想要的是什么。只有这样,才能为客户提供金牌服务。

有一位销售培训师对学生们说:"能够把冰箱卖给爱斯基摩人的推销员不是一个好的推销员。这个爱斯基摩人在发觉上当后就再也不愿见到他了,推销员也别想再回到那里卖其他任何东西了,别人已对他失去了信任。"

积极地为客户着想,"以诚相待、以心换心",是销售人员对待客户的基本原则,也是销售人员成功的基本要素。

所有成功的人,或者说业绩突出的人,之所以成功,就是因为他们的价值观念、行为模式比一般人更主动,他们的心态比一般人更积极。一个水暖器材推销员,费了九牛二虎之力谈成了一笔价值40多万元的生意。但在即将签单的时候,发现另一家公司的产品更合适于客户,而且价格更低。本着为客户着想的原则,他毅然决定把这一切都告诉客户,并建议客户购买另一家公司的产品,客户因此非常感动。他虽然少

拿了上万元的提成,并受到了公司的责难,但在后来的一年时间内,仅通过该客户介绍的生意就达百万元,而且为自己赢得了很高的声誉。

有一位客户对原一平说:"我目前买了几份保险,我想听听你的意见,也许我应该放弃这几份,然后重新向你买一些划算的。"

原一平告诉他:"已经买了的保险最好不要放弃。想想看,你在这几份保险上已经花了不少钱,而保费是越付越少,好处是越来越多,经过这么多年,放弃这几份保险非常可惜!"

"如果你觉得必要,"原一平接着说,"我可以就你的需要和你现有的保险合约,特别为你设计一套。如果你不需要买更多的保险,我劝你不要浪费那些钱。"

原一平自始至终只想着如何诚实地做生意。如果他觉得对方的确要再投保一些,他会坦白地告诉对方,并替他计划一个最合适的方案。如果没必要,他会直截了当地告诉对方,不需要再多投1块钱了:"你不需要再买保险啦!我看不出你有什么理由需要再买那么多的保险!"

正是这种为客户打算,处处想着客户需要的推销心态,使原一平成了创造日本保险神话的"推销之神"。

请记住:只有为客户提供优质的服务,才能创造出优异的销售业绩,促成自我销售额的增长!

处处为顾客着想,不是只想着订单,而是想着顾客的需要,这样才能与顾客保持长久的关系,才能提高你的销售业绩。

随时保持与客户的联系

理查德·伊斯自1971年在伊莱克斯公司推销吸尘器,从此开始了他的推销生涯。到了1982年,他已经成为该公司的顶尖推销人员。能够在一个拥有15000名推销员的公司中拔得头筹、脱颖而出，实在是非常了不起的业绩。理查德于1975～1978年4次获得该公司的全国销售冠军。在他18年的推销生涯中，他为伊莱克斯公司累积了超过3.5万名客户。1989年，他升任为该公司的分公司经理。他在该公司保持着两项纪录，这是他身为销售代表时所创造的：在一年内完成1107件交易，以及在一年内赚取超过25万美元的佣金。

那么，他是如何取得如此辉煌的成就的呢？让我们来看一看他在一次演讲中的一段陈述：

"'既然我在这里，'我说：'就请让我看看你的机器吧。'她请我走进房间里，我就马上将吸尘器的管嘴拆开，开始清理。然后我将一张标签贴在她的机器上，标明了此次清理的日期，然后对她说：'如果你有任何问题或需要更换零件，请你一定要打电话给我。'她十分满意地答应了。

"出于习惯，我接着说：'既然我现在在这里，就让我为你展示一下我们公司新的地毯清洁剂以及新型的吸尘器吧。'虽然我并没有期望推销给她任何新产品，我还是极其详尽地为她介绍这些新产品的每一个特性。'喔，我非常喜欢它，'她说：'我可以用我的旧吸尘器折价换购它吗？'

"我当然非常乐意为她提供这样的服务，以折价换购的方式卖给她两部新型的吸尘器。因为满意于新机器的功能，她高兴地为我介绍了3个邻居，并给我提供了2个亲戚的名字及联系电话，在接下来的半个月中，她介绍的5个人都向我购买了这种新型的吸尘器。她的社交活动非常活跃，于是她还给我提供了一长串好朋友的名字。我挨家挨户地前去叩响了每户人家的大门，结果在接下来的5个月内，我卖出了额外的50台机器。"

每一位客户都喜欢真诚、周到的售后服务，然而，尽管售后服务被公认为理所当然的运作过程，却很少有销售员会认真地去做。当客户

享受到良好的服务待遇时，他们会表示出惊喜，并且十分满意。因此，他们会非常珍视他们所感受到的不凡服务，会主动帮你宣传你为他们所提供的服务，并且会把你介绍给自己的亲戚、朋友和有生意往来的公司，建立其他客户对你的信任，如此一来，你就能够拥有更大的客户群，并且他们会一辈子跟着你。

优秀的推销员和长期的客户成为莫逆之交的情况并不少见，即使是对待初识的或购买能力相对较低的客户，优秀的推销员也很在意在日常生活中给予他们些许的关怀，例如熟记客户的姓名，在客户生日当天寄去一张贺卡表示祝贺，在圣诞节时送去一件小礼物以示问候，等等，使客户感觉到像朋友一样的亲切。因此，尽管有时在价格或产品的功能上有点不尽人意，但是在选择商品时，他们往往还是习惯性地购买老朋友推荐的产品。

推销员真诚、周到地做好售后服务工作，就一定能将客户的心牢牢地抓在手中。因为客户对产品的需要及喜爱，除了对产品质量的信任以外，还有对推销产品人员的信赖与赞赏。客户是很有感情的，往往你投之以桃，他们会报之以李，对于售后服务周到的推销员，他们往往会赋予长时期的偏爱。

随时和客户保持联系。

生意成交后定期拜访客户。

主动为客户提供新产品或新增服务项目的信息。

给客户留下你的姓名和电话，并告知他们你很乐意随时为他们提供服务。

委婉地请求客户介绍亲朋好友或生意伙伴给你认识。

增强忠诚度的良方

美国著名作家、学者爱默生在文章《报酬》中写道:"每一个人会因他的付出而获得相对的报酬。在生活中,每一件事情都存在着相等与相对的力量。"意思是说,不管你付出多少,你永远会得到与付出相对的报酬。你今天的收入是你过去努力的报酬。假如你要增加报酬,你就要增加你的贡献价值。从长远来看,你的报酬绝对不会超过你的付出。

每个人的快乐与满足感,事业与人生的成就,都是其付出的结果。你生命当中最大的满足感,最令你愉悦的事情,永远源于你对他人所提供的服务。这种服务也许表现为你为他人做了一件好事,或是为他人提供了什么有价值的事物。当你越多地为他人提供这样的服务时,你就越会感觉到自己是多么快乐,你就会获得越多的回报。

在一个又冷又黑的夜晚,一位老人的汽车在郊区的道路上抛锚了。她等了半个多小时,好不容易才有一辆车经过,开车的男子见此情况二话没说便下车帮忙。

20分钟后,车修好了,老人问他要多少钱,那位男子回答道:"我这样做只是为了帮助你,我不需要任何回报。"

但是老人坚持要付些钱作为报酬。那位男子谢绝了她的好意,并说:"我非常感谢你的好意,但我想还有更多的人比我更需要钱,你还是把这些钱给那些比我更需要它的人吧。"

最后,他们各自上路了。

老人来到城里,走进一家咖啡馆,一位怀有身孕的女服务员立刻为她端来一杯热气腾腾的咖啡,并问她:"夫人,欢迎光临本店,您为什

么这么晚还在赶路呢?"于是老人就讲了刚才的遭遇。

女服务员听后感慨道:"这样的好人现在真难得,您真幸运碰到了这样的好人。"

老人问她为何怀有身孕还工作到这么晚,女招待员说为了迎接孩子的出世而需要第二份工作的薪水。老人听后执意要女服务员收下两百美元作为小费。女服务员惊呼不能收下这么一大笔小费。老人回答说:"你比我更需要它。"

女服务员回到家中,把这件事告诉了她丈夫,她丈夫感到非常诧异,世界上竟有这么巧的事情。原来他就是那个好心的修车人。

这个故事告诉我们这样一个道理:种瓜得瓜,种豆得豆。我们在"播种"的同时,也种下了自己的将来,你做的一切都会在将来的某一天、某一时间、某一地点,以某一种方式在你最需要它的时候回报给你。

有一位保险推销员,他经常去拜访一位老先生,与他聊天,陪他散步,帮他做一些家务事。经过一段时间,老先生就离不开他了,常常邀请他到家里喝茶,做客。

然后不幸的是,一场突发的疾病夺去了老先生的生命。

这位推销员怀着一颗悲痛的心前往参加老先生的葬礼。当他到达举行仪式的会场时,发现自己所在保险公司强劲的竞争对手——当地最有实力的一家保险公司也送来了两只花圈。他百思不得其解:"这究竟是怎么回事呢?"因为据他所知,老先生并没有在任何保险公司投保过。

一个月以后,老先生的女儿到这位推销员所在的公司来拜访他。她说:"我就是你在我父亲葬礼时看到过的那家保险公司总经理的太太,我在整理父亲的遗物时发现了好几张您曾寄给他的卡片,上面还写有一些十分关怀的话语。我父亲都很小心地保存着,而且我以前也曾听父亲谈起过您,仿佛与您聊天是他生活中的一件快事,因此我今天特意前来向您致谢,感谢您曾如此关心、鼓励我的父亲,带给他晚年的欢乐。"

说完，这位太太深深地鞠了一躬，眼角还噙着泪水，说道："为了答谢您的善意，我瞒着我丈夫向您购买贵公司的保险……"然后开出了一张20万元的支票，请这位推销员签约。对于这突如其来的举动，这位推销员大为惊讶，一时之间，无言以对。

这是一个真实的故事，老先生的女儿之所以会这样做，完全是因为她被这位推销员的爱心所感动，才会瞒着丈夫购买了该公司的保险。

克里斯是一个为一家餐具和五金器具公司跑推销的推销员，自从做推销工作的第一天起，他便细心留意自己业内的最新潮流和最新方法，并不间断地向他的客户传递关于如何在橱窗内以最佳的方式展示产品的信息。

如果他得知他的客户中有人正陷入旧的规则之中，或者客户的公司没有良好的商业制度，在不冒犯他们的情况下，他会非常谨慎地建议他们选购某些新的器具，这样做不仅可以节省开支，而且能够简化商业经营程序。或者他会向客户提供关于橱柜的一些新思想，或者建议他们选择另外某种可以省力省时、一旦选用就能够给他们带来便利的器具。

通过这种长时间的友善的、不冒昧的方式，克里斯用一条无形的纽带把客户和自己紧紧地联结在一起。曾经有其他的推销员看到克里斯的业绩眼红，试图去拉拢他的客户，但是都无功而返，因为那些客户根本没有给其他推销员任何机会展示产品。他们只愿意与克里斯联系，一旦他们需要某种产品，他们会立刻想到克里斯。

客户遇到难题的时候，其实就是机会叩门的时候。你必须谨慎构思，如何趁此机会为你的客户提供附加服务。

没有任何报酬的持续的附加服务为克里斯赢得和留住客户发挥了巨大的作用，这比他为获得高额佣金而做的例行服务所起的作用要大得多。这种附加服务对于那些远离商业中心或信息相对闭塞的客户具有何等重要的意义，他们是有充分认识的，他们非常愿意与克里斯这样

无私的、对他们有益的推销员保持长久的合作关系。

英国有一位汽车销售大师,名叫拉瑞奥,他在一次接受媒体的采访时,曾经讲过这样一个故事。在他早年的推销工作中,曾经有一位经营日用百货贸易的客户,从来没有买过车,经过他耐心地登门拜访六次以后,这位客户对他终于由起初的拒绝而产生了信赖,但是仍然没有表现出买车的意愿。又过了两个月,这位客户终于动心了,他打电话告诉拉瑞奥,他已经决定要购买一部新车。拉瑞奥十分兴奋,高兴地带他去试车,又经过一番讨价还价后,双方签订了购车协议书。

但是很不幸,就在协议书签订的当天夜里,这位客户的家中意外失火了。由于他是使用自家的房屋来经营日用百货,因此他的所有产业也随着这场大火付之一炬了。第二天清晨,拉瑞奥得知这个消息后,立刻赶到这位痛不欲生的客户家中,好言安慰,并帮助他和家人从大火的余烬中清理出还有剩余价值的物品。

这位客户感到非常意外,拉瑞奥为什么会在这个时候出现,来帮他的忙呢?拉瑞奥一边动手帮忙清理物品,一边鼓励这位客户,告诉他不要灰心丧气,一定能够东山再起,重建家园与事业。客户听了当然非常感动,然而还是小心翼翼地问他,能否将昨天签好的购车协议,推延到他重整旗鼓时再说。拉瑞奥十分爽快,毫不犹豫地同意了。

事情过去一年了,这位客户果然如拉瑞奥所说,重建了他的事业,并且履行了诺言。他不但从拉瑞奥这里买了车,而且在接下来的几年中,他的生意越做越大,陆续又向拉瑞奥购买了三十几部车,包括轿车及货车,他还把拉瑞奥介绍给所有的亲戚朋友,只要买车就来找拉瑞奥。

优秀的推销员必定是天性善良的人,他总是想方设法令他人感受到快乐。如果你能让你的客户或潜在的客户感觉到你是真心喜欢他们,并敬重他们,那么你的推销生涯将会无往不利。虽然要求你始终做到无私地为客户提供附加服务是一件比较困难的事情,但是,越早改变想法,越早抱定这种态度,对你的推销工作就越有益处。

认识客户关系管理中的客户

在新经济时代,企业与客户之间的关系已经彻底地改变。客户不再是被掠取的对象,企业也不再扮演猎人的角色,客户得到了企业特殊的对待和培养。

在客户关系管理中,企业与客户的关系不再仅仅是"一锤子"式的买卖关系。客户要求的是完美的服务和良好的体验。所以,企业一切生产经营活动都必须以客户为中心,把客户的满意作为自己追求的目标。

根据企业与客户的关系对客户进行分类

在企业的客户中,其购买目的并不一样,因而与企业的关系也就不尽相同,这一点可以作为对客户进行分类的依据。

当我们定义"客户"时,我们指的是不同的客户类型或客户群,不是通常所说的单个的客户。

企业可以按照客户与自己的关系对客户进行分类,看自己哪一种类型的客户最多。

● **一般零售消费者客户**

这类客户指的是企业商品的零售消费者,绝大多数情况下他们是个人或家庭,主要购买企业的最终产品或服务,目的是用于家庭的日常生活。所以,他们的需求比较稳定,购买的波动性也不大。由于这样的消费者客户是一般的广大民众,所以数量特别大。这类零售消费者客户的特点是购买比较稳定,但是消费额一般不高。由于这样的客户是平民式客户,但利润率不高。任何一家企业都不敢放弃这类客户,因为他们是企业稳定销售的基础,企业依靠他们可以维持最起码的生存。为了稳定这类客户,企业往往要花费巨大的精力。

● **企业对企业的商业型客户(即 B2B 型客户)**

这类客户不像第一类客户,他们购买企业的产品不是为了自己进行消费,产品在他们手里转一圈后还要卖出去,他们是中间人,但产品通过他们实现了增值。在他们的企业里面,他们对产品进行了深加工,或者附加了各种使用功能，使其价值更大。所以他们购买企业的产品（或服务），是为自己的产品作一个铺垫，附加到自己的产品之上，目的是为了赚取中间的利润。这类客户，企业须小心应付，他们对产品的质量要求高，而且价钱要求低，因为他们不像一般的消费者，往往在某一方面都有专长。

● **充当企业和终端客户之间桥梁的分销商和代销商**

这类客户也不是终端消费者，他们购买企业产品的目的是为了进行再销售，赚取中间的差价。他们一般分布在全国各地的市场，是企业的代销点，负责该企业产品在某一地区的销售。分销商和代销商不属于某一家企业，他们和企业只有利益上的关系，企业也不为他们支付工资。为了赚取更多的利润，分销商和代理商都要求企业以比较低的价格卖给他们产品，而且要求供货渠道通畅，厂家售后服务良好。

● **企业自己的内部客户**

这类客户隶属于企业集团内部，但经济上是独立核算、自负盈亏，他们往往是集团内部的个人或业务部门。人们一般容易忽略这类客户，这类客户也不是终端消费者。他们把企业的产品或服务作为一种手段，利用它们来达到自己的商业目的。

这种按照企业与客户的关系对客户进行分类的方法，可以帮助企业充分认识到自己客户的特点，从而可以对不同的客户采取不同的策略，最大限度地实现资源优化和有效的管理运营。

请您按照本技能点介绍的方法，对下面一家钢铁企业的客户进行分类。

1. 一位农民自己购买钢铁用来建造住宅。
2. 该钢铁集团总公司下面所属的一家汽车制造厂购买该公司的特种钢材。

3. 一家房地产开发商购买该公司的钢铁用来开发商品房。

4. 该钢铁公司在另外一座城市的分销商批发公司的钢材。

A. 内部客户（　　） B. 一般客户（　　）

C. B2B 型客户（　　） D. 分销商（　　）

参考答案：A—2；B—1；C—3；D—4。

如何分析客户对企业的价值

不同的客户对企业的价值不一样，在实施客户关系管理之前，企业要对客户进行价值分析。分析的方法如下：

寻找每一类客户的行为特征、需求价值取向和成本收益，这些是企业进行营销决策的重要依据。

寻找能够给企业带来 10%～20% 销售额的客户，这是客户关系管理的首要目标。

寻找占企业销售额 40%～50% 的客户，他们应是企业花费时间和精力最多的重点部分。这部分客户是企业进行稳定销售的基础。

弄清楚某些客户逐渐失去价值的真正原因，这些客户也曾经给企业带来过利润，但后来无论企业怎样努力，他们也要和企业疏远。对这部分客户只要做最低的维护即可。

对客户进行价值分析可以很有成效地帮助企业管理者进行决策。企业应该妥善地处理因客户背离而给企业带来的负面影响，从而成功地实现客户关系管理效用价值的最大化。

客户关系管理（Customer Relationship Management，简称 CRM），是一种旨在改变企业与客户关系的新型管理机制，实施于企业的市场营销、服务与技术支持等与客户有关的领域。它绝不仅仅是单纯的管理软件和技术，而是融入企业经营理念、生产管理和市场营销、客户服务等内容的以客户为中心的一种极为有效的管理方法。

南京的一家超市希望通过客户分析同客户建立一种长期而稳定的、能使双方平等互利的密切合作关系。该超市随机抽取一年的销售统计表来进行分析，按销售额的多少找出其中对企业最有价值的客户、企业需要花费时间和精力的客户以及客户的行为特征和购买特点等。

通过分析，该超市摸清了周边住宅小区的居民是超市最稳定的客户，居民在超市的购物总费用占超市销售额的55%左右，由此得出周边小区的居民是企业进行稳定销售的坚实基础，企业一定要竭尽全力想方设法地稳定住这部分客户。

单个销售额最大的是周边的几家外企，虽然购买的次数不多，但购买商品的数额巨大。外企大量购置办公用品，尤其是节假日的时候，为了给员工发放礼品，会进行大批量的采购。面向这些外企的销售额占超市销售额的15%左右。对这几家外企，超市决定送货上门，特别是在节假日的时候，超市更应主动同它们联系，向它们推荐适宜于企业发放的礼品，而且从价格上给予优惠。这几家外资企业对超市的这种举措感到很满意，因为它们不仅得到了价格上的优惠，节省了费用，而且也省去不少的麻烦。于是它们把所有的订单都给了这家超市。

● **实践练习**

请您根据自己的理解，判断以下说法的正确与错误，正确的请打"√"，错误的请打"×"。

1. 客户关系管理是销售商与客户之间的关系管理。　　（　　）
2. 以客户为中心就是要求企业与所有的客户都建立稳定的关系。

　　　　　　　　　　　　　　　　　　　　　　　　　（　　）

3. 客户关系管理就是企业为对企业而言价值最大的客户提供服务管理。（　）

4. 企业进行营销决策的主要依据是每一类客户的行为特征、需求价值取向和成本收益。（　）

5. 从客户关系管理的角度上讲，当客户要离去时，企业应干脆放弃他们。（　）

参考答案：正确的有1、4，错误的有2、3、5。

如何面对价值不等的客户

因为客户对企业的价值不一样，所以企业对他们没有必要采取一样的态度。面对价值不等的客户，企业应采取不同的对策：

对最有价值的客户应采取屈从、取悦的态度

最有价值的客户是企业利润的源泉。企业要把他们当成"上帝"来看待，采取屈从的态度，不应有丝毫的懈怠和疏忽。企业应主动通过各种方式，了解甚至预测他们的需求，设法满足他们的一切需求。企业要培养这部分客户对于自己产品的特殊兴趣，赢得他们的信任，让他们不轻易地转移对企业的忠诚。为了维持他们对企业的忠诚，企业应尽力与他们建立一种稳定的相互信任的客户关系。企业在开发新产品的时候，无论是在设计上还是在价格上都要听取他们的意见，尽量满足他们的要求。企业要记住：为了取悦他们，为了获取利润，为了赢得他们的忠诚，企业怎么做都值得。

对于主要客户应采取关怀重视的态度

对于主要的客户，企业不能像对待前一类客户那样，要把主动权掌握在自己的手里，不能一味地屈从，而要及时地转变为关怀。企业定期访问他们，倾听他们对于企业产品的意见，询问他们对于产品的要求。对于他们的需求动态，企业要随时掌握，在设计新产品的时候，要体现出他们的要求，以表现出企业对他们的关怀和重视，使他们获得一种被尊重的感觉，以此来赢得他们的满意和忠诚。

对于无忠诚对象的客户应采取随机适应的态度

有些客户，主要是价格型的客户，他们购买商品的时候，很少去问是哪一个厂家生产的，谁的价格低，他们就购买谁的，产品的质量等暂时还不在他们考虑的范围之内。所以，他们谈不上对企业的忠诚。对于他们，只要企业的产品具备基本的性能，能满足他们的某些需求就足够了，企业没有必要为他们花费时间和精力，考虑他们的需求、兴趣等因素。

对自私自利型的客户应采取冷漠抛弃的态度

有一些客户思想境界较低，在处理与企业的关系上表现得过于自私自利。他们要求企业不顾一切来满足自己不正当的要求，根本不考虑企业的利益和以后的发展。他们甚至认为企业剥削了自己，所以希望企业亏本破产。对于这类客户，企业没有必要去理睬他们，对他们可以采取冷漠的态度，必要的时候，要毫不犹豫地抛弃他们，他们根本就不值得企业为之提供服务。

因此，针对不同的客户，要求企业展开有针对性的生产和服务，以便取悦重要的客户，盯住最有价值的客户群。

有一家以加工鸡肉为主的肉类加工企业的经理，最近收到很多客户的来信，有的对企业提供的产品表示基本满意，并说如果以后厂家在

加工的时候再多听一下他们的意见就更好了；也有几封来信把厂家的产品贬得一文不值，指责厂家怎么生产出如此糟糕的产品，简直是在浪费资源。经理看完信以后，心里很不是滋味。他很发愁，客户的口味真是难调。他准备召开技术部门和市场营销部门的联合会议，讨论怎样答复这些客户的要求。综合各方面的情况，在众多的来信中，他们归纳出四种类型的客户，并做成了如下一张表格。现在，请您浏览一下表格，给这位经理提出一些建议。

客户代表类型	购买情况	反映情况
1. 以一家鸡肉罐头厂为代表的购买大户	每年要从公司订购大量鸡肉，是公司的大户，销售额占到50%	产品基本符合他们的要求，希望在加工鸡肉的时候再精细一点，以减少他们的劳动投入。另外，在价格上能否给予一定的优惠
2. 以一家饭店为代表的餐饮业	每年从公司订购的产品占到销售额的30%	要求产品进一步加强保鲜，对肉味提出了许多具体的要求
3. 一些散户	购买不固定，厂家打折的时候购买得多，占销售额15%	要求价格低，对鸡的来源也提出了非常明确的要求
4. 少数挑剔客户	偶尔购买，占销售额5%左右	对产品极不满意，指责鸡肉不合他们的口味，要求鸡肉加工出来以后，肥瘦分布要均匀，花费在烹调上的时间要短

参考答案：

代　号	对　策	态度对策
1	屈　从	满足他们的要求，对产品进一步加工，使其满意，请他们派人来考察，对产品的加工提出具体的意见。厂家的目标是要赢得他们对企业的忠诚
2	关　怀	跟踪追查，保持联系，对他们提出的要求尽可能地满足
3	适　应	他们随时都在寻求低价格的同类产品，对产品的质量要求不如价格要求，企业不必为他们花费太多的精力，只要简单地维护就可以了
4	冷　漠	淘汰他们，企业不必为他们浪费资源，可以采取冷漠的态度

如何收集客户的详细资料

传统上对客户的宏观分类在现代社会已经不能适应企业信息化建设的形势了。在客户需求个性化的时代里，需要对客户进行细分。为此，就要收集客户的详细资料，建立以客户为中心的数据库。收集客户资料的方法主要有：

● **留意客户的重要资料，将记录发展为一个记录系统**

营销人员对于自己的重要客户要留心观察，专门准备一个本子，随时记录客户的个人资料，要尽可能地详细。当资料积累到一定程度后，及时把它发展为一个记录系统。营销人员从中可以分析出客户的需求和喜好，以及客户愿意与之共享的其他资讯。这套系统既包括基本资料，供自己与客户联系；也包括特别资料，记录客户非常个性化的嗜好，有助于为客户提供贴身服务。记录系统可以是一本笔记本，也可以做成一个电脑文档或一张一张的卡片。每位客户要分页记录，以便以后查找。

● **挖掘客户购买时留下的信息**

在客户购买产品的时候，要对客户进行有意识的仔细观察，包括客户挑选商品的表情，购买的时间、次数等。客户走后，要对这些信息进行分析，找出客户的购买喜好、消费额等方面带有规律性的情况。

● 和客户聊家常

在客户购买产品的时候，针对客户的年龄和性别等，抛出一个话题，引起客户说话的兴趣，然后顺势和客户聊家常，让客户感到自然、亲切、友好，在不经意中透露自己的各方面情况。

● 主动询问客户，表示关怀

挑选比较热情、开朗的客户，主动了解他们的有关情况，例如姓名、地址、喜好、家庭子女等情况，询问他们最近有什么样的需求，对购买的产品有什么意见等。在询问的时候，要表现出自己对客户的热情与关怀。主动询问一定要注意对象，态度要真诚，不能引起客户的警惕甚至反感。

营销人员可能知道但必须严加保密的资料有：住宅地址及电话号码，信用卡号码，客户在家或不在家的时间，身材尺码，出生日期和工作地点。

● 方便的时候让客户自己动手填写卡片

设计一些有关客户个人资料的卡片，在客户愿意的前提下，让客户自己填写。对客户要说清楚，填写卡片的目的是为了更好地为他开展个性化服务，争取客户的理解和支持。

营销人员在实际业务活动中，要留心观察，勤动手记录，勤开口说话，通过各种合适的途径掌握客户的有关信息。只有掌握了客户的信息，才能对客户进行有效而准确的分类，提供有针对性的服务。

● 案例

利用下面的平台，开始整理一位客户的资料库，尽量记录您的客户

的资料，越多越好。

_____保密_____

客户资料档案

姓名：_____

地址：_____

电话：_____   出生日期：_____

部门：_____   职位：_____

邮政编码：_____   传真：_____

1. 联络时间的限制/特定要求：_____

2. 个人档案（喜好、身材尺码等）：_____

3. 购买历史：_____

4. 最近的要求/状况：_____

● **实践练习**

假如您是一位营业员，需要记录客户的个人资料。客户资料一般分为两部分：一部分为基本资料，另一部分为特别资料。请您列出客户的基本资料和特别资料。

1. 基本资料：

2. 特别资料：

参考答案：

基本资料包括：

姓名

地址

电话

职业

嗜好

收集活动

其他影响购买内容的兴趣

特别资料如：

首次购买的商品种类，首次购买商品的日期或联系的日期。客户来买什么？他或她买了东西没有？

爱好或者规格。选择不同品牌或不同种类的商品时，是否有尺寸大小的改变？喜欢哪些颜色或式样？有没有比较喜欢的品牌？

特别要考虑之处。客户是否会对某些纤维品有过敏的反应？是否经常旅行？

是否喜欢送货服务、安装服务、常规地提供服务或其他特殊服务？

如何对客户信息进行差异化分析

为了进行客户关系管理，收集了客户信息以后，就必须对其进行分析，这是客户信息管理的核心部分。对客户进行信息分析时寻找其共同点，进行差异化分析，可以帮助企业找准发展方向。差异化分析的方法很多，RFMD模型是其中重要的一种。

● R——Recent（客户近况）

通过对客户最近一次购买情况的信息收集和跟踪，分析客户在沟通之后能够持续购买的概率，利用这一工具可以了解客户对所提供的即时商品与服务是否有所反应。企业与客户之间要建立长期的信息关系，而不仅仅是买卖关系。

在收集、整理和分析客户信息时，客户的原始资料是非常重要的。

● F——Frequency（购买频率）

购买频率即在测试期间的购买次数。高消费频率意味着更大的市场感召力，如果将该信息与最近一次购买情况和花费金额相参照，能够准确地判断一定区域和时期的合适客户和关键客户，从而使企业的营销策略更有针对性。

● M——Monetary（消费金额）

它能够为企业提供在一定时期内的需求量信息，如果将该信息与其他信息相参照，可以准确地预测一定时期、一定区域的销售量、市场占有率等信息，从消费金额中确定哪些人花费了高金额，原因是什么，为供应链上的企业生产、采购和制订企划方案等环节提供准确情报。

D——Demographic And Lifestyle apend（人口统计资料和生活方式）

这一信息是对前三种信息的补充，它为企业提供一定区域的人文环境信息，即制订客户营销方案所应依据的人文信息。

通过 RFMD 模型对客户的信息进行差异化分析，可以识别出哪些客户是一般客户，哪些是合适客户，哪些是合适客户中的关键客户，然后有针对性地展开服务，从而使企业价值目标和客户价值目标相协调。

如果您是一家超市负责营销的人员,您就可以选择为期一个月的时间段,运用RFMD模型对某一个特定的客户进行差异化分析,分析他是不是超市的合适客户。

R:客户近况。获取他最近一次在超市的购买情况,及时主动地与他沟通,关切地询问他对超市的服务有什么具体的意见,以便超市更好地为他提供服务。最后,不忘询问他下次大概的购买时间。

F:购买频率。记录该客户在超市这一个月的购买次数,找出每两次购买行动之间的时间间隔,从而测算他的购买频率。

M:消费金额。留下该客户每次购买的清单,分析他的购买数额、最高的花费项目、每次最高的花费项目有无异同点,花费金额和季节的变化有没有关系,如果有,是多大。

D:人口统计资料和生活方式。这一项的工作要取得客户的理解与支持,在客户的协助之下完成。可以在客户购买的时候,通过有奖销售的情况让客户留下家里的电话号码,然后,主动打电话与客户联系,取得第一手资料。

完成这些以后,您就可以分析这位客户是不是超市的合适客户,是否要把他们这一类客户纳入客户关系管理之中。

利用RFMD模型对客户进行差异化分析时,客户近况、购买频率和消费金额这三项资料,企业比较容易获取,但人口统计和生活方式方面的资料相对于前面三项来说,不是很容易取得的,因为有的客户根本就不愿意配合商家,认为这侵犯了他的隐私权,很容易引起他的反感。但是,有时企业为了发展,又必须进行这方面的工作。既要获得客户个人的资料,又不能引起客户的反感或警惕。所以,进行这项工作需要采取艺术的手段。

您能否设计几个这方面切实可行的方案?

第二章 认识客户关系管理中的客户

如何发现最有价值的客户

不同的客户对企业的价值不一样，在实施客户关系管理之前，企业要对客户进行价值分析。按照对企业的价值不同，客户可以分为以下四种：

● **价值最大的客户**

任何一家企业都有自己贡献率最大的客户，通常称之为VIP客户。这类客户的数量不可能很多，占企业客户数量的比例很小。一般地，企业将客户总数的1%划分为VIP客户，如果一家企业的客户总数为10 000位，那么VIP客户就大概有100位左右。然而他们的购买能力大，购买金额在企业的销售额中占有的比例最大，对企业贡献的价值也最大。如果把企业的客户构成比作一座金字塔，他们位于金字塔的最顶层。企业对这类客户要采取特殊的服务政策，把他们视为贵宾，使其享有企业最尊贵和优质的服务。

● **能够为企业提供较高利润的主要客户**

VIP客户虽然对企业的贡献大，但数量少，企业不可能把所有的精力都放在他们身上。仅次于他们的是能够为企业带来较高利润的主要客户。他们的消费金额所占比例较大，能够为企业提供较高利润。划分这类客户的方法是，在客户总数中，花钱最多的5%，再扣除VIP客户，剩下的就是主要客户。如果企业所有的客户数为10 000位，主要客户就是扣除100位VIP客户以后，大概400位左右。主要客户数目比较大，对企业的价值贡献率较高。企业要把重点放在他们身上，倾听他们的意见，研究他们的需求，以便紧紧地抓住他们。

● **消费额一般的普通客户**

这类客户数目相对较多，他们的消费额占企业销售额的比例一般，能够为企业提供一定的利润。划分这种客户的方法是：将企业总客户中的20%的客户扣除前两类以后，剩下的客户就是普通客户。如果客户总数为10 000位，普通客户就是1500位。不过，不同企业确定一般客户的比例不一样，这要根据自己的行业特点、销售时期来具体地确定。一般地大体比例定在15%~30%之间。对于普通客户，企业也不能懈怠，要精心研究他们，培养他们。

依照客户的价值和其占企业总客户的比例，各类客户构成了一座金字塔，处在最上面的是VIP客户，最下面的是小客户。

本技能点的分类方法符合一般的商业定律，即20%的客户给企业贡献了80%的利润。

● **数量最大，但价值最小的小客户**

这类客户是企业产品最广泛的消费者，他们离不开企业的产品，但消费额小。人数众多和赢利率小是这类客户两个最重要的特点。如果企业经营稍有闪失，小客户就会使企业亏本。小客户位于金字塔的最底层，除了上面的三类客户以外，剩下的80%都是小客户。如总客户10 000位，则小客户为8 000位。对于这类客户，企业没有必要花费过多的精力，只需要进行简单的维护。

根据客户的价值进行分类，就能找到最为宝贵的客户资源，即VIP客户与主要客户。他们是最具有价值的客户，是企业营销的重点对象，企业要加强对他们的需求的研究，提高对他们服务的质量。

请您根据自己的理解来判断正误，正确的请打"√"，错误的请打"×"。

1. 一般来说客户对企业的价值与其购买金额成正比。（　　）

2. 小客户占企业总客户数目的大部分，所以他们对企业的贡献最大。
（　　）

3. 按客户的价值来对客户进行分类是符合客户关系管理要求的。
（　　）

4. 所有的客户都能为企业带来利润。（　　）

参考答案：正确的有1、3；错误的有2、4。

如何把握客户对产品的不同要求

不同类型的客户购买的目的不一样，因此对企业产品的要求也不相同。企业应针对四种不同类型的客户，分别把握他们对产品质量的不同要求：

● 一般终端零售消费者

由于他们是产品的最终端消费者,所以他们的要求集中在产品质量和售后服务上,不仅质量要好,而且价钱要低。他们尤其注意产品的性能。在要求实用的前提下,产品的外形也是一个重要的考虑因素。随着客户品位的提高和个性化需求的增强,客户对产品外形的要求也越来越高。

● B2B型商业客户

由于他们不是终端消费者,所以他们只关心企业的产品能否为他们带来利润。为了把产品附加在自己的产品上,他们主要要求产品的兼容性高、质量过硬,对于产品的外观和售后服务并不太在意。

● 充当企业与客户桥梁的代理商或分销商

他们只是为企业代销产品,为了赚取利润,一般来说,他们只愿意代理质量过硬的产品。所以他们的要求是产品的性价比高,企业的供货渠道要通畅,不能因为到货不及时而影响他们的利润。为了免除消费者的麻烦,扩大自己的销售量,他们也要求企业必须有良好的售后服务体系。

若干年以前,市场的规律是"客户要小心",现在是"商家要小心"。

● 企业自己的内部客户

由于他们隶属于企业,所以彼此的命运息息相关。他们要求有良好的企业关怀,远大的企业发展前景。他们希望产品的信息能够迅速、准确地传递到他们那里,以便借助产品更好地赢利。

因此,针对不同的客户,要求企业展开有针对性的生产和服务,以便取悦重要的客户,盯住最有价值的客户群,为企业争取最大的利润。

● **实践练习**

不同的客户对产品的要求不一样,请您根据本节的要点填写下列表格。

客户类型	产品或服务要求
零售消费者	
B2B型客户	
代理商	
内部客户	

参考答案:

客户类型	产品或服务要求
零售消费者	质量好、价格低、外形好、售后服务完善
B2B型客户	兼容性好、质量好
代理商	性价比高、供货渠道通畅、售后服务完善
内部客户	内部客户良好的企业关怀,光明的企业前景,信息交换迅速

如何确定客户满意度的系统定义

客户满意度是一个系统,要对客户满意度进行研究,首先必须进行客户满意度的系统定义工作。要完成这项工作,需要从两个方面来展开行动:

● 企业要确定客户满意度系统要达成的目标

客户满意度系统是为了测量客户对企业的满意状况，所以在设计这个系统的时候，首先要考虑系统所要达成的目标，以便为后面的工作起一个指路标的作用。为此，系统要达成以下目标：

确定影响满意度的关键决定因素。影响客户满意度的因素很多，我们不可能一一考虑到，只能挑出其中最重要的因素进行分析。

测定当前的客户满意水平。客户满意度系统是为了提高客户对企业的忠诚度。企业至少要知道，客户目前对自己的满意度如何，做到心中有数，才能更好地决定以后需要改进的方面。

发现提升产品/服务质量的机会。该系统还能对目前产品/服务的质量有所检测，发现其中存在的欠缺，从而找出问题所在，以便采取有针对性的措施。

客户满意度是指客户将其对一个产品或服务的可感知的效果与他的期望值进行比较后，所形成的愉悦或失望的感觉状态。

能从客户的意见和建议中寻找解决客户不满的办法，为管理者提供建议。客户目前对企业的意见和建议要尽快反馈到企业的管理者那里，以便采取对策加以改进。如果信息到不了管理者那里，客户一直得不到回音，就会影响客户对企业的满意度。

● 应当弄清有关产品与客户的一些问题

通过满意度系统，管理人员要能迅速、快捷地摸清有关客户和产品的问题，了解企业目前的状况。这些情况是领导层进行决策的重要依据。通过满意度系统应当弄清楚的问题有：

企业产品/服务的客户名称。这是最基本的问题，管理者一定要清楚自己的客户是谁。

客户的数目。管理者通过满意度系统能了解到企业客户的具体数目到底是多少，企业是否为这些客户建立了数据库。这些是系统提供的客户资料。

企业的客户分类。企业是通过什么方式对客户进行分类的，系统要一目了然。

目标客户、提供服务的方式和竞争对手。满意度系统对这些方面的情况也应有所反映，以便决策者为以后发展新客户、提高服务质量寻找依据。

通过这一步还要弄清楚，在企业的运营中组织结构怎样为客户提供服务，以及有哪些部门直接与客户接触，有哪些部门为与客户接触的第一线工作人员提供支持，等等。

客户满意度是一个系统，牵涉到客户服务的方方面面，只有把这些因素都综合起来考虑，才能完整地理解客户满意度的概念。

● **实践练习**

请您根据本技能点所介绍的内容，判断下列说法的正确与错误，正确的打"√"，错误的打"×"。

1. 研究客户满意度应从系统论的角度出发。　　　　　　（　　）
2. 客户满意度系统定义是开展客户满意度研究的第一步。（　　）
3. 进行客户满意度系统定义时，必须测定当前的客户满意水平。

（　　）
4. 要从客户的意见与建议中找出方法为满意度系统进行补充。

（　　）
5. 进行客户满意度系统定义时，只要把影响客户满意度的因素列出即可。　　　　　　　　　　　　　　　　　　　　　　（　　）

参考答案：正确的有1、2、3、4；错误的有5。

如何展开客户满意度系统的评估

满意度系统评估是满意度研究体系中最为重要的一环,通过这一阶段的工作,可以找到企业当前在客户满意度方面存在的问题和需要改进的方面。具体步骤如下:

调研评估要遵循从内到外、从浅入深的步骤。

● 对员工进行调研和评估

在客户满意度系统的评估中首先要从企业的内部开始。企业内部的评估主要面向企业内部的,尤其是直接与客户打交道的部门和员工。通过谈话、填表等方式对他们进行调研,在企业内部分析和评估客户满意度。这一步的主要目标是要得到两方面的信息:

在企业内部,员工对客户满意度的自评效果怎样,在客户满意度系统指标里,哪些方面获得了成功,哪些方面没有效果或效果欠佳,哪些方面需要改进,系统的各个方面独自运行的效果、系统整体运行效果以及员工对它的总体评价等方面的问题。

抛开企业的外部因素,单从企业的角度来看,影响客户满意度的因素有哪些?

● 对客户进行访问、调查

企业内部的评估结束以后,马上要把注意力转移到企业外部。首先是影响客户满意度的主角——客户。对他们进行调研,重点了解他们认为影响客户满意度的因素有哪些。调研的方式很多,最主要的是通过采访和座谈,挑选有代表性的客户。此阶段要完成的任务是:

将客户的观点与企业的看法进行对比，因为企业和客户的出发点不一样，看问题的方式也不一样；更重要的是，一个是服务的享受者，一个是服务的提供者，所以，他们的观点肯定也不一样，但多少都有共同点，找出这些共同点。

客户对满意度系统有自己的体会，企业要从客户的角度挖掘出新的影响满意度的因素，补充到客户满意度系统中去，不断地使之完善。

● **对客户进行抽样调研，为定量调研打下基础**

对客户进行最基本的调研之后，确定出系统需要改进的基本范围，为了进一步摸清情况，了解影响客户满意度的因素和客户对企业的评价，还需要对客户进行抽样调查，目的是能够找到影响客户满意度的最有代表性的测试指标，以便确定改进的重点因素，为下一步进行定量调研做好准备。需要达到的目标有：

了解客户对企业客户满意度的评价，主要是了解满意度的评价到底处在一个什么水平。

确定影响客户满意度的具有代表性的指标。影响满意度的因素很多，需要找出最具代表性的。

重新检测前面所确定的指标，发掘、更新有价值的新指标，为以后的系统改进打下良好的基础。

● **对客户进行定量调研，把客户满意度系统指标量化**

在前三步的基础上，对信息进行整理，以此信息为基础，确定出量化标准，定量测度消费者的满意度，基本得到企业客户满意度的情况。主要任务是：

量化评价指标。把客户满意度系统的评价指标进行量化，使以后的改进更具体化。

对客户进行广泛调研，充分听取各方面的意见。

评估企业目前的客户满意度状况，得出评估的结果。

寻找企业的优点和缺点。这是今后企业改进的方向，也是系统的目的所在。

通过以上四个步骤，基本可以明了企业的客户满意度。通过分析各项因素的重要程度及客户对目前企业在这些方面的满意度，可以将影响客户满意度的因素分作四个部分，将它们表示在一个坐标系中，如图所示：

可以把客户的满意度划分为四个区域，对不同的区域应采取不同的对策。

对保持区：保持已有状态，并适时发展。

对加强区：需要特别对待。

对发展区：发挥优势，进一步发展，向保持区靠拢。

对忽略区：没有必要花费过多的精力。

客户满意度系统的评估结束以后，要找出存在的主要问题，明确企业需要改进的方向，为以后的系统改进提供依据。

● **实践练习**

客户满意度系统的评估主要有四个步骤，请您列出每步要完成的工作。

评估步骤	主要内容
内部调研和评估	
客户访问调研	
客户抽样调研	
量化满意度指标	

如何获得客户的忠诚

想要获得客户的忠诚,并没有一定的程序可以遵循,但可以有一个大致的思路。具体如下:

客户忠诚不仅是存在的,而且是可以获取的。

● 企业上下要在思想上认识到客户的高度重要性

企业如果想真正做到"尊重客户,以客户为中心",就必须首先从思想上认识到客户的重要性,这是赢得客户忠诚的基础与前提。要让企业的每一个人不仅仅是知道、懂得,而且要从思想上意识到:客户是我们的"衣食父母",客户是为我每个月开工资的人,能够满足客户的需求是企业的荣耀,并由此真正能够将"以客户为中心"贯彻到自己的行动中去。

● 客户忠诚计划首先必须赢得企业员工的忠诚

企业员工是客户忠诚计划的主体,是实施者。企业赢得客户的前提是首先必须赢得自己的员工,不能设想一个人心涣散的员工群体能赢得客户的信赖。员工的忠诚主要包括两方面:一是员工在工作中尽职尽责,二是员工对企业忠诚,不会轻易流失、跳槽。

● 客户忠诚计划要赢得企业高层人员的支持

建立客户忠诚计划是一个从上而下的过程,需要企业领导的各方面

支持。无论是在资金的投入,还是人员的配备上,如果没有企业高层领导的支持,很难进行下去。在建立客户忠诚计划的过程中,需要企业的高层管理人员精心组织实施,进行各方面的协调统一。除此以外,他们本身应当成为这一过程中非常重要的一个组成部分和决定因素,他们不是局外人。所以说,赢得了高级管理人员的支持,就打通了通向客户忠诚的道路。

企业的高层管理人员可以采取以下方式接近客户,为普通员工做出表率:

与具体接触客户的员工交流;

出席为赢得客户忠诚而举行的会议,并明确表达自己的观点;

参加与客户交流的有关活动。

● **企业要使客户满意,就要赢得他们的信赖**

客户的满意、愉悦和信赖是形成客户忠诚的最主要因素,是关键之所在,所以企业在这方面要积极努力,采取各种措施。

企业要不时地提高客户的购买兴趣。保持客户对企业的兴趣很重要,它可以使客户对企业始终保持关注。提高客户兴趣的方法有很多,有奖销售,明星助阵的广告牌,改变产品的颜色、形状,增加产品的附加功能,这些都是提高客户兴趣的好方法。但是,这些都是短暂且不牢固的,只能起到一时的作用。最为有效的措施还是通过自己优质的产品和服务来吸引客户。要无微不至地考虑客户的需求,并竭尽全力满足他们,这样做的结果不仅仅是让客户感到一种满足,更重要的是能够让客户对企业充满感激。一般来说,满意的客户,乐意将自己的感受告诉他所熟知的人。所以企业应当牢记:客户的口碑,尤其是老客户的口碑,是最容易吸引新客户的。

● 企业与客户随时保持有意接触

企业应当制订详细的计划，有意识地多和客户接触。企业与客户的接触应该被企业升华为一种心与心的交流。通过接触，客户可以更好地了解企业，企业也能够更好地了解他们，从而实现双方的互动。通过相互交流建立起一种朋友式的"双赢"关系。另外，企业可以通过接触展示自己的企业文化，为自己做宣传，表明自己对客户的尊重。通过这种接触，企业也可以了解客户当前的需求，以便于制订更有针对性的销售策略，更好地为客户服务。与客户接触，企业要采取主动。

● 重视客户的意见，建立起有效的反馈机制

建立有效的反馈机制非常重要，企业面临的不是与客户的一次性交易，而是长期性的合作。一次交易的结束正是下一次新的合作的开始。事实上，客户非常希望能够把自己的感受告诉企业，因而友善而耐心地倾听能够极大地拉近企业和客户之间的距离。反馈机制就是建立在企业和客户之间的一个桥梁，通过这一桥梁，客户与企业双方能够更好地沟通感情，建立起相互间的朋友关系。

大凡成功的企业都有一个秘诀：善于倾听客户的意见，并善于发现这些意见中有用的市场信息和用户需求，及时将其转化为新的商机。

建立客户反馈机制的方法很多，企业应当对客户公开自己的电话号码，并在企业内部设立独立的机构处理客户的反馈意见。另外，还应形成制度，定期派人主动接触客户，获取他们的反馈信息。

● 妥善处理好客户的抱怨

在倾听了客户的意见，并对他们的满意度进行了调查之后，就应当及时妥善地处理客户的抱怨，这也是赢得客户信任和忠诚的极有效的

方法。客户的抱怨并不是麻烦，企业也绝不能因此而感到沮丧和失望。相反，成功的企业会把客户的抱怨看作是自身发展的新机会，也是赢得客户的重要机遇。

● **从掌握的信息中分析客户的需求，开发适应客户需求的新产品**

做到以上几点以后，企业已经掌握了很多来自客户的信息。对于这些信息，企业要仔细地进行分析，找出其中最有价值的部分，并根据这些信息，进一步改进自己的产品或服务。通过这些信息，企业还可以发现和开拓新的市场空间，开发出适应客户需求、反映市场趋势的新产品。

以上这些步骤是一个循环前进的过程，前一轮工作结束正是新一轮工作的开始。企业应当将这些步骤看作一个有机的整体，不断地满足客户的需求，赢得客户的信任，在这个循环的过程中逐步提高自己的客户忠诚度。

某电信企业制订了很严格的服务标准，力图赢得客户满意，建立客户忠诚。但是，企业的一个员工在一次为客户安装电话时，不仅没有携带任何工具，完全需要客户提供，最后竟然把客户新装修的房间搞得很不整洁，而且，这件事情竟然被当地的日报做了报道。于是，电信部门的努力完全化为了泡影，在客户心目中的形象不仅没有变好，反而更加糟糕了。

● **实践练习**

阅读下列案例，结合本章的学习，请您就客户对企业的抱怨与建立客户忠诚度之间的关系谈谈自己的想法。

有很多企业不喜欢听客户的抱怨，认为很多客户的抱怨是吹毛求疵，是胡闹。有一家电脑制造商的客户，给厂家打电话反映他们生产的某型号的电脑在使用的时候噪音太大，尤其是在晚上，简直就像一台电风扇

在工作。厂家未置可否。后来,别的客户也向经销商反映同样的问题。最后,分销商把情况汇总到厂家,厂家认为用户吹毛求疵,电脑又没有安装消声器,怎会没有噪音?没有噪音的电脑永远也生产不出来。

_____

_____

_____

_____

_____

_____

参考答案:客户的抱怨反映了企业产品或是服务中的不足,这正是企业进一步完善自己、增强产品竞争力的好机会,客户的这些抱怨恰恰是给企业的免费建议!如果能够妥善地解决客户的抱怨,将客户的这种不满转变为满意,企业就将赢得这个客户!因为,客户从这里得到的不仅仅是问题的答案,更重要的是尊重和关怀,这些恰恰最能够打动客户的心!公司在品质和服务方面建立了良好的声誉,会使许多客户在不知不觉中成为公司的回头客,成为公司的忠诚客户。

第三章

利益互享是共同成长的基础

客户为什么会选择我们?因为在他们看来,与我们进行合作有助于其某些利益与价值的实现。我们为什么会选择客户?有些企业员工说,因为客户选择了我们,所以我们便只能满足客户的需求与利益,在客户面前,我们没有选择的权力。错!之所以要将利益互享作为选择客户的基础与重要原则,是因为如果失去了这样的基础,那我们便失去了成长的力量,对于客户来说同样如此。

学习细节,养成良好的工作习惯

山东万事达集团的员工就是通过与新西兰客人交往,从中学习细节,并养成良好的工作习惯的。

当初新西兰客人与万事达合作,并不是一蹴而就的,而是在谨慎考察了国内外相关生产企业,从企业规模、管理、产品质量价格等方面进行权衡做出的决定。从最初双方协商订立合同时,万事达的员工就深刻地体会到了他们严谨细致的工作作风。比如在付款方式、违约责任、质量标准等条款的小项坚持,新西兰客户代表的固执让人深感为难,甚至显得不可理喻。一些微小的细节在过去与其他客户的交流过程中都无关痛痒,但是在这些严谨的新西兰客户面前就是通不过。新西兰客户代表不仅要求与之合作的万事达员工一定保证要让每个细节完全符合他们提出的高品质要求,而且在后来双方的邮件交流中,还要求万事达提供报价明细,同时他们还会亲自算出每一个部件的价格,逐一对照,力求精确,并从中找出差价,一丝一毫的差别都会及时发来邮件反馈。

在公司一周的访问期间,新西兰客人总是事先整理好一份材料,列出要求产品改进的明细,在谈到具体的产品时,在长度、厚度、材质等方面逐一落实,又画图又看图,反复探讨,力求找到设计要求和实际生产的结合点,直到满意为止。

新西兰客户严谨细致的工作作风一次次地令万事达集团的员工感到紧张和忙碌,同时也让人感到由衷的钦敬和佩服。可以说,每一位与这些新西兰客户有过接触与合作的万事达员工在这次合作过程当中都感触颇深。

细节影响品质,细节显示差异,细节决定成败!在这个竞争日益激烈的时代,现代企业的管理正由粗放式管理向精细化管理逐步过渡,人们对于细节的关注程度与要求水平都在不断提高。在这种情形下,我们可以说,细节彰显了一个人的内在素质,是否具有足够的细节精神将成为区分卓越员工与一般员工的一项重要标志。

在与客户打交道的实际活动当中,很多员工也经常会遇到一些对细节要求极为严格、甚至堪称苛刻的客户。面对这样一些关注细节的客户,如果你是一位致力于不断提升自己的员工,那么你所要做的就不是抱怨和敷衍,而是把与这些客户的每一次沟通和交流都当作一种学习的机会,不但要把客户要求的各项细节都努力做精、做好,而且还要将客户这种追求卓越与关注细节的精神努力贯彻到自己今后的各项工作实践当中,要努力培养精细化的工作作风,使自己逐渐形成精细化的工作品质和工作习惯。要做到这些,可以从以下几点入手:

● 守时守约

一定要严格遵守自己与客户在时间方面的约定。既不要轻易做随意打扰客户工作与休息的不速之客,也要尽最大努力使自己在工作中避免出现迟到、早退甚至失约等不遵守时间约定的行为。无论是在与客户打交道的过程当中,还是在我们的日常工作当中,企业员工都要尽可能地做到守时守约,要将这一点作为自己的一条重要工作准则来严格执行。

如果一个人在时间上经常表现为不严格遵守约定,那么就会被别人认为你缺乏合作的诚意或不够重视彼此之间的约定,同时还很容易让别人产生这样的想法:一个不够守时守约的人往往是一个对自己工作要求不够严格、做事缺乏坚定原则的人,这样的人是不值得信赖的。而一旦让别人产生这样的想法,那么在与他人合作的过程当中自然会缺乏足够的说服力与竞争力。

● **仔细核实**

客户在对我们的工作提出要求或采取一些方案的时候，如果我们对这些要求或方案当中的某些问题不够理解，那么我们就一定要在执行这些方案或要求的时候仔细对其予以核实，不要在未完全理解客户的真实意图或要求之前就按照自己的揣测或想象随意采取行动。做到这一点非常重要。有些员工认为这样做太过浪费时间，而且有时还怕别人认为自己"水平不高"。事实上，"磨刀不误砍柴工"的简单道理已经不用再多说，而自己的水平是高是低最终还要看实效，如果我们未经仔细核实就信马由缰地敷衍工作，最终我们浪费和损失的恐怕不仅仅是一些时间，我们的工作效率不用别人说我们也会自知。

● **追求卓越**

那些在细节方面常常表现得有些"较真儿"的客户往往正是那些不断追求卓越的客户——他们总是希望事情能够做到更好，总是朝着实现更为完美的效果去努力。企业内部的员工也同样如此，如果没有追求卓越的精神，没有争取尽善尽美的意识，没有关注细节的精神与品质，那么这样的员工将无法成为企业真正需要的优秀员工。而对于一个企业来说同样如此，如果整个企业内部缺乏一种追求卓越、做好细节的工作氛围与精神，那么这个企业未来的发展道路将会十分坎坷。因此，企业员工要想有所成功，就一定要不遗余力地重视细节的改进、改进、再改进，不能因为怕麻烦而忽视细节、满足眼前。而一个企业同样也要时刻关注细节，要在企业内部培育一种良好的工作习惯与氛围，这样才能抓住发展过程当中的每一次契机。

一叶可知秋，一管可窥全豹。从细小之处就可看出一位员工或整个企业的品质与实力。企业与客户是互相影响的服务过程，也是彼此学习的过程。

我们要向优秀的客户学习关注细节的精神、把握细节的能力，从客户这种关注细节的良好工作品质当中，认真学习并努力使自己和客户一样形成这种良好的工作习惯。这种良好的工作习惯一旦形成，将会使我们受益终生。

更重要的是，企业的发展与进步十分需要这种良好的工作习惯与作风。身为企业的一员，我们的目的是为了做好事情，细心一点能提高效率，使合作更能愉快地进行。

因此，我们平时在与客户合作的过程当中，一定要做到多些用功、多些努力、多些细心，认真学习客户注重细节的精神，防患未然。从今天起，认真地对待自己身边的每一项工作。

培育正确的价值观念

国内电线电缆行业的领军企业宝胜集团在社会大众当中的知名度并不高，但这家来自江苏省一个小县城的国有企业的竞争力与发展力却令所有国内的所有同行都望尘莫及。这家国有企业为何能够在如此激烈的行业竞争中居于领先地位？该企业集团《文化手册》上的一段话或许可以为人们指出答案：

我们信奉：责任心是一切行为的根本，是一切创造力的源泉。我们尊崇以人为本，而员工应以责任为本。责任心是宝胜核心价值观的核心，而这种责任心来自于对宝胜的使命和愿景……

宝胜人的一切日常生产和经营活动，都是在为客户负责、为股东负责、为员工负责、为社区负责、为社会负责……

对于宝胜集团这种将责任心作为企业核心价值观念的企业文化，与

该集团有着长期合作的某供应商深有体会。这位供应商说："在与宝胜进行长期合作的过程当中，来自所有员工的强烈责任心也在不断激发我们的责任意识，我们通过宝胜员工认真负责的工作精神也真正地体验到了有责任才能有发展的价值观。"这位供应商还提到了这样一件令他记忆深刻的事情：

有一次，这位供应商到宝胜集团送一份销售计划书，路过库房门口的时候正巧看到搬运工人往卡车上搬运电线，经过询问得知，原来这些电线是要急着运往某施工现场的。可是，在搬运过程中，一位工人发现其中一包电线由于包装不严而外露了，再仔细一看，其中的一截电线已被损坏。这种情况被物流主任知道了，这位主任马上通知所有工人停止搬运并认真检查所有电线是否安全无损。这项工作需要花费一定的时间，而此时施工现场则急需要货。鉴于这种情形，物流主任马上调集当时正在休班的搬运工人和其他生产线上暂时闲置的人员，并把这些人员分成三组：检查、搬运、送货。最后，施工现场急需的电线按时送达，而且被送到的每一包电线都确保没有任何问题。

虽然在这次事件中宝胜花费了很多人力和时间，可是在他们看来却是非常值得的，这是对客户负责、对社会负责，他们的努力不仅可以使客户和社会免受很多损失，而且还能防止许多不必要的灾害发生。因为他们十分清楚，一旦受损电线被使用，那么后果将不堪设想，而且一旦因此而发生问题，那么最终即使他们想要承担责任，恐怕也无法挽回客户及整个社会所遭受的惨重损失了。

宝胜集团的董事长夏礼成曾经这样说："有了责任心，才能有激情，有忠诚，有奉献，才有成就一切事业的可能。"是的，如果没有责任心的推动，想成就任何一项事业都是不可能的。在与客户打交道的过程当中，面对客户身上体现出的强烈责任心，每一位企业员工都应深刻体验，认真学习。不仅如此，企业员工还应当在自己的内心深处树立一种强烈的责任意识，要努力将认真负责的价值观念培育起来，并将这种正确的价值观念作为自己的工作准则来贯彻实施。如何才能做到这些呢？企业员工在与客户进行交流与合作的过程当中需要从如下几方面着手和努力：

● **满足客户合理需求是你的责任**

在每一位企业员工的内心，都应当端正这样一种工作理念：客户是企业发展与我们自身进步的重要资源，也是我们从事所有工作的起点和终点，满足客户的合理需求就是自己的责任。不仅如此，发现和挖掘客户内心需求同样是每一位企业员工的职责所在。无论是在研发产品的过程当中，还是在与客户进行交流与合作的具体工作进程当中以及与客户之间的接洽完成之后，企业员工都要十分明确自己的这一责任。

另外，每一位企业员工还必须随时铭记一点：你在满足客户合理需求的方面表现出的责任心越强，把自己的责任履行得越好，那么你的收获与进步也就越多，而企业从中所获得的发展机会也会越大。

● **出现问题时首先追究自己的责任**

当我们与客户的沟通出现误会时、当我们无法满足客户的需求时、当客户对我们的某些言行感到不满时，或者当实际工作效果与上司要求出现偏差时，当同事之间由于某些误会造成合作过程中的重大问题之时……总而言之，在与他人进行交流与合作的任何一个环节当中出现问题的时候，在日常工作过程当中发现问题存在的时候，每一位企业员工都应当首先追究自己的责任，而且态度要认真、言辞要恳切，切勿寻找各种各样的借口来推脱自己的责任。当你推脱责任的时候，无论你寻找的借口看起来多么圆满、无论你用的语言多么优美，都不会掩盖你缺乏责任心的本质，而客户是绝对不会与一个缺乏责任心的企业进行合作的。同样，任何一家企业都不欢迎那些出现问题只会推脱和抱怨的员工。

一些员工认为这种出现问题时首先追究自身责任的做法会使自己身上的责任太过沉重，而且这种做法有时会导致自己陷入困境，这样一来

第三章 利益互享是共同成长的基础

岂不是"自讨苦吃"？对于这种想法，我们想说的是，在勇于承担责任的人面前，永远都不会有"太过"二字。因为他们知道，当自己勇敢地追究自身责任并通过自己的努力承担责任和解决问题的时候，自己实际上已经获得了成长与进步的机会，而这些机会是那些逃脱和推卸责任者永远都不会获得的。

● **在合作过程中及时明晰双方责任**

在日常生活与工作过程中，企业员工要尽可能地把自身的职责清晰化、明确化，只有在明晰并理顺自身责任的基础之上，我们才可能更好地肩负起自己身上的重责。当然，作为企业，一定要在内部建立明晰而完善的规章制度，要将各个部门以及每一位员工的权力与职责明确化、制度化，否则的话企业只会在一盘散沙上走向失败。无论是企业，还是每一位员工，在与客户进行合作的过程当中，都要及时明晰双方的权力与责任。对于己方有责任、有能力做好的事情，一定要给客户以认真的承诺并确保实现，而对于己方没有能力做到的事情切勿合作之前大包大揽、合作之后再逃脱推卸。

总而言之，如果是属于自身职责范围之内的事情，我们就要随时做好迎接责任和承担责任的准备，在任何时候都不要推脱和逃避。而对于那些事先没有明确双方责任的事情，企业员工也要首先尽自己的最大努力承担起相应的责任，帮助客户解决他们遇到的疑难问题，令客户增强与我们保持合作的信心和决心。因此，在任何时候，企业员工都不要以"这不属于我的职责范围"或"合同中没有说明这是我的责任"等理由来搪塞和拒绝客户。因为当你在搪塞和拒绝客户的同时，实际上就是把客户与我们合作的可能也推到了门外。

只要认真观察周围那些业绩卓著的客户，我们就不难发现，这些发展态势良好的人无不是那些平时勇于承担责任的人。面对责任，一些人视之为累赘和负担，而另外一些人则视为前进的动力和自己应尽的义务，结果前者在责任面前驻足退却，而后者则勇往直前。而最终，却只有那些在责任面前勇往直前的人才能跨越生命中的坎坷，拥有成功的体验。这便印证了那句古语：凡事有因必有果。

如果说成功是一种结果的话，那么在事业道路中的种种责任便是实现这种结果的重要原因。作为一名企业员工，如果你之前没有种下责任面前勇敢承担的"因"，那么就不要奢望最终能看到事业成功的"果"。关于责任与成功的因果关系，值得所有人认真体味，而那些希望在事业道路上有所进步与发展的企业员工则需要将责任这种正确的价值观念作为自身工作价值的一项重要内容去实践。

客户的严格会令我们不断成长

国内一家防盗门生产企业准备于近日举行新产品发布会，为了确保新产品发布会能够顺利召开并使公司研发的新产品能够一举获得众多客户的青睐，该企业决定在新产品发布会举行之前首先尝试与几位潜在客户接洽业务。可是，当公司的销售人员将公司最新研发的几款新产品信息送往几家潜在客户那里时，他们得到的反应却极为冷淡和消极，甚至一位曾经与该公司有过合作的客户竟然声称"贵公司新研发出来的这几款新产品还不如以前的老产品性能好"。

当公司的销售人员将客户的反应——反映到公司的时候，该企业并没有置这些客户的意见于不顾，而是更加积极主动地询问客户对本公司开发的新产品还有哪些要求和建议。

最后，当客户的意见被总结反映上来以后，该企业的产品研发部门在其他各部门工作人员的配合下又进一步对公司的新产品进行了外形、

性能等全面的改进。可是，在新产品进行了多项改进之后，仍然有一位以要求严格而著称的客户提出，某一型号的门型为双扇门，其中一扇门的把手使用起来感觉非常别扭，希望该企业能够予以改进。

后来，该防盗门企业的工作人员发现，原来在最初设计时，研发人员考虑到一般购置双扇门的用户都只是为了外形的美观，而其中的一扇门通常都是不经常使用的，为了节省费用，研发人员便将左手那扇门的把手用品质稍差的原材料制作。研发人员认为，一般人不会注意到这点微小的问题，没想到这还是被那位细心而严格的客户发现了。那位客户还提出，如果购置这种门型的客户恰巧习惯用左手开门，使用时间久了自然会感觉出不舒服。之后，结合客户的提议，该公司又将这一门型的把手全部改用高品质的原材料制作。

该企业的新产品发布会终于在一段紧张的工作之后如期举行了，在这次新产品发布会上，很多前来参观和购买的客户都表示，该企业的新产品从整体的外形、各种性能到每一个细节处理都相当出色，当即有许多客户表示看中了多种型号的产品，并且表示非常愿意及早购买新产品。这次新产品发布会取得了前所未有的成功。在高兴之余，该企业的所有人都对当初那几位提出宝贵意见的客户心怀感激。如果不是当初那几位要求严格的客户给研发人员认认真真地上了几节课，恐怕这次的新产品发布会就无法取得今日的成功。

很多企业员工在面对严格的客户时，心里总是充满了抱怨与不满，他们不明白"为什么偏偏会让自己碰到如此挑剔的客户"，而且还会抱怨"现在的工作真是越来越难做，这些客户看上去一个比一个难以应付"……

对于一些企业员工如上的想法，我们并不认同。这些员工将客户严谨认真的工作作风视为苛刻的态度和过度的"理想主义"，并把客户对自己的高标准、严要求当作对自身工作的刁难。事实上呢？客户根本没有时间与精力去故意刁难和苛求我们，他们只是站在自身的角度和立场上

去提出他们对于产品或服务的要求。进一步讲，客户的严格和认真其实恰恰是推动企业及其内部员工不断进步与发展的重要力量。如果没有客户的严格要求，那么企业将很难实现较大的进步与发展。另外，来自客户严格的工作态度和所谓的"理想主义"，其实也从另外一个角度体现出了客户关注细节、不断追求完美的精神品质，而这样的精神品质是整个社会不断向前发展的重要推动力。

为此，若想实现自身的不断进步，若想通过自己的努力推动企业乃至整个社会的发展，身为企业的一员，我们不但不能抱怨客户的严格要求，也不能无视客户提出的各种意见，而且还需要在今后的工作过程中努力做到以下几点：

● 主动征求客户意见与建议

在现实生活当中，每当听到有客户提出不满和意见时，很多企业员工都觉得满腹委屈和痛苦，并且会因此而抱怨"客户太过较真儿"。在这种情况下，听到要积极主动地征求客户意见与建议的时候，很多企业员工便会想："对此我们真是想推推不掉、想躲躲不了，又怎么会主动去征求客户的意见与建议呢，这岂不是自找麻烦？"将客户的意见与建议当作包袱一样唯恐避之不及，这种做法就能有效地化解客户的抱怨和不满吗？当然不能。非但如此，在客户的意见与建议面前消极被动的做法还会令企业的发展面临非常不利的局面，这样的事例在现实生活当中数不胜数。

事实上，如果我们能够换一种方式去看待客户的意见与建议，就很容易明白客户的严格要求对于我们的成长与进步具有极其重要的作用。如果企业及其内部员工能够积极主动地利用各种途径与方式去了解客户的意见与建议，那么我们的产品或服务就会从更大程度上符合客户需要的标准和品质。如此，我们的产品或服务在市场上就会吸引更广泛的客户，从而拥有更加出色的业绩。同时，在产品或服务售出之后，客户的不满与抱怨就会大幅度减少，并且很多感觉良好的客户还会主动为我们

的产品或服务树立良好的口碑。

这样的道理其实非常浅显易懂,但是真正能够在工作中主动征求客户意见与建议的员工却并不如我们想象的那么多。其实,造成这种现象的关键原因还是员工没有真正认清客户的严格要求对于我们自身进步与发展的重要性。而在这个客户至上的现代商业竞争形势下,如果员工不能及时而清醒地认识到这一点,那么这样的员工最终都将会面临非常严峻的成长困境。

● 结合客户要求不断完善自身产品与服务

在商业领域有这样一句非常著名的格言:"销售人员总是看到产品的优点,但客户却正好相反。"客户似乎对所有的产品和服务都持以一种近乎苛刻的态度,这并非是客户在故意挑剔,而是出自于购买商品者的本性——每一位购买者都希望自己购买的产品或服务能够最大限度地实现自己期望获得的价值。而对于企业来说,其存在的目的就是要为客户提供能够满足其要求的产品或服务,如果不能达到这样的目的,即不能为客户提供能够满足其要求的产品或服务,那么这样的企业就丧失了存在的价值,至于未来的成长与长远的发展就更不用提了。

面对这样一种现实,企业必须结合客户要求不断完善自身产品与服务,也只有这样,企业才有可能在获得客户支持与满意的基础之上实现自身的进步与发展。对于员工来说同样如此,如果你不能按照客户的严格要求去提高自身能力与水平,如果你的努力得不到客户的认可,那么你在企业中也就失去了自己应有的价值。因此,无论是企业还是员工个人,都应当把客户的严格要求当成是对自身工作的激励与推动,都要结合客户要求努力提高自身工作品质、完善自身产品与服务。只有努力坚持做到这些,我们与客户之间才能相互携手、共同进步,彼此的成长道路才会更加光明和顺畅。

● **工作中以高标准去要求自己**

除了要多吸取客户的意见和建议之外，企业员工还应当更加深入地向那些严格要求自己的优秀客户进行学习，将优秀客户这种认真严谨的工作作风深入贯彻到自身的工作实践当中。

工作当中无小事，企业员工要养成以高标准来要求自己的好习惯，绝不能轻易放松对自己的要求。另外，企业员工还应当经常反省自己，一旦发现自己的工作方式、水平与能力出现问题，要及时纠正和改善，绝不姑息纵容。积极主动地学习客户严格认真的工作精神，并一贯坚持以高标准、严要求来对待自己，这是每一位企业员工实现自身进步与发展并推动整个企业持续发展的重要力量。

凡事有因必有果，一切结果皆有因。当我们看到那些持续发展且品质优秀的客户时，我们就应该努力探寻到令这些客户取得如此优异成绩的主要原因都有哪些。

可以断言，如果没有长期以来在各个方面对于自身的严格要求，那么就不会有客户的成长与进步。而客户对于我们的严格要求其实只是客户严谨认真工作品质的一种体现，恰恰通过客户的这一品质体现，我们就可以从中获得成长的动力与空间。

客户的严格要求实际上是在督促我们继续成长，当客户仍然愿意花费时间与精力对我们提出严格要求的时候，这表明至少我们还有成长的希望与空间。因此，对于客户的严格要求，我们不但要认真学习，而且还要心存感激！

● **抓住每一次向客户学习的机会**

周燕是一家大型商场服装部的销售员，刚刚进入商场工作的时候，周燕以为从事这一行只要足够热情就可以了，可是来到这里工作一段时间以后，她才知道，要想拥有出色的业绩，仅仅凭借对工作和客户的热

情是远远不够的,还需要销售技能、服装搭配技巧以及把握客户购物心理等各方面的能力。

好在周燕是一个细心且愿意努力工作的人,当意识到自己在一些能力技巧方面的缺乏之后,周燕便在工作过程中开始认真地学习了。平时除了查看一些相关的资料以扩展自身知识面、提高自身综合能力之外,周燕还经常虚心向其他同事学习。另外,周燕还十分善于从客户身上寻找学习的机会,从以下几个事例当中,可以发现这一点:

周燕所在的商场经常有国外友人光顾,虽然周燕具有一定的英语口语基础,但是由于过去不常用,所以她的口语发音并不十分标准。因此,每当有国外友人光顾的时候,周燕就会积极主动地上前热情接待,她会在热情为客户推介商品的同时注意客户的发音,结果不到一年的时间,周燕的英语口语水平大大提高,甚至她还通过向客户的观摩和学习掌握了一些简单的韩语发音。

周燕还十分注意前来商场购物的时尚人士的装扮,每当发现某些客人的服装搭配和整体装扮比较出众的时候,她就会记在心上,然后通过自己的认真琢磨和精心搭配去装扮模特。周燕的这种做法其实非常简单易行,但是效果却出奇的好,她所装扮出的模特总是能很快吸引前来购物的客人们的眼球,而由此所推动的业绩自然也十分出色。

还有一次,周燕看到一位经常来购物的女士总是在其服装上面佩戴一些小佩饰,那些小佩饰看上去都十分别致而精巧,可是周燕虽然几经努力却始终没能在市场上买到如此漂亮的佩饰。于是,当再一次看到那位女士路过自己商铺前的时候,周燕便抓住机会向这位客户推介一些符合其装扮习惯的服装,而在销售成功之后当那位女士准备起身离开的时候,周燕又不失时机地对其胸前戴的一朵佩花表示赞赏,同时还询问那位女士是在哪里买到的如此别致的佩花。

看到周燕对自己的佩花如此喜爱,那位女士十分开心,但她告诉周燕,自己的佩花在市场上是买不到的,因为她的很多佩饰都是自己亲手制作的,包括现在这朵佩花也是。

第三章 利益互享是共同成长的基础

听到那位女士这样说，周燕的好奇心又一次被调动了，她急忙询问那位女士能否简单地教一下自己具体的制作方式。

那位女士看到周燕如此虚心向自己请教，便告诉了周燕一些制作佩饰的小技巧及注意事项。之后，周燕在下班回家的时候经常采购一些材料自己制作佩饰，等第二天上班的时候她便把这些制作精美的佩饰放到合适的模特身上。

同时，周燕还耐心地教其他有兴趣的同事一起来制作佩饰。这样一来，又有越来越多的顾客被吸引了过来，其中有不少顾客居然提出要购买某些佩饰呢……

其实只要我们有着一颗谦虚的学习之心，并且善于观察和思考，就会发现，在每一位客户身上都有值得我们学习的东西。而在我们每天面对的诸多客户当中，又有很多是一些在某些方面具有出色能力和表现的优秀客户。对于这些在很多方面取得了优异成绩的客户，作为一名企业员工，一定要抓住每一次向他们学习的机会。

哲学家伏尔泰问："在这个世界上，什么东西是最长的，而又是最短的；是最快的，而又是最慢的；是最易分割的，而又是最广大的；是最不受重视的，而又是最值得珍惜的；没有它，什么事情都做不成；它使一切渺小的东西归于消灭，使一切伟大的事物生命不绝？"智者查地戈回答："世界上最长的东西，莫过于时间，因为它永无穷尽；最短的东西，也莫过于时间，因为人们所有的计划都来不及完成；在等待着的人看来，时间是最慢的；在作乐的人看来，时间是最快的；时间可以扩展到无穷大，也可以分割到无穷小；当时，谁都不重视，过后，谁都表示惋惜。没有时间，什么事都做不成；不值得后世纪念的，时间会把它冲走，而任何伟大的事物，时间一定会把它们保留起来，传至万代。"

时间最易流逝，也最值得我们珍惜，抓紧时间工作，抓紧时间学习，否则当学习的时机逝去的时候，就很难重新遇到了，即使能够有幸遇到，那样的时机恐怕也很难为我们所掌握了。在向客户学习的过程当中，那些坚持不懈地追求卓越的员工会懂得时间的珍贵，面对每一次宝贵的学

习机会,他们都会紧紧抓住,并尽可能地充分利用每一次机会学习掌握更为丰富的知识与能力。在与客户进行交流与合作的过程当中,怎样才能紧紧地抓住每一次机会向客户学习呢?从以下几方面进行努力,会帮助员工更好地成长并发展:

● 创造更多机会与客户交往

一些员工因为害怕麻烦等原因不愿意与客户进行交往,还有一些员工认为与客户交往会浪费自己学习或自我提升的时间。显然,如上两种想法都是不正确的,其实只有在与客户进行交往与沟通的过程当中,员工才会有更多机会向客户进行学习。

因此,员工不但应该抓住每一次与客户交往的机会向客户学习,而且还应该主动创造更多机会与客户交往。要想创造更多机会与客户进行交往,员工一方面要在平时尽可能地与更多客户主动交往,比如,销售人员可以通过结识和拜访更多客户的方式增加自己的交往面;一方面还要努力增强自己与那些在知识能力等方面表现出众的客户之间的交往程度。

● 与客户交往时保持谦虚认真的学习态度

当你在与客户交往的时候,一定要尽可能地保持谦虚认真的学习态度,因为你的这种学习态度会令客户充分感受到被尊重和关注的感觉,在这种情况下,大多数时候客户都非常愿意在你面前展示其成功优秀的一面,甚至还会主动教你一些平常难得学到的知识、经验或方法等。

大多数客户都喜欢与那些保持谦虚认真态度的员工进行交往,也更愿意将自己总结出的经验与方法告诉那些主动向自己请教的员工。因为在客户看来,那些保持谦虚认真态度的员工愿意听取自己的意见和建议,并且能够从自己的经验当中获得有利帮助。

因此,在与客户交往的时候,企业员工一定要在合适的时机积极主动地向客户表明自己的学习态度；对于客户提出的一些指导或知识，如果自己当时并不能理解透彻，那么也要及时主动地向客户进行请教，切勿有太多顾虑，要相信自己的学习态度不仅不会让客户感到麻烦，反而会令其感到欣慰。

● **经常与客户保持良好的联系**

员工要经常与客户保持良好的联系，这样一方面有助于我们与客户之间保持较好的合作关系，一方面也有助于我们更好地抓住机会向客户学习。

为了更好地抓住机会向客户学习，员工一定要经常更新与客户的联系方式，并在自身联系方式发生变更时及时通知客户，这样有助于确保自己与客户之间的联系长久地保持下去，一旦客户需要自己的时候或者自己需要向客户请教的时候，就能在第一时间联系上对方。另外，即使是在双方暂时没有业务往来的时候，员工也要经常与客户保持联系，比如采取在节日期间向客户发送贺卡、邮件，或者主动询问客户是否需要帮助等。

成功的人自有方法和道理，无论是优秀的客户还是业绩出众的领导与同事，只要他们已经取得了某种成功，那么在这些人身上就必然有值得我们学习的方法。而善于学习和乐于学习则是每一位成功者的特质，也是每一位员工想要实现自身成功与事业发展的重要途径。

可以说，如果没有乐于学习的精神和善于学习的能力，那么即使是天赋极佳的人最终也很难取得成功，而只要不放弃努力学习的进取精神，只要善于抓住每一次学习的时机，那么每一个人都会有不断取得成长的希望。

没有人能随随便便成功

在某电子科技公司的员工表彰大会上,一位荣获"最努力工作奖"的优秀员工在领奖台上讲了这样一件非常值得所有员工深思的事情:

"当年我刚刚大学毕业就有幸被公司聘用,而在三个月的实习期内我在工作过程当中学到了很多东西,其中与一位客户在合作期间所发生的事情令我至今想起来仍然感到饱受鼓舞和激励。

"当时我刚进入公司不久,一方面深深地感到得来这样一份宝贵的工作十分不易,因此颇为珍惜,另一方面我也希望自己在事业上能够早日取得令自己满意的成绩。基于各方面的原因,我在工作过程中十分努力,这不仅仅是我个人的看法,也是当时很多公司领导与同事的评价。不过,在与那家客户进行了一定程度的合作之后,我才意识到自己的努力程度与敬业精神与对方相比真是相差甚远,也正因为有了这样一次经历,因为有过与这样一位优秀客户的相互合作,我才有机会从中学到了很多过去从未体验到的东西。

"那位客户其实是一位与我们公司有过多次合作的老客户,由于当时与该客户有过几次合作的几位老员工有其他工作要做,所以那次为该客户进行服务的任务就落在了我的肩上。记得在向我下达这项任务的时候,部门经理就不止一次地强调:'对待这位客户一定要十分认真,而且一定要事先做好充分的准备,同时也要保持较好的工作状态和工作效率',而一位曾经与这位客户有过接触的同事则充满同情地对我说:'刚来公司就遇到了这么棘手的客户,看来我只有祝你好运了!'这位同事最后还用'你会非常辛苦和紧张,且会一再地被他们否定'来结束了我们之间的谈话。

第三章 利益互享是共同成长的基础

"当时我还不清楚部门经理和那位同事为何在谈到这宗任务的时候都会是那样一副紧张的模样，后来通过与客户之间不断展开交往我才知道，原来这家客户的工作节奏非常紧张，而且对每一项工作的要求都非常严格和认真。举个例子来说，当我的 Presentation 刚刚翻过第 3 页，他们就开始提出问题展开讨论，大家争先恐后发言，气氛热烈。一个多小时后，我问他们要不要休息一下，他们全部摇头说不要。好吧，不休息就不休息，下午我就绝口不提休息的事，直到在座的一位女士因为要方便提出休息 2 分钟，我提议，那我们就休息 10 分钟。她说只要 2 分钟就可以了。就这样，原本打算至少需要 3 天才能完成的工作在当天下午的 3 点钟就彻底解决了！

"以前我只是听说这家客户公司的工作效率非常高，其公司内部的每一位员工都十分勤奋，但是直到与这家客户有了这次实质性的接触之后，才知道什么叫真正的勤奋和高效。通过这次合作，我深深地被客户的敬业精神所感动，而且在今后的工作过程中，我也一直以这家客户作为自己的良好榜样来学习。

没有人能随随便便成功，各方面表现优秀的客户之所以那么优秀，绝不只是因为他们具有良好的机缘，而是因为他们一直在努力朝着良好的发展方向不断前进。能够与那些品质优秀的客户进行合作，其实就为企业本身以及直接与这些客户进行接触的员工提供了很好的学习与成长的机会。在与这些客户进行接触的过程当中，企业员工应当认真抓住每一次学习的机会，要以这些客户的工作态度和行为方式为榜样，努力向这些客户看齐，尽可能地从客户身上汲取优点，从而实现自身的成长与进步，并以此来推动企业的发展。"

那么，在与优秀客户进行合作的过程当中，企业员工应当从哪些方面进行学习和借鉴呢？

● **要积极看待与客户的合作**

面对每一位客户、面对每一次与客户之间的合作，企业员工都要以

发展的眼光和积极的态度去对待。不同的眼光与态度往往决定了不同的收获，面对同样的客户，只有态度积极且眼光长远的企业员工才能通过与客户之间的合作实现自身及企业的成长与进步，而那些态度消极、目光短浅的企业员工则只能在抱怨与嗟叹中抱憾终生。就拿上面的案例来说，那位最终荣获"最努力工作奖"的优秀员工在与客户合作的过程当中看到的是高效的工作效率和勤奋严谨的工作精神，而在其他员工看来则是"辛苦""紧张"和"一再地被否定"等消极体验，而面对同样的客户，这两种员工最终所能学到的东西和获得的成果也截然不同。

可见，在与客户进行交流与合作的过程当中，积极的态度与眼光对于员工个人的成长与进步是十分重要的，而员工个人从中所取得的成长与进步又会对整个企业的发展发挥至关重要的作用。因此，在与客户进行交流与合作的过程当中，每一位企业员工都要以积极的态度和发展的眼光去面对每一项工作，要把来自优秀客户的每一种优良作风都作为自己的行动准则，要把客户的每一项严格要求都作为自己的工作标准。事实上，也只有这样，企业员工才有可能通过自身的努力获得客户的满意，当然，这也是企业员工实现自身成长与进步的重要方式。

● **善于发现客户的优秀品质与作风**

除了要认真积极地对待每一次与客户之间的交流与合作之外，企业员工还要以主动的精神与态度去发现客户的优秀品质与作风，同时还要从客户的工作过程中努力发现其先进的工作方式、科学的工作方法及出色的工作业绩。比如，当客户在某些细节方面对我们提出严格要求时，企业员工应当从中看到客户严谨、高效的工作作风和认真、勤奋的工作态度，而不应当把客户的严格要求看作是对我们过度的挑剔和苛刻的指责，或将客户的工作热情与工作方式消极地视为额外的负担……

总而言之，企业员工应当将那些表现优秀的客户当作一块营养丰富的海绵，在与这些客户进行交流与合作的过程当中，一定要时刻保持积极的精神状态与认真的学习态度，要尽可能地吸取客户身上的优秀品质

与作风，以便今后能够更好地将这些优秀的品质与作风带到我们自身的工作当中去。

● **在工作实践中以优秀客户为榜样**

既然要以优秀客户作为学习的榜样，那么企业员工就既要努力发现客户的优秀品质与先进方法，同时还要将客户的优秀品质与作风运用于自身的工作实践当中。如果只是口口声声地说要向优秀客户学习，却不在工作实践当中将这些优良作风与先进方法加以灵活运用，那么这样的学习并不是真正的学习，这种虚假的学习方式也不会对工作产生任何积极的实际效果。

企业员工一定要在发现和了解客户优良品质与先进方法的基础之上，真正地在实际工作过程中以优秀客户为榜样，从客户身上学习一切值得自身学习的东西，并且将客户的优良与先进之处努力在实践中发扬光大。只有真正地做到这一点，才算是真正做到了以客户为榜样，才算是真正理解了优秀客户之所以取得成功与发展的精髓。

成功自有方法和道理，没有人能随随便便成功，对于客户来说是如此，对于企业来说是如此，对于员工个人来说同样如此。

面对表现优秀的客户，企业员工不仅要做到尽可能地满足客户的要求，同时还要在与客户的交流与合作过程中认真发掘和学习客户身上一切值得我们学习的优秀品质与作风以及出色的业务能力和先进的工作方法。

当企业员工真正以积极的心态和认真的态度去为客户提供服务、向客户学习，并且持之以恒地做到这一点时，最终就一定能够在获得客户满意和出色业绩的同时实现自身的长足进步与发展，而这种乐于并善于向客户学习、时刻以优秀客户为榜样的员工也正是能够促进企业实现持续发展的优秀员工。

从客户价值过渡到公司价值

张延是一位业绩卓越的销售主管,他在一家著名的工程公司工作多年,有着丰富的工作经验。由于卓越的业绩和出色的能力,周围的很多人都称赞张延年轻有为,甚至一些人还建议有着丰富工作经验和广泛客户资源的张延自己开一家公司。虽然张延对自身的工作能力颇有自信,不过张延更是一个深有自知之明的聪明人,他知道自己与独自担当起公司发展重任的企业高层领导还有一定的距离。最近发生的一件事更是令张延对此深有感触:

一天,张延去拜访一家老客户,目的是在了解上一期项目建设成果的同时继续推进新的后续项目销售。这家老客户已经与张延所在的公司进行了多次业务往来,双方不但合作时间较长,而且该客户与公司之间的合作项目也很多、业务量也较大。也正是因为这样的原因,张延与客户很快就直接进入了洽谈合作的主题当中,而就在此时,客户以忠诚大客户的名义向张延提出了更高额度的价格折扣的要求。在张延看来,客户提出的要求并不过分,而且作为公司的销售主管他也有一定的降价权限。因此,张延经过一番考虑,决定在自己的权限范围内给客户打八八折的价格折扣。然而,客户却对这样的价格折扣仍然不满意,要求张延以八五折的价格折扣与其进行合作。

张延所在的公司的确可以以八五折的价格与一些为公司创造巨大价值的大客户进行合作,不过当张延向公司领导提出那位客户的要求时,公司领导却并不同意,原因是该客户并不属于为公司创造巨大价值的大客户,因为该客户与公司合作的时间虽然较长、业务量也较大,但是该客户的项目难度大、周期长,需要投入的人力成本和时间成本都很高,

而且拖延付款的问题又非常严重，所以公司每次与该客户合作时所能获得的利润实际上已经相当微薄。因此，如果以八五折的价格折扣与客户进行合作的话，那么虽然客户的价值得到了充分的体现，但是公司的价值却无法得到有力保障，也就是说，公司在这次合作中不但很难获得利润，而且还很有可能会亏本。鉴于如上几方面因素的考虑，公司决定只能给客户八八折的价格折扣，不过，如果客户在这次合作过程中能够增加该项目的负责人、配合公司减少项目运转周期并且保证在合同规定期限内按时付款，那么在今后的合作过程中，公司就会考虑将其列为公司的大客户之内。

客户价值是企业生存与发展的重要动力，对于这一点，很多企业员工已深有体会。也因为这一点，所以很多企业都将努力挖掘和维护客户利益与价值作为一项重要工作来做，而企业员工为了从更大程度上获得客户的支持与合作也总是尽可能地帮助客户获取更多利益。不过，在挖掘和维护客户价值的同时，无论是企业管理者还是一名普通的企业员工都应该认识到另外一点，那就是公司利益与价值是企业获得生存与发展的根本，如果企业在不能保障自身利益与价值的基础之上与客户进行合作，那么这样的企业必定不会获得持久发展，因此也不可能为客户创造更大的价值。通俗一点来讲，如果企业只维护客户价值而不顾自身价值的实现，那么这样的企业实际上根本是不可能获得生存的。如果连自身的基本生存都做不到，那么企业又拿什么去获得发展、如何去保障客户利益呢？

那么，企业以及每一位员工应当如何在挖掘和维护客户价值的同时保障公司价值的实现呢？这就要求我们要学会从客户价值过渡到公司价值，同时还要努力平衡两者之间的利益关系。想做到这些，需要从以下几方面做起：

● **认真分析、了解客户为公司创造的价值大小**

我们应当通过大量的数据来进行认真的分析，以便了解不同的客户

能够为公司创造价值的大小。在分析客户为公司创造价值大小的过程当中，专家提醒企业及相关员工，一定要综合业务量、利润率、客户忠诚度、合作时间、消耗成本等多方面的因素来进行分析，切勿仅仅通过一些表面的数据就盲目断定客户为公司创造价值的大小。比如，有些客户与企业的合作能力较长、业务量较大、忠诚度较高，但是与这些客户合作时企业付出的成本可能也很高，而企业获得的利润率等就会随之而减少，在这种情况下，就不能仅凭借销售额的多少来将这类客户看作是为公司创造巨大价值的客户。而另外一些客户，其社会影响力和行业影响力都很高，与这些客户合作时企业所付出的成本较低，但是这些客户对于企业所提供产品或服务的忠诚度却并不高，在这种情况下，企业仍需将这些客户纳入大客户的范围，努力提高自身产品与服务的质量，以提升客户的忠诚度，最终达到公司价值与客户价值的最大实现。

另外，在分析客户为公司创造价值大小的过程当中，企业及员工还应当以一种持续的、发展的眼光去进行分析和判断。在实际生活当中，即使那些暂时为公司创造价值较大的客户，由于其品牌宣传能力、行业竞争能力等因素的不同，将来其对于企业创造的价值也不尽相同；而一些当前为企业创造价值较低的客户其潜在价值并不一定低。因此，企业一定要站在长远发展的角度、从行业未来的发展方向和企业的发展大局充分考虑，以便科学、合理地分析出客户为公司创造的利益与价值，并在此基础之上合理分配企业资源，实现企业价值与客户价值的共同提升。

● 细分客户，确定相应的客户价值

根据客户为公司创造既有价值与潜在价值的大小，可以将客户细分为不同的客户群，针对不同客户群的特点企业将确定相应的客户价值。在实际的营销实践当中，很多企业都将客户分成了大客户与普通客户两大类，大客户通常是指那些为企业创造较多利益与更大价值的客户，而普通客户则指为企业创造利益与价值较为一般的客户。面对不同的客户群，企业为其所创造的利益与价值也不尽相同。通常情况下，对于那些

购买能力较强、品牌宣传能力以及品牌忠诚度较高的客户，企业为其创造的价值会越大，而对于那些购买能力、品牌宣传能力以及品牌忠诚度都较低的客户，企业为其创造的价值必定不如前者更多。

比如，企业会主动迎合那些购买能力更强、创造利润更多的大客户的需求，为其提供更符合其内在需求的产品和服务。因为这样做，一方面企业能够尽可能地满足这些客户不断增长的需求、努力实现他们在合作中获得的利益与价值，另一方面通过与这些客户的合作，企业自身的利益与价值也能够得到更大限度的实现。可是，如果不对客户进行细分，各类客户的不同需求就无从得到更好的挖掘，那么各类客户的利益与价值也将无法得到实现。

● **努力平衡客户利益与公司利益**

要想在满足客户需求的同时实现企业自身的生存与发展，企业就要努力平衡客户与自身之间的利益关系，而对于每一位企业员工来说，就是要在平时的每一项工作中，尤其是在与客户进行合作的过程当中，一定要充分将客户利益与公司利益进行平衡。如果不能很好地平衡客户与公司之间的利益关系，无论其中任何一方的利益得不到切实的体现，那么企业与客户之间的合作关系必定不会保持长久，这样一来，就无法实现企业与客户之间的共同成长。

对于企业内部的员工来说，在平衡客户利益与公司利益的过程当中需要努力做到以下几点：

第一，在每一次与客户进行合作的过程当中，都要尽可能地在维护公司形象和基本利益的基础之上努力挖掘客户的利益与价值。

第二，当客户利益与公司基本利益出现冲突的时候，一定要从长远而全面的角度来进行考虑，既不要因为局限于眼前利益而失去公司长远利益的实现，也不要因为无限度地满足客户而无视公司未来的发展。

第三，在保障公司基本利益与维护原有客户利益的基础之上关注其他客户的需求及变化，为开发新客户、为更多客户创造合理利益以及实

现公司的长足进步进行坚持不懈的努力。

第四,一方面要维系现已有客户价值,另一方面要促进客户价值的不断提升,使低价值客户向潜在价值客户、次价值客户甚至高价值客户方向转变,以此来推动企业的飞速发展。

在客户价值与公司价值的天平上,很多企业及员工都难以保持平衡,不是专注于客户利益与价值的实现而使公司利益与价值受到损失,就是只想使公司获得更大利益与价值而忽视了客户利益与价值的体现。

在客户价值与公司价值之间似乎很难做到一碗水端平,在很多人看来,客户价值与公司价值本身就充满了矛盾,如果想令客户从中获得更多的利益与价值,那么公司的利益必然要受到损失;如果要实现更大的公司价值,那么客户的利益又会得到抑制。

其实,客户价值与公司价值之间并非是此消彼长、相互矛盾的关系,两者是相辅相成、缺一不可的。在现代商业领域内,如果这两者有一方的价值与利益得不到相应的体现,那么具体的商业合作就不会形成。

企业员工一定要认清这一点,同时还要在挖掘客户利益与价值的过程当中为公司利益与价值的实现进行不懈努力,要学会在合作中满足客户需求、保障客户利益,又要学会从客户价值及时地过渡到公司价值。

寻求大家一起进步的空间

在一次竞标过程中,小金再一次遇到了最令自己和本公司领导感到头疼的竞争对手××建材公司。小金所在的公司和××建材公司一样,都是为建筑公司及其施工现场提供建筑材料的企业,两家公司从企业规模、产品种类、客户类型等各方面都有很多相似之处,不同的是,小金所在的公司产品研发能力更强、产品及服务质量更好一些。但是,小

金所在公司的产品价格也更高一些,而对方公司的产品价格则在市场竞争中占有很大的优势。

果然,在这次竞标的过程当中,竞争对手××建材公司又像过去的几次竞争一样和小金所在的公司打起了价格战。这次竞标的是一家大型房地产公司在A市新开发的一个项目,这家房地产公司的实力颇为雄厚,其行业影响力和社会影响力都很强,如果能与这家房地产公司进行合作,那么对于公司在A市的品牌影响力和市场占有率就会大大提升,而这对于公司今后在A市的发展具有重要意义。可是,如果公司硬着头皮迎接竞争对手××公司挑起的这场价格战,那么最后即使能够赢得与这家房地产公司的合作,公司就只能做亏本生意,而且公司要想维护住这家客户今后也只能亏本与其进行合作,这样的话,双方合作的业务量越大,公司所遭受的损失就越多。这显然不是公司来A市发展的初衷。

那么,该如何在完成销售额的同时完成公司利润与客户价值的共同实现呢?经过一段时间的努力和准备,小金来到了合作者的办公室。在得知小金的来意之后,客户公司的代表对小金说:"我们知道贵公司的实力,但是××公司已经给出了最低价,我想这个价格是贵公司不能做到的,那么你今天打算怎么做呢?"小金则一边拿出自己准备好的资料一边微笑着说:"我今天不是来降价的,而是想和您一起算一笔账……"在接下来的几分钟里,小金快速而简单地将当下市场上的一些原材料价格与客户进行核算。通过这次核算,客户了解到,如果按照规定的标准和要求,××公司要想生产出相应的产品,那么他们提出的价格是远远达不到的,也就是说××公司要么亏本完成这次交易,要么就只能用质量次的材料来代替符合客户标准的原材料,而小金公司所报出的价格则正好比成本稍高一点。小金表示,自己做成这笔交易的目的就是为了迅速占领市场、提高本公司产品在A市的影响力,同时,小金还坦诚地告诉客户,如果公司管理科学而客户在今后的几期项目中仍会购买本公司产品的话,那么他们所获得的利润将是不错的。

结果，小金所在的公司在这次竞标中取得了最后的胜利，因为客户相信，只有在彼此利益能够同时得到有力保障的基础之上才有可能保证合作的顺利进行，如果供货商的利益得不到保障，那么他们就一定会通过其他手段来谋取自身的利益，而这必定会损害其所提供产品或服务的质量，最终会使客户的利益受到更大损失。

我们在前面已经说过，与客户保持利益互享是公司与客户之间实现共同成长的基础。利益互享是客户与企业相互选择对方的一个重要基础，如果失去了这样的基础，那么彼此之间也就失去了相互合作的空间。而对于企业与员工之间来说，同样需要利益互享的现实基础，否则的话，企业与员工也无法实现双方的共同成长与进步。因此，无论是企业、员工个人还是客户，在彼此选择与合作的过程当中，一定要在维护自身利益、实现自身进步的基础之上努力为对方寻求一定的进步空间，要让每一位客户在与你的合作过程中都能获得一定的利益与成长的机会。事实上，也只有做到这一点，我们自身才能获得更为持久的利益与长远的发展。

为此，我们提醒商业领域内的每一个员工、企业及其他组织，在寻求自身与他人一起进步的空间之时，可以结合以下几点来进行努力：

● **企业员工不要只关注自身利益与发展空间**

员工有权力为赢得自身利益与发展空间进行努力，但是，身为企业的一分子，员工同样有义务维护公司的利益与发展空间，同时还有责任努力帮助客户实现他们的利益。如果员工只关注自身利益与发展空间，那么这样的员工最终只能被追求卓越的企业所淘汰；而如果这样的员工不被淘汰反能得到提升和重用，那么他所在的企业也必定会在激烈的竞争形势下一步步走向失败。在与客户合作的过程当中，如果员工不能努力帮助客户获得他们应得的权益，客户无法实现期望的进步，那么企业与客户之间的合作就很难开展下去，即使在某些特殊情况下会产生这样的合作，但是这样的合作情形必定不会长久地保持下去。

如果公司的利益和发展空间得不到保障，如果不能使客户感到满意和获得进步，那么企业员工自身的利益与发展空间也不会有任何实现的可能，因为覆巢之下，卵是不会被确保安全的！对此，企业员工一定要时刻保持清醒的认识。

● **企业要切实保障每一位客户的利益**

作为现代商业活动中的一个重要主体，企业想实现自身的发展与进步，需要切实保障自身利益的充分实现。然而，这并不意味着企业可以为了自身利益的充分实现而去剥夺客户的发展空间。企业有责任与每一位客户寻求共同进步的空间。不仅如此，企业还应当积极主动地做到这一点，因为只有使客户获得了长足的进步与发展，企业自身的发展才能更加顺利。这就需要企业在实际运营过程当中注意以下几点：

第一，合理保障每一位员工的利益与发展空间，不能采取任何方式或手段侵占每一位员工应得的利益，如抹杀员工贡献、不及时兑现对员工的承诺等。不但要如此，企业还要尽可能地为员工的个人成长创造更广阔的发展空间，也只有这样，企业才能在内部员工的努力推动下实现自身的飞速成长。

第二，在维护内部员工利益与发展空间的同时，企业还要努力保障每一位客户的利益，绝不弄虚作假、以次充好，也不要在合作之前对客户进行一些虚假承诺等。

另外，对于供应商的权力与利益，企业同样需要给予合理保障。这是因为，如果供应商的权力与利益得不到有效保障，那么他们所能供应的产品或服务的质量必定会受到严重影响，而这也将对企业的产品、服务及品牌等造成非常不利的影响。

● **成就梦想**

无论是企业，还是员工，都必须明白一个最基本的道理：只有使每

一位客户的利益和发展空间得到有效的保证,企业才有机会赢得与其他个人与组织的合作机会;只有企业的利益得到充分体现,员工才有希望实现自身的进步与发展。

企业、员工、客户三者之间的相互合作必须建立在大家一起进步的基础之上,而实现大家的共同进步也是每一次合作的主要目标。

可以说,共同成长,既是现代商业领域各方展开合作的起点,也是彼此合作的目标。在这种情况下,每一位参与者都有责任去寻求大家一起进步的空间,也只有努力做到这一点,我们才有机会在充满竞争与挑战的现代商业社会中一起走向成功。

客户的支持是我们成功的关键

在江苏省一家民营企业的一份《公司年报》上记载着这样一件事情:

2002年夏天,该企业的发展迎来了一个全新的阶段——企业规模扩展到了初建立公司时的2倍,公司的年销售额也有了巨大突破。而就在这一关键时期,同属于江苏省某市的一家私营企业居然假冒该民营企业的商标开展经营,而该私营企业无论从其生产的产品性能、质量及售后服务等方面,还是从其员工本身素养等方面,都与这家民营企业相差甚远。

在那家私营企业假冒民营企业的名义开展商业经营不久,这家民营企业就得到了消息。该民营企业的领导首先借助法律武器维护自身权益,可是这种民事纠纷一般需要较长时间才能获得解决,而这类事件拖得时间越长,那么企业所遭受的损失就越严重,甚至还会为企业造成无法挽回的惨重损失。为了及时解决这一问题,该民营企业想到了借助客户的力量来挽回公司的信誉与形象。于是，该民营企业派出员工分别与过去有过合作的客户一一说明实际情况，请求客户团结起来一致抵制假冒产品，并且还通过其他渠道令那些与假冒本公司名义进行合作的无辜客户了解了事情的真相。后来，大多数客户都表示，他们不会与那家假冒他人名义的私营公司再有任何业务上的往来，并且还会采取相应的方式去抵制这样的假冒公司。最后，在所有客户的一致声讨及抵制下，那家假冒这家民营企业名义开展商业经营的私营企业很快就失去了其自身的市场，而且在法院就此事进行调查的过程中，这家私营企业也不得不承认自身的违法行为。

从此以后，在这家公司的《企业员工守则》中赫然增加了一条重要内容：客户的支持是我们成功的关键，我们要随时为客户提供尽心尽力的帮助！

若想实现员工、企业与客户之间的共同成长，最根本的是要获得客户的支持与信赖，因为有了客户的支持与信赖，我们才能与客户之间形成良好的合作，最终才有机会与客户共同进步。客户的支持与信赖是一个企业成功的关键，也是每一位企业员工获得进步的重要条件。我们之所以会这样说，是基于以下几个重要原因：

第三章 利益互享是共同成长的基础

● **有客户才能有业绩**

为什么说客户的支持是我们成功的关键？从最直接的原因来理解，如果没有客户的支持、信赖及合作，那么整个企业及其内部员工就不会拥有足够的业绩，而如果没有实实在在的业绩，那么无论是企业的发展还是员工的成长都只能成为空谈！企业只有在与更多的客户开展业务往来的过程当中才能实现自身价值的体现与各项效益的实现。如果没有客户的支持，或者说只有很少量的客户支持，那么企业就很难实现正常的运转，最终只能走向失败。对于企业内部的每一位员工来说，如上道理同样适用——如果没有客户的支持，员工个人的工作业绩就无法实现，而那些无法获得客户支持、不能实现良好业绩的员工是

不会受到任何企业欢迎的,这些员工自身的成长与进步便会因此而成为无源之水。

企业内部的每一位员工在平时都要尽自己最大的努力去为自身及企业赢得客户更多的支持,你所能赢得的客户支持率越高,客户对你的支持越为长久和有力,那么你就越容易为企业创造更大的工作业绩,而你自身也就越有机会获得巨大的成功与进步。

● 客户好,我们才会真的好

试想一下,如果客户的资金周转屡陷困境、内部管理充满问题或者其本身信誉与形象树立得不够好,那么这样的客户还能成为推动我们成长与进步的重要动力吗?与这样的客户进行合作,企业及内部的员工能否获得持续发展的契机呢?答案当然是否定的。那么反过来再考虑一下,如果客户各方面的运营与管理都十分顺畅,其自身具有广阔的发展前景与成长空间,那么一旦拥有这样的客户,无论是企业将来的发展还是内部员工个人的进步是否都将迎来一个全新的契机呢?这一次,答案当然是肯定的。为什么有这样的问题与答案呢?因为在这个竞争与协作并进、机遇与挑战共存的现代商业社会中,客户与我们的利益是息息相关的,客户好,我们才会真的好;只有客户的利益得到了有力的保证,我们自身的利益才能得以实现;只有得到了客户的大力支持,我们才能一步一步地实现自身的成功!

总而言之,企业的发展、员工的进步需要每一位客户的支持,如果缺乏客户的支持,那么企业的发展与员工的进步都不可能最终实现。因此,我们必须善待每一位客户,真诚地为每一位客户提供最优质的产品和服务,要在帮助客户获得更好的发展机会的基础上努力实现自身的进步与发展。

● 客户帮助我们铸造强劲竞争力

现代企业时时刻刻都在面临着巨大的竞争压力,很多企业就是因为

缺少强劲的竞争力而被严酷的市场竞争埋没在滚滚的商业发展大潮当中的。有人说，企业的竞争力是获得客户支持的关键因素。事实上，企业的竞争力与客户支持之间有一种相辅相成的内在联系。如果企业本身在同行业领域内具有较强的竞争力，的确可以为企业获得客户支持创造重要条件，可是，从另一种角度来看，客户的支持与合作其实也在无形当中帮助企业铸造了一定的竞争能力。更直接一点来说，很多追求品质的客户在选择合作伙伴的时候，除了重视产品本身的性能和质量之外，还十分注重合作公司的竞争能力，所以，一旦成为这些客户的供应商（即合作伙伴），是很难随意再度更换的，这就为其他新进入者形成了较强的市场进入壁垒。也就是说，支持与信赖我们的客户会和我们一起来面对来自同行业内其他竞争者的竞争，从而增强本企业的竞争力。

另外，如果我们有幸能够获得那些信誉良好、在行业领域内具有较强地位的大客户的支持与信赖，那么我们自身的声誉与地位也会在无形中得以大大地增强，而这些又是企业强劲竞争力的重要来源。至于在与客户合作过程当中所获得的资金支持、技术支持等因素，又会使我们在激烈的市场竞争中不断增加取胜的砝码。

客户优势铸就成长支点。如果没有客户的信任与支持，无论是企业，还是企业内部的每一位员工，都无法实现自身的成长与进步。因此员工在追求自身进步与企业发展的过程当中，必须时时刻刻把赢得客户支持作为一项重要的事业去完成。如果你轻视客户支持对于自身成长与企业发展的重要性，那么，对不起，我们只能说：你期望的成功与发展最终都只能遥遥无期！

选准客户,共同成长

很多最初涉身商业领域的人们都认为,只要有人表示愿意购买自己的产品,那就是对自己的支持,自己就会从中获得相应的利益,并因此而感到飘飘然。甚至一些在商业领域内工作多年的人也会有如上想法。可是,在现实生活中,那些看上去支持我们,并表示想要购买我们产品或服务的人却不一定就是我们真正需要的客户!对于这一点,贾先生的亲身经历或许有助于我们深入理解:

贾先生从事保健品销售工作多年,在他刚刚进入这一行业的时候曾经遇到这样一件事:

贾先生在一连拜访几位潜在客户无果的情况下回到了公司,结果刚一坐到自己的座位上,他就接到了一位经销商的电话。这位经销商在电话中向贾先生详细询问了公司生产的几种保健品的相关信息,并当即表示,愿意向贾先生购买一批保健品,而且购买的保健品数量也较多。贾先生非常高兴,因为这笔生意一旦做成,那么他本月的销售业绩就会大大提高,公司的销售额也会因此而有较大增长。

于是,贾先生便开始与那位经销商进行了一系列的合作洽谈。在洽谈过程中,那位经销商提出,由于此次购买产品的数量较多、数额较大,所以希望能够实现货物到达6个月之内再支付货款。同时,这位经销商还表示,如果贾先生及其所代表的公司不能满足这一条件,那么他就立即停止与贾先生之间的合作洽谈!面对这一情况,销售心切的贾先生同意了经销商的要求,而且还亲自在销售经理面前为那位经销商的付款能力进行了担保。虽然这笔交易很快就达成了,可是,这笔交易最终带给贾先生及其公司的却并非是耀人的业绩和相应的利润,而是一份十分惨痛的教训！原来，那位经销商是第一次进入保健品营销领域，在其本身并没有足够的铺货能力和资金实力的前提下，贸然从各厂家购进了大量产品，却又无法及时将这些产品售出，因此在贾先生公司的产品送到这位经销商那里的 3 个月之后，这位经销商就因为经营不善等问题宣布破产了，而贾先生公司的大笔货款也最终化为泡影。

著名的管理学大师詹姆斯·柯林斯曾经说过这样一句看似简单的话："管理就是将合适的人请上车，不合适的人请下车。"这句话看似简单，其实只要深入理解就会发现颇有深意，而且这句话不但对于企业内部管理员工十分有用，同时对于客户的管理也同样具有很重要的指导意义——在与众多潜在客户打交道的过程当中，选择那些真正能够为企业创造价值的客户可以说是企业员工的一项重要责任，而对于那些不符合企业未来发展需求的客户则需要及时地鉴别和甄选！

并非每一位表示愿意购买我们产品与服务的人最终都会成为我们真正需要的客户。对于这一点，所有的企业员工，尤其是那些直接与客户打交道的销售人员来说一定要时刻谨记。之所以要这样说，并不是要人们排斥那些愿意购买我们产品与服务的潜在客户，只是想提醒人们在面对客户时，一定要学会选择和判断，要尽可能地选择那些资信能力强、具有成长能力并能促进我们实现成长的客户。

那么，在选择与判断客户的过程当中，需要注意哪些问题，需要从哪些方面做起呢？在此，我们总结了一些企业营销专家与客户管理专家的经验，希望能给大家一些好的启迪。

● **选择最合适的合作对象**

企业员工要选择合适的合作对象作为自己的潜在客户。在选择合作对象的时候，企业员工一方面要认真结合公司的利益来进行策略性的筛选，另一方面也要充分考虑潜在客户自身的需求及其他情况。一般来讲，潜在客户的选择一定要符合公司的长期发展和短期效益，而且其自身的发展也要持续合理。具体来说，在选择潜在客户的过程当中，

企业员工需要注意以下几点:

选择潜在客户的时候,一定不要贪多贪广,一定要结合公司发展实际以及自身管理客户的能力来进行。很多时候,潜在客户越多、分布越广,就越难以甄别和管理,而最终的效果与最初的想象也会相差越来越远。

尽可能地选择那些信誉良好、有资金实力以及发展意识与合作意识较强的潜在客户作为合作对象;如果潜在客户为经销商的话,还要特别考虑对方的铺货能力与宣传能力。做好这一点对于彼此合作的成功与本公司利益的保障都具有十分重要的意义。

选择那些有合法手续、有批发网络、资金雄厚、信誉好的中间商为客户。

对于那些自己并不十分确定的潜在客户,一定要进行多方面的考察和研究,必要的时候还需要向上级部门或公司领导汇报。

● **建立动态的客户管理系统**

在找到比较合适的合作对象之后,企业还必须建立动态的客户管理系统,这一工作需要销售人员、营销主管及其他相关人员共同配合来完成。一般来说,客户管理系统由三部分组成,即客户基础资料、客户资信资料和客户需求信息与销售资料的建档。这三部分系统所应包括的内容如下:

客户基础资料的建档。客户基础资料包括客户的名称、地址、电话、邮编、所有者、经营管理者、法人代表、创办时间、税号、开户银行、账号等信息。

客户资信资料的建档。客户资信资料包括客户的经营性质、证照情况、户口情况、经营年数、年销售规模、货物流向、汇总产品销售额、付款方式、付款信誉等内容。

客户需求信息与销售资料的建档。客户的需求信息包括客户的消费水平与能力以及对于产品的质量需求、服务要求等;客户的销售资料主要针对经销商而言，主要包括客户的月销售量、月销售额和月库存量等信息。

建立动态的客户管理系统，这并不是销售人员或客户服务人员某一方面的工作人员单独就能完成的工作，这一工作需要整个企业管理系统的支持，各部门人员需要与公司的信息网络部门合作，而且企业内部也要有相应的客户管理软件系统来支持这一工作。

● **评级客户的资信**

一般来说，对客户的资信进行评级，首先要全面收集和管理好客户信息，建立完整的数据库，进行资信调查，根据调查结果予以评定资信等级。在对潜在客户的资信进行评估确定的过程中，一定要特别注意一点，即客户的资信评估不是一成不变的，通常情况下，所有客户的资信情况应该每3个月调查并重新评定一次。根据客户的资信评估情况，营销总监最终评定客户的资信等级。在评估过程当中，客户的年销售规模、月销售额、付款方式、付款信誉等情况常常被作为最重要的评估指标，在这些方面表现突出的客户往往被评为资信水平较高的客户，而另外一些客户的资信水平则相对较低。那些资信水平较高的客户可以作为最合适的合作伙伴。

● **确立合作关系**

经过一系列的考查和评估，在找到了合适的合作伙伴之后，企业内部的员工就应当齐心协力与这些潜在客户建立明确的合作关系，即把潜在客户变为企业真正的客户。只有在真正确立了良好的合作关系之后，企业与客户之间才有可能实现利益互享，才有机会最终实现企业、员工与客户之间的共同成长。当然了，在与客户确立合作关系的过程当中，企业员工还要尽可能地多选择那些购买能力较强的大客户，这不仅仅因为大客户是公司业绩增长的主要推动者，还因为与大客户之

间的合作往往更有利于员工个人及整个企业的历练与发展。

相投必有原因和依据——无论是在我们对客户进行选择和评估的过程当中,还是在客户决定是否购买我们的产品与服务之时,彼此双方都会进行相应的选择和判断。相互合作的过程其实就是一种相互选择的过程,而这种相互合作的过程最终其实也是一种利益互享的过程。试想一下,如果彼此之间没有利益互享的空间,那么又如何会有相互合作的可能?也正因此,我们在选择客户的过程当中,一定要选择那些更有利于我们自身成长及企业发展的客户,要尽可能选择那些自身成长能力强并能带领我们一起成长的客户。与此同时,还要站在客户的立场上考虑与我们之间的合作可以为对方带来怎样的成长空间。

● 努力挖掘为客户创造的利益与价值

在一次综合性的产品展览会上,一家公司的销售人员在参观其他公司的展位时看到了这样一种令他感触颇深的情景:

在某钟表生产企业的展位前围了一大圈人,原来是该企业的一位销售人员正拿着一款造型美观的小闹钟向大家进行展示和演说。在品种如此丰富的展览会上,为何一只小小的闹钟会引起这么多人的兴趣和热情呢?前来参观的销售人员不由得也停下来倾听那位销售人员的演说。只听到那位销售人员用清晰明朗的声音对大家说:"这是我们公司最新推出的新型石英多功能闹钟。它可以摆在写字台上,让您在读书写作时对准确时间一目了然。当您外出旅行时,它还可以折叠起来放到枕边床头,非常方便。这种闹钟具有多种功能:它可以定时,还具有备忘录功能——您只要提前进行设置,那么它就会在您设置好的时间提醒您注意,比如您可以把家人的生日或者朋友的结婚日期提前设置好,这样您即使再忙也不会忘记向他们传达祝福;您还可以根据自己的喜好选择不同的铃音,这里面一共收入了36种悦耳的铃音;另外,这种闹钟还具有计算功能,有了它您就不必再另外购买计算器了……"

在听到这位销售人员的展示和演说之后,围在一旁的人们开始拿起

闹钟不断地询问和把玩，后来又有更多的人加入到围观的人群当中。最后，其中的很多人都在展览会现场购买了这种产品。这个最初令很多企业都没有重视的、小小的闹钟生产企业居然在这次展览会上赢得了大笔交易，而且很多客户在购买之后仍然对着小小的闹钟啧啧称赞！

无论是对企业的短期效益来说，还是对于企业的长期发展来说，都十分需要与客户之间展开紧密而持续的合作，企业内部每一位员工的成长与进步同样离不开客户的支持与合作。有些人认为，要想实现客户与我们之间的友好合作，首先要让客户感到需要我们所能提供的产品和服务。可是人们又很清楚，在这种商业竞争异常激烈的社会形势下，能够满足同一类客户需求的企业不计其数。那么在这种情况下，企业如何通过自身的努力获得客户的认可与信赖，并因此而实现与客户之间的长期合作呢？最重要的一点就是要在努力满足客户需求的基础之上，让客户知道，我们是能够帮助其获得更多价值与利益的合作者。

上例中那位闹钟生产企业的销售人员就很好地抓住了客户"希望从交易中获取更多价值与利益"的心理，他在推介产品的过程当中并不是一味地夸赞自己公司的产品造型多么美观、报时多么准确、功能多么齐全，而是将产品的各种特征通过为客户创造更多价值的方式予以充分体现。也正因此，在听到那位销售人员的宣传和推介之后，前来参观的客户才更愿意积极地购买这种对自己来说更有价值的产品。

其实，企业生产的任何一种产品对于客户来说都具有一定的价值，可为什么有些公司的产品能够得到广大客户的认可，而有些公司的产品却始终得不到客户的青睐呢？甚至对于同一企业，有些员工的业绩就居高不下，而有些员工的业绩却始终不佳呢？原因就在于有些企业及其员工在进行产品宣传及与客户进行交流的时候能够大力挖掘合作对于客户的各种利益，而有些企业及其员工则想不到或者没有做到这一点。试想一下，如果你的宣传和推介无法令客户明确自己能够从中获得更多的利益与价值，那么客户又怎么会轻易与你进行合作？

基于如上原因，无论是企业，还是企业内部的每一位员工，无论是

在通过各种渠道宣传企业的产品或服务的过程当中，还是在直接与客户进行交流的过程当中，都要努力挖掘我们能为客户创造的利益与价值，要让客户感觉与我们进行合作是十分有价值的，而且他们自身的利益会得到最大限度的开发和体现。那么，怎样才能做到这一点呢？具体方法如下：

● 努力传达产品或服务的价值

一位在营销领域有着突出成就的专业人士曾经说过这样一句话："少说一点产品的诞生过程，多说一些它能为客户做些什么。"这句话对于每一位致力于与客户在相互合作的过程中实现共同成长的企业员工来说都具有非常重要的指导意义。

在企业对产品或服务进行宣传的过程当中，或者当企业员工向客户介绍有关产品或服务的时候，一定要努力向客户传达出这样一种信心与理念：与我们合作，我们可以最大限度地为您创造您所需要的利益，我们所能提供的产品或服务将会有力体现您自身的价值。当然，要想在客户内心建立这样一种信心与理念，企业及其内部员工就要努力向客户传达产品或服务所能创造的客户利益与价值，而不要只是告诉客户你的产品或服务都具有哪些特征。因为在客户看来，产品或服务具有的特征都是十分抽象和没有实际意义的，这些东西并不能引起他们的关注和热情。只有当他们了解到产品或服务能够为自己创造种种利益与价值的时候，他们的合作欲望才会得到有力的激发。比如，在宣传和介绍产品或服务的时候，可以以这样的方式吸引客户关注：

"这种设备操作方式极其方便，可以使您在任何时候都迅速而有效地创造效益。"（直接针对客户对工作效率的要求，说明产品益处）

"这款采用先进工艺制造的手表，时刻都在彰显您的品位。"（针对客户改善个人形象的需要，说明产品益处）

"这种电脑方便携带，您无论是办公用还是出差用都相当轻便。"（针对客户的使用需要，突出产品的实用价值）

● 结合客户需求，挖掘客户的利益与价值

经济学家指出，企业存在和发展的根本目的就是要满足不断增长的客户需求。如果不能满足不断增长的客户需求，那么包括企业利润、创造员工就业机会等在内的所有事情都将成为无源之水。

在这种大环境下，在与客户进行交流与合作的过程当中，整个企业以及内部的所有员工最重要的工作当然就是要了解和进一步挖掘客户的需求，然后再想办法使这些需求得到满足。无论是发现和挖掘客户需求，还是满足这些需求，企业的人都要时时刻刻关注客户，并且从不同角度、通过不同方式与客户保持各种各样的联系。在此，需要特别强调一点：当我们在向客户宣传和介绍产品或服务为他们创造的利益与价值的时候，一定要充分考虑客户的需求，要认真结合客户需求去挖掘客户利益与价值。如果我们向客户传达的利益与价值不符合客户自身的需要，那么无论这种产品的价值再大、利益再多，客户也不会与我们进行合作。如下例所示：

某笔筒销售员来到一家大型科研公司，他向该科研公司的办公室主任介绍说："您看这款笔筒的造型多可爱呀！如果把它放在您公司员工的办公桌上，那将是一道多么优美的风景线！我想整个办公室的气氛也会因这个小小的笔筒而变得更加活跃的。而且现在购买的话，我们公司将会有20%的优惠。可以说，这种笔筒是目前市场上难得的、真正物美价廉的好产品。"

该科研公司的办公室主任在耐心听完该销售人员的介绍之后回答道："对不起，我们公司一向提倡严谨务实的工作作风，而且我们公司一向都从实力雄厚的供应商那里直接采购。所以，我们不需要贵公司的这种价格低廉、造型滑稽的产品。"

总而言之，只有在充分认识并理解了自身在合作当中获得的利益与价值之后，客户才与我们展开紧密的合作。为此，企业以及每一位员工都要在与客户进行交流的过程当中努力挖掘我们能为客户创造的各种

利益与价值。也只有这样,客户才会对彼此间的合作更具信心与热情,只有在利益共享的基础之上才有机会实现我们与客户之间的共同成长。

企业的高速发展以客户价值的选择作为基础,这种价值一旦选择正确,发展将客观存在,并不以人的意志为转移。企业内部每一位员工的发展归根结底同样要以客户价值的实现为基础,如果客户希望实现的价值和利益不能得到满足,那么不仅企业的发展会受到严重阻碍,企业内部每一位员工的发展同样无法顺利实现。对于客户来说,只有获知合作可能为自己带来的价值,他们才可能被说服。

在这种情况下,企业员工不仅要十分熟悉本公司产品、服务的各种特征以及本公司的信誉和形象等要素,而且还要结合客户的需求,努力将这些特征和要素转化为相应的利益与价值。当我们针对客户的实际需求努力挖掘为客户创造的利益与价值之后,客户才会更加积极地投入到与我们的合作当中。

第四章

客户关系管理系统的实施

对于企业来说全面实施客户关系管理系统是一种战略决策,它意味着一场深刻的组织变革。企业必须从"以产品为中心"的管理模式向"以客户为中心"的管理模式转变,所以客户关系管理系统的实施要求对企业原来的一系列流程进行变革和改造。因此,CRM的实施非常复杂,需要企业高层支持,上下通力合作。只有在取得各种支持以后,才能按照一定的步骤一步一步地进行,从而取得成功。

如何掌控 CRM 项目实施的影响因素

影响 CRM 项目实施的关键因素有 5 个：人、数据、管理、软件和硬件。每一种因素又可细分为若干子因素，分别如下：

在所有因素中，人的因素最为重要。

● 实施最为重要的影响因素：人的因素

在所有的因素中，人的因素是成功实施 CRM 最重要的因素。因为无论多好的计划最后都要落实到人的身上。影响 CRM 项目实施的人的因素，主要指的是以下几种情形：

需要来自企业高层领导的支持与参与。实施 CRM，首先要得到高层领导的首肯与支持，否则，谈不上实施 CRM。企业的高层领导人不仅要接受 CRM，而且在整个实施过程中，来自上层的重视、支持与参与（包含对实施负责人的适当授权，以及将实施内容纳入考核），都是必不可少的。高层领导应该在高层对企业所有的员工发出动员令，号召全体员工积极投入，改变原来的思维方式和行为方式。另外，为了实施 CRM，企业的组织都要有相应的变革，摈弃一切不适合实施 CRM 的因素，这一切都离不开企业高层的支持与参与。

需要企业中层管理人员主动积极地工作以及全体员工的默契配合。企业的中层管理人员在企业中起着承上启下的作用，高层的指导需要他们来贯彻，员工的意见需要他们向上反映。所以，在实施 CRM 的过程中，中层管理人员的积极工作是非常重要的，他们能带领广大的员工积极地去实施 CRM。CRM 的实施涉及企业的方方面面，所以在其实施过程中也需要全体员工的默契配合。

需要企业的管理骨干和具体操作人员的参与。企业的管理骨干其实也是实施 CRM 的骨干，如果从一开始就让管理骨干和操作人员参与和感受未来的系统，他们在以后的工作中会更容易相互配合。

专家的参与。在实施 CRM 的时候，需要咨询各方面的专家，所以专家的参与是必不可少的。

CRM 的管理方法，在整个实施过程中贯穿着"严""细"的基本要求。特别是对 CRM 需要的有关数据的准确率都有较高的明确要求。数据的采集、编码、录入都应该有明确而严格的规定。

● **实施影响因素中的难点：数据的因素**

数据库是 CRM 系统的核心，也是实施 CRM 的重点。数据库运行是一项专业性非常强的工作。数据需要收集，收集以后需要对它进行主题分类，然后转化成统一的格式，再输入到数据库中去。所以无论在系统的试运行阶段，还是在正式运行阶段，数据的整理与输入都是实施的难点。

如果按照数据的功能来划分，企业的数据可以分为两类。一类是基础的项目数据，又称静态数据，例如组织机构数据、产品结构数据等，它是对企业基本状况的描述，变化较小。另一类是动态数据，如客户、机会、合同、营销方案等，这类数据变化的频率非常快。

● **实施的柔性影响因素：管理的因素**

CRM 既是一套企业生产管理方面的软件，同时，也是一种新型的企业销售管理模式和方法，是一种新的理念。实施 CRM 时，要求企业建立一套非常科学高效的管理机制。在建设和使用数据库的时候，要求企业任何使用计算机系统的人员都必须遵循一个统一的原则和规范，绝不允许各行其是。如果企业的管理不到位，任何实施 CRM 的努力都是枉然。和实施 CRM 的其他影响因素比起来，我们可以把管理的因素称之为柔性因素，关键是企业要制订出一套行之有效的管理制度。

● 实施的工具影响因素：软件的因素

因为 CRM 是要借助专业性的软件来完成的，所以能否挑选合适的软件对于实施 CRM 的成功与否关系重大。软件因素是一个比较广的概念，既包括系统软件，也包括工具软件、应用软件等。

实施 CRM 信息系统的软件属于应用软件，建立在开放技术的基础上，可以在多种系统软件环境下运行，如：Unix、WindowsNT、Linux 等操作系统，以及 Oracle、DB2、SQLServer 等大型数据库。CRM 应该采用 VisualAge for Java 工具开发，该工具是目前最好的 Java 开发工具之一，所以绝大部分厂家都选择该软件工具。

● 实施的硬件影响因素：选择正确的厂家

从目前企业实施 CRM 的情况来看，当前的管理信息系统，基本上没有因为硬件的问题而使整个系统失败，也就是说，基本上厂家都能成功地实施 CRM。尽管如此，我们在实施 CRM 项目之前，要正确地选择生产厂家，正确地进行系统管理，把握好实施 CRM 的硬件因素，不能因为选择厂家不当而影响 CRM 的实施。

在实施 CRM 项目之前，必须要掌控实施的各种影响因素，这样在具体实施的时候，才能够有针对性地展开工作。

通过本节的学习，您可能已经了解了 CRM 项目的实施是一个系统工程，涉及企业的方方面面，概括起来主要有 5 个方面的因素能够影响 CRM 的实施。

请您对这 5 个方面的因素进行分析，并试着根据自己的理解，提出解决的方法或标准。

如何进行 CRM 项目实施准备工作

这一阶段主要是为 CRM 项目立项做准备，目标是取得高层领导的支持以及策划出整个项目的实施范围。主要任务包括确定项目目标、界定项目范围、建立项目组织、制订阶段性的项目计划和培训计划。

● **确定实施 CRM 项目的业务范围**

实施 CRM，就要对企业原来的业务流程和业务系统进行改造，设计出新的业务流程。但在实施之前，企业必须知道自己目前的业务情况以及自己所在行业的业务情况，这样才能确定实施 CRM 项目的业务范围。企业可以通过调查了解自己现行系统的业务以及目前已经在使用的软件系统来确定这一范围。CRM 项目的实施方法不同于实施 ERP (Enterprise Resource Planning) 项目。CRM 项目的应用范围主要在企业的前台业务部门，即市场营销管理、销售管理以及客户服务与支持，而 ERP 则主要集中在企业的后台业务部门，如生产运输等。

企业资源规划（Enterprise Resource Planning，简称 ERP）是指建立在信息技术基础上，以系统化的管理思想为企业决策层及员工提供决策运行手段的管理平台。

● **进行企业中高层经理以及相关人员参加的培训**

CRM 需要企业高层的支持和首肯，需要中层管理人员的积极投入。企业上下只有协调一致，共同努力才能完成实施 CRM 的任务。只有让企业的中高层管理人员真正理解 CRM 的概念和原理，认识到实施 CRM 给

企业带来的长期利益,他们才可能对 CRM 的实施给予充分的支持。参加实施 CRM 的工作人员在上岗之前必须进行一系列相关技能和操作的培训。

项目准备阶段是实施 CRM 非常重要的一步,没有项目范围的确定,CRM 就失去了目标;没有高层领导的支持和理解,CRM 就失去了财力和人力等各方面的支撑。

拥有企业高层对 CRM 的理解、指导和承诺以及各级管理人员的有力支持,项目才有可能取得成功。

从某种意义上说,全面实施 CRM 系统其实是一种战略决策,它意味着一场深刻的组织变革。

在项目准备工作中,必须对企业中高层管理人员进行相关的培训,主要内容是客户关系管理理论的概念和原理。

请您根据本技能点的描述,完成下列表格。

培训项目	
培训内容	
市场营销管理	
销售管理	
ERP 项目	
客户支持与服务	

如何进行 CRM 项目启动

只要取得企业领导的批准,并确定了项目实施范围,项目就可以进入正式启动阶段了。这个阶段需要完成的任务有:确定项目目标、建立项目组织、制订阶段性的确项目计划和培训计划等。具体如下:

● **组建来源广泛的项目实施队伍，明确职能部门和相关人员的职责**

项目实施队伍的人员来源比较广泛，包括：企业高级管理层所组成的指导委员会和咨询公司人员信息部门的技术人员，以及相应职能部门熟悉企业流程的业务人员。他们共同组成实施小组和职能小组。

整个组织结构分三层。最高层为项目指导委员会，具有最后决策权。咨询公司可以为项目指导委员会配备项目高级执行经理，帮助其做出正确的决策。该层主要由总经理、企业有关高层经理和项目总监组成。主要任务为：确定项目目标、控制实施进程、组织培训、协调人力资源、解决关键难题、制订组织变革的措施和对项目的成败负责。

第二层为项目总监和项目实施小组。该层主要由企业内部具备丰富管理经验、清晰的思路与大局观、良好的沟通能力、勇于创新的精神和一定威望的人来担任。主管市场方面的高层经理是最合适的人选。项目总监领导项目实施小组，指导职能组并直接向项目指导委员会汇报。项目小组的主要成员应该是企业前台各部门和IT部门的主管或骨干。项目实施小组的主要工作包括：制订项目实施计划、指导和组织职能组的工作、负责数据准备并保证数据的质量、对现行系统进行分析和绘制业务蓝图、负责原型测试和会议室导航测试、主持制订保证新系统运行的规则和规程、提交各阶段的交付成果报告。

第三层称为职能组，主要由部门经理组成。职能组的主要工作包括：研究本部门实施CRM系统的方法和步骤；培训本部门使用人员，参与新规则的制订；做好新旧系统的切换并保证新系统的运行。IT部门和咨询公司可以派人参加。

在整个组织结构中，项目总监和项目小组是枢纽，起到了承上启下的作用。咨询公司的项目经理可以指导和协助项目小组的工作。

● **制订项目计划**

在实施CRM的时候，一定要按照计划进行。所以必须制订贯穿于

各阶段的项目计划,其中包括交付成果。计划要非常详细,而且要留有余地,刚性与弹性相结合。由于CRM系统实施的复杂性,所以有必要通过工作任务分解,把整个项目分为不同的阶段,每个阶段都有自己的目标、任务和交付成果。这样,所有的工作实施起来才会有条不紊。

● 制订相应的培训计划

CRM的培训不仅在实施以前就必须展开,而且要贯穿于项目的各个阶段。培训在CRM实施中具有非常重要的意义。CRM培训要有针对性,不同的对象有不同的培训内容和目标,培训的方式也不一样。所有的培训安排在不同的时间和地点,培训的成本要依据培训的重要性而定。培训是成功的关键,应该从高级管理层开始,包括企业的一把手。培训中可以根据CRM信息系统的特点,增加一些实例练习,以使培训对象更快地实现知识转移。

● 制订项目目标

每个项目的实施都有它的目标,也就是要达到的目的。所有的目的加在一起就是实施CRM的目的。制订项目目标有三个原则:

目标必须能够产生效益。效益包括看得见的显性效益和看不见的隐性效益。通过CRM的实施,能够提高企业的销售收入并且降低销售成本,从而增加利润,这是显性效益;能够提高客户的满意度和忠诚度,同时也能提高内部员工的满意度和工作热情,能加强部门之间的团结合作,等等,这是隐性效益。而隐性效益从某种角度来说,也给企业带来了竞争优势。

目标必须可以衡量,并且可以用数字来量化。目标不能虚,要能用具体的数字来衡量。例如提高40%的销售利润收入,降低16%的销售成本等。

目标必须切实可行,不能脱离实际。制定的目标必须切合实际,不切实际的目标只不过是空想而已。可以同时制订多个目标。

在评价CRM实施时，可以拿实际效果与制定的目标作相应对比，寻找差距和不足，以便日后改进。当然，CRM的实施是一个长期的不断提高的过程，不能太注重短期利益，在竞争日益激烈的今天，获取战略利益更有利于企业的长期发展。

在进行项目启动过程中，主要有四个方面的工作要做。通过本技能的学习，请您根据自己的理解，判断下列说法正确与否。正确的请打"√"，错误的请打"×"。

1. 一般来说，咨询公司在实施CRM项目组织的所有部门都要派驻人员。　　　　　　　　　　　　　　　　　　　　　　　　（　）

2. CRM的培训工作只在项目实施启动之前有，随着项目的启动，培训工作也要结束了。　　　　　　　　　　　　　　　　　（　）

3. CRM的效果评价方法应既有显性的目标，也有隐性的目标。
　　　　　　　　　　　　　　　　　　　　　　　　　　　（　）

4. 项目总监的职位应该由IT部门的人来担任。　　　　　（　）

参考答案：正确的有1、3；错误的有2、4。

如何对现有政策和流程进行分析和诊断

本阶段主要是对现有的政策和业务流程进行分析，以便为下面的业务流程改进做准备。其任务包括：CRM信息系统的安装和技术培训；CRM信息系统应用的初步培训；现有政策和业务流程的分析和诊断。具体如下：

● 进行CRM信息系统的安装，并开展相关的技术培训

CRM信息系统既有硬件，也有软件。硬件的安装和软件的使用都

需要培训。企业的规模对其所需的CRM软件系统的影响较大。一般来说，规模大的企业需要的系统比较复杂，规模小的企业需要的系统相对比较简单。对于较复杂的产品，需要对安装进行计划并确认系统规模。随后安装硬件和CRM软件，确定安全及访问控制，并进行系统管理的培训。

● 对项目实施小组进行初步培训

　　CRM信息系统安装以后，需要对企业的使用人员进行培训。因为还处在实验阶段，所以它针对的是全部项目实施小组成员。通过培训，使企业人员了解与项目相关的业务领域、CRM信息系统的技术特点和所蕴含的管理思想以及业务流程，这对于进一步做好现有流程的分析和诊断以及以后业务蓝图的初步设计会有所帮助。

　　为了适应CRM的需要，企业原有的以产品为中心的政策和流程必然面临着改变。不仅与企业前台业务相关的流程需要改变，企业后台的流程也要做出相应的调整。

● 对现行的业务流程进行分析和诊断

　　CRM的管理模式是以客户为中心，企业以前的以生产和产品为核心的管理模式必须进行改革，不仅与企业前台业务相关的流程需要改变，企业后台的流程也要做出相应的调整，这样才能适应CRM的管理模式。

　　这一阶段是任何一种管理信息系统实施中的关键环节。通过确定流程的需求和实现客户价值的程度，分析现有流程和政策中存在的问题，确定要改进的关键环节。

　　这一阶段也是实施CRM的一个关键环节，主要有三个方面的工作。请您写出这三个方面的主要工作目的。

　　1. CRM信息系统的安装和技术培训：

2. CRM 信息系统应用的初步培训：

3. 现有政策和业务流程分析和诊断：

● 如何对企业的业务流程进行重新设计

在对企业原有的政策和业务流程进行分析和诊断后，要对原来的流程进行重新设计，使其不断完善。新流程应该符合 CRM 的管理思想和目标，着眼于提高客户满意度和忠诚度。这一阶段的工作主要有两点：

挑选关键流程进行重新设计

需要重新设计的业务流程很多，不可能在实施阶段都面面俱到，只能挑选一些重要的流程来重新进行设计。挑选的原则可以根据业务的重要性、绩效的低下程度和落实的可能性来衡量。例如客户投诉服务流程，如果运行的绩效低下，会直接影响到客户对售后服务的满意程度，导致客户流失，所以该流程的地位就比较重要。同时由于 CRM 的实施有赖于信息技术的支持，重新设计后的流程也有落后的可能性，所以对该流程的改进就是非常必要的。

新的业务流程设计必须考虑企业的实际情况、行业特点和 CRM 信息系统的优势

业务流程的设计是 CRM 系统实施成功的关键所在，如果不对企业原有的业务流程做任何改进，直接把它放进 CRM 信息系统中做原型测

试,即使由于信息技术的引入对流程有所改进,其程度也是有限的,这样做其实是用信息技术来迎合不符合CRM管理思想的业务流程,从根本上违背了实施CRM系统的初衷。

CRM系统由活动、制度、人、信息技术和目标组成。信息技术只是CRM系统的有机组成部分。要实现CRM系统的目标,需要各个要素协调一致共同朝着同一个方向努力。如果只是引入CRM的信息技术,而企业的活动、制度和人员都不做改变,那么CRM的目标就不可能实现。

经验总结的成果对CRM系统的成功实施最为重要。设计时,既不应该盲目照搬其他企业的模式,也不应该完全按照CRM信息系统本身包含的标准业务流程来进行,要考虑自己的实际情况。

在挑选业务流程进行重新设计时,要挑选一些关键的流程。挑选的原则是根据业务的重要性、绩效的低下程度和落实的可能性等来衡量。

请您根据这个原则,挑选出您认为符合这些标准的流程。

参考答案:例如响应速度慢、信息不共享、无规范的文档记录、没有解决方案的数据库等。

如何对新的业务流程进行测试

这一阶段也叫描绘蓝图,主要是测试新设计的业务流程,其中有三个任务:CRM基础数据的准备、原型测试的准备和进行原型测试。具体如下:

● **为测试进行CRM基础数据的准备工作**

数据库是CRM的核心,所以在进行新业务流程测试的时候,数据

准备非常重要,它是 CRM 实施成功的关键环节。由于 CRM 系统是面向企业前台应用的管理信息系统,所以其基础数据主要是一些市场、销售以及与客户服务、支持有关的数据。

在实施 CRM 以前,尽管企业的营销和客户服务人员从各种途径收集了大量的原始数据,但管理人员并不能以它们为依据立即做出决策,因为它们还只是一个数据的堆积,毫无逻辑性,也无主题分布。如果要把这样的数据变成有用的信息,还需要进一步处理和加工。CRM 的软件系统中已经根据 CRM 的管理思想设计了科学的数据库结构,能够处理这些数据,把它们转化成有用的信息存储在数据库里。因此,数据的准备应当在理解了 CRM 管理思想和软件应用培训的基础上进行。只有经过培训,理解了 CRM 的管理思想,了解了 CRM 软件系统中对各项数据的定义、概念、作用和要求,才能有针对性地进行数据的收集、分析整理和输入工作,使数据转变为有用的信息。

在 CRM 实施中,掌握大量的数据非常必要。数据库是 CRM 信息系统的核心,也是 CRM 信息系统建设的难点。

● **为原型测试准备业务流程**

由于 CRM 原型测试的复杂性,需要事先做一些准备工作,主要包括确定参与人员和定义将要测试的场景,即把新的业务蓝图置于 CRM 的信息系统中进行测试,尤其是一些经过改进后的关键的业务流程。另外,CRM 的软件覆盖了市场、销售以及客户服务与支持这些职能领域,由于需要对 CRM 软件的所有功能模块进行测试,所以还需要确定对各业务领域进行测试的不同人员,这可以在项目组内进行分工。

● **比较业务流程与 CRM 软件系统功能的差异**

原型测试的目的主要在于:深入理解 CRM 软件系统,分析其与业务蓝图的差异,熟悉软件及其报表的用途,理清数据之间的关系,以此

为全面实施 CRM 系统提供依据。

原型测试可以各功能模块同时进行，由项目实施组长或咨询公司的项目经理亲自主持，同业务相关的关键用户都应参加，并且按照在原型测试准备活动中定义的场景进行交互式的测试。在测试过程中，找出业务蓝图的需求和软件功能之间的差异，研究解决方案。原型测试过程中可能遇到的情况主要有三种：

第一种情况，如果业务蓝图中的某些新流程，其流程设计本身是合理的，只是标准化的软件功能不能支持，则可以通过二次开发来增强软件的功能。

第二种情况，如果由于信息技术条件的限制，无法通过加强软件功能的方式来支持合理的新业务流程，那只能重新定义流程，使之在现有条件下可以实现。

第三种情况，由于对 CRM 信息技术更加深入的认识和挖掘，进一步改进了业务蓝图或者开拓了崭新的业务流程。

原型测试的最终目的在于比较和分析企业的业务蓝图与 CRM 软件系统功能之间的差异，根据企业的实际情况和信息技术的特点来寻找合适的解决方案。

原型测试过程中，新流程一般会遇到三种情形，对这三种情形应采取不同的方法来处理。

请您填写下列表格，列出三种情形以及解决的方法。

情形种类	情形状况	采取措施
第一种		

情形种类	情形状况	第二种
第三种		

如何进行业务流程的二次设计与开发

原型测试结束后,就要根据测试的结果,分别视不同情况进行软件更改和其他更改(业务流程、制度和组织结构等的更改),以便使业务流程更符合 CRM 的要求,具体的步骤如下:

● 进行软件功能的增减

厂家提供的软件是按照一般的需求来设计的,具体到每一家企业的时候,要进行适当的修改。经过原型测试后,就可以总结软件修改的大致思路。修改软件的目的在于通过修改软件程序和客户化报表的开发来满足企业业务蓝图的需求。其中软件程序的修改由软件供应商按照其特定软件质量标准进行,增强后的软件功能还要根据一定的标准进行测试,经审核后确认。软件功能的修改,企业一般无法完成,它需要生产软件的厂家来完成。

● 进行其他内容的更改

除了修改软件之外,还有其他方面的修改,包括对业务流程、制度和组织结构等的更改。业务流程的更改主要有两大原因:第一,由于信息技术的进步,充分挖掘它的潜能,可以进一步修订业务蓝图,使它更符合要求;第二,由于重新设计的新流程过于理想化,而信息技术目前又达不到这种水平,那么新流程不可能实现。对于第二种情况,如果设计的流程从业务的角度确实能达到比较好的绩效,即使信息技术对有些活动不能提供有力支持,这些活动的实现方式也可由业务人员的知

识和经验来取代。

对软件的更改要慎重，可以先尝试运用软件的现有功能，寻找非标准的方法来满足需求。

由于CRM信息系统的介入，对业务蓝图中的流程有了进一步的修订，加之流程是活动的有序集合，活动会随之发生变化，活动之间的联系规则也要发生变化，执行活动的人的角色或技能也发生变化，随之员工的报酬和激励制度也会发生变化。更进一步，流程的变化会导致组织结构的变化。

需要强调的是随着业务流程的变化，制度一定要作相应调整，因为制度是新的流程得以真正实现的保证。

根据测试的结果，要对原型测试进行更改。

请您说出更改的主要方面。

如何验证二次开发业务流程的可执行性

这一步也叫会议室导航，该步骤必须建立在原型测试与二次开发和确认的基础上。主要任务是进行会议室导航和最终用户培训，主要步骤是：

● 会议室导航：对整个 CRM 系统进行测试

二次开发业务流程后，项目指导委员会就必须对 CRM 整个系统进行测试，涉及企业各相关部门，所以除了项目小组的人参加外，各职能组和前台部门的实际应用人员（最终用户）都要参加，因为这是企业前台业务顺利向 CRM 系统转变的必要条件，只有实际应用人员真正理解、接受并且主动去使用 CRM 系统时，实施才有可能产生效果。

测试结果要经项目指导委员会审批，判断是否具备转入实际应用的条件。如果条件还不成熟，则还需对过去阶段的工作进一步完善，而不要匆忙转入切换。

会议室导航是指验证或测试二次开发的可执行性，测试所有修订后的业务流程和确认相关制度，调整和准备相关凭证和报表，使 CRM 系统真正运行起来。

● 对最终用户进行培训

最终用户不但包括具体操作人员，还包括中高层管理人员，他们需要相关信息来做决策。对他们进行培训，旨在使其能够顺利掌握 CRM 信息系统的使用。企业可以根据确认了的系统及修正的业务流程、制度，编写用户手册，发给相关的人员，让他们自学；也可以选择一些关键用户，先把他们培训成教师，再由他们对最终用户进行培训。

会议室导航是 CRM 系统在实施之前的最后一道检测，如果通过了会议室导航，实施 CRM 的工作就基本上完成了。

请根据自己的理解判断正误，正确的请打"√"，错误的请打"×"。

1. 会议室导航就是对二次原型开发的测试。　　　　（　　）
2. 在会议室导航过程中，所有部门的人都要参加。　（　　）
3. 测试结果要经过项目委员会的批准。　　　　　　（　　）
4. 最终用户的培训就是对具体操作人员的培训。　　（　　）

参考答案：正确的有 1、2、3；错误的有 4。

如何从原来的前台系统切换到 CRM 系统

在完成了会议室导航阶段充分细致的测试以后，在这一阶段，要从原先的前台系统转换到 CRM 系统。主要的活动包括切换前的准备和正式切换。该步骤的完成表明 CRM 信息系统实施的基本结束。切换的步骤如下：

● **做切换准备工作**

为了确保新旧系统之间的顺利转换，切换前的准备工作必须非常细致，稍有疏忽，都会给该企业带来损失。切换要做的工作有：

首先核对流程、人员、数据和规则是否就绪。在切换前，需要所有相关人员都到位。由于 CRM 系统相对 ERP 系统来说比较简单，可以采取一次性切换的方法。行业的差异决定了 CRM 实施的复杂程度的差别。有些行业也可以采取分阶段切换的方法。分阶段切换的典型例子是在保险业。如寿险行业的 CRM 实施就会复杂一些，这是保险业务整个过程的复杂性所决定的，这一过程包括市场研究和定位、新险种开发、展业、核保、签单、核赔和理赔等多个环节，几乎每一个环节都要与客户接触，而所谓的前台业务——市场研究和定位、展业、核赔和理赔其实与后台业务紧密联系。更困难的是，寿险公司的展业人员非常有限，其代理人掌握了大部分客户的详细信息，这样寿险公司就无法对客户信息有一个全面且准确的把握。所以，如果要实施 CRM，首先要从代理人那里获取详细的客户信息，而且在拓展业务的过程中，要针对客户不同的风险偏好特点，设计不同的险种组合以满足客户需求。正是由于寿险业务流程和承保技术的复杂性，使 CRM 实施难度很大。相比之

下，银行的业务和技术特点要简单一些，所以大大降低了其 CRM 实施过程的难度。

对系统切换的方法进行计划并达成一致。所有相关人员聚集在一起，讨论切换的计划，并达成一致意见。系统的切换包括交钥匙的方法、新旧系统并行的方法和试点的方法。借鉴 ERP 系统的切换方法，一般可以采用试点的方法。

● 正式切换至新系统

准备工作完毕后，装入各类数据，就可以直接切换到新系统。

切换完毕后，CRM 新系统就可以投入运行了。

系统的切换是一项操作性特别强的工作，请根据本技能特点的描述，说出切换的具体步骤。

如何调整和监测新系统的运行绩效

在新系统转入正式运行之后，需要不断调整并且监测和评估新系统的运行绩效，以确定它是否满足预定的目标，具体如下：

● 对新系统进行调整并提供继续支持

新系统投入运营后，并不是所有的工作都完结了。在运营中，企业

要不断根据实际需要调整新系统的运行,确定更改控制流程并确认已取得的效益,审核与批准项目结束备忘录。如果效益不明显,运行不通畅,项目还不能最后签字。

● **监控新系统运行结果,与预先设定的目标进行对照**

新系统运行后,应记录各项指标。一方面监测和评估系统运行状态,另一方面根据预先设定的项目目标来审核相应成果,并且审核和批准业绩评估备忘录。

至此,CRM 实施的步骤完毕,CRM 系统在企业中开始运行,发挥它的效益。

对新系统的持续支持要求公司至少配备一名全职的内部系统管理员,这样能保证技术上自给自足的灵活性。

新系统投入正式运行后,要对其进行一系列的监控。

学完 CRM 实施的所有技能点以后,您认为应该从哪些方面来对 CRM 运行进行监控?

_____

_____

_____

_____

参考答案:如企业的前台与后台衔接是否一致,对客户的反应是否加快,信息是否共享,文档记录是否规范,数据库解决问题的方案是否有效等。

用激情感染客户

　　无论什么样的事业，要获得成功，首先需要的就是工作热情，推销事业尤为如此，因为推销员们日复一日地到处奔波，辛辛苦苦地推销商品，耗费大量的精力和体力，还经常会遭遇到客户的拒绝，而热情能够使悲观的人成为乐观的人，使懒惰的人成为勤奋的人，使普通的推销员成为顶尖的推销员。日本推销大师原一平曾说过这样一句话："热情在推销中占的分量为85%，而产品知识只占15%。"

最佳的时机就是立刻动手去做

我们的大脑无时无刻不在思考,尤其当我们想要获得成功时,我们的大脑会处于最亢奋的状态,我们会产生许多想法。有时奇妙的想法会突然闯进我们的脑海中,此时我们应该立即行动。如果不及时行动而是拖延下去,那么最终结果只会是望成功兴叹。

如果你突然有了奇妙的想法,那么最要紧的就是抓住它,立即行动,成功或许正在向你招手。

莫萨喜欢打猎和钓鱼。他认为美好生活的定义就是背着鱼竿和猎枪,徒步90英里到森林里去,在那儿渔猎两三天之后,再走回来。虽然满身泥污,但心情却很愉快。

他对这种美好生活无比向往,但他是一名保险业务员,需要很多时间花费在工作上。有一次,他非常不情愿地离开了他最喜爱的钓鱼湖,返回到工作中。这时他突然产生了一个奇妙的想法:如果有一些人住在荒郊野外,而这些人又需要保险,那么,他就能够在野外开展工作,推销他的保险。他为自己的这个想法而激动,并立即投入到了实现这个想法的行动中。他发现了这样一些人:他们在野外从事修建拉斯维加斯铁路的工作,住在分散的工程简易房中,散布在900英里长的铁路线上。如果向这些人推销保险,会有什么样的收获呢?

莫萨在刚刚产生这个想法的那一刻就为自己制订了计划。他咨询了一家旅行代理公司,然后就开始准备行李。他一直没有停止他的准备工作,以免犹豫会不经意地溜来影响他,要他相信自己的想法可能是轻率的,可能会失败。为了使他的想法不因有缺陷而被搁置下来,他立

即乘船到了拉斯维加斯的荷里德岛。

莫萨在铁路沿线往返了很多趟，人们都称他为"荷兰人"。他成了这些辛苦而又孤独的人们所欢迎的人。他向他们推销保险，还免费帮助他们理发，向那些只吃罐头食品和火腿的单身汉传授烹调技术。他有很多的时间可以做他喜欢做的事情：游历群山，打猎，钓鱼，过着他梦寐以求的、自由自在的生活。

当那个奇妙的想法闯入莫萨脑海的时候，如果他犹豫不决而不开始行动，或是把行动拖延下去，那么这样美好的生活是不可能成为现实的。

北宋年间的一天，苏州城一条最繁华的街市失火了，火势迅速蔓延，数以千计的房屋和商铺被吞噬在火海之中，顷刻间化为废墟。

一位姓周的珠宝商人兢兢业业经营了大半辈子的由祖上几代传下来的珠宝店，不幸正位于那条闹市街的正中间。火势越来越猛，他大半辈子的心血眼看就将被无情的大火毁于一旦。但他并没有惊慌失措，也没有命令店铺的伙计和家里的奴仆冲进火海去舍命抢救那些价值不菲的珠宝，而是镇定自若地指挥所有的人迅速撤离了火海中的珠宝店，一副听天由命的神态，令众人大惑不解。

而后，这位周姓商人不声不响地派人从长江沿岸平价购买大量的木材、毛竹、砖瓦、石灰等建筑材料回来。当这些材料堆得像小山一样高的时候，他归于沉寂，整天饮酒品茶，逍遥自在，好像珠宝店失火根本就与他毫无关系似的。

大火持续烧了将近半个月才被完全扑灭，曾经车水马龙的苏州城，大半个城市已经是墙倒屋塌一片狼藉了。没过几天，朝廷降旨：重建苏州城，凡是经营销售建筑材料的商人一律免征赋税。于是苏州城内一时间大兴土木，建筑材料供不应求，价格暴涨。这位周姓商人抓住时机，高价抛售出前些天平价囤积的建筑材料，获得了巨额利润，其金额远远高于被大火吞噬的珠宝的价值。

从这位周姓商人的小小成功，我们可以领悟到：当你脑海中有了一个好的想法时，如果拖延着不去动手，想法就会慢慢溜走，最终你只能懊悔地说："如果我当初……"

英国有一家规模不大的铝制品公司，在第二次世界大战中生意萧条。公司老板杰米看到战时百业俱凋，只有军火是个热门，而自己却与它无缘。于是，他把目光转向未来市场。他告诉儿子，铝制品公司需要转产改行。儿子问他："改成什么？"杰米说："改为生产残疾人用的小轮椅。"儿子当时大惑不解，不过还是遵照父亲的意思办了。经过一番设计改造后，一批批小轮椅面世了。随着战争的结束，许多在战争中受伤致残的士兵和平民，纷纷购买小轮椅。杰米工厂的订货者络绎不绝，该产品不但在本国畅销，而且很多国外客户也来订购。

要想成功就必须要有超前意识和超前思维。只有想在他人前面，才能做在他人前面。

美国特拉华州有个经营肉类食品的汉曼尔顿公司，老板约克是个聪明的墨西哥移民。有一天，他在报纸上看到一则毫不起眼的消息：墨西哥发生了类似瘟疫的流行病。

约克立即推测到，如果墨西哥的瘟疫一旦流行起来，一定会从与墨西哥相邻的加利福尼亚和得克萨斯两个州传入美国，而这两个州又正是美国肉食供应的主要基地。如果这两个州也流行起瘟疫，那么全美国的肉食供应必然紧张，肉价必定飞涨。

约克派人去墨西哥证实了消息后，便筹备大量资金购进加利福尼亚州和得克萨斯州的生猪和牛肉，并及时运往美国东部。

果然不出约克所料，从墨西哥传染过来的瘟疫迅速蔓延到美国西部的几个州，美国政府立即严禁这些州的食品外运。于是美国全国境内肉类食品紧俏，价格暴涨。时机成熟了，约克大量售出生猪和牛肉，使汉曼尔顿公司在短短几个月内净赚了800万美元，一时占尽便宜。

汉曼尔顿公司之所以能在数月中大赚一笔，要归功于老板的想法，

但更重要的是他毫不犹豫地将想法付诸行动。如果他想到了，却拖延了时间，那么也就不会有短短几个月内赚取 800 万美元的辉煌战绩了。

想到的事情就要立刻动手去做。如果你当前没有充足的时间，那么给自己确定一个期限，让时间来约束你的想法。千万不要让借口和惰性延迟你的行动。

也许在开始的时候，你会觉得"立即行动"很不容易，因为这样可能会使你的销售成功率降低。但最终你会发现，"立即行动"的积极心态，会比你无休止地做大量准备工作的效率要高很多，这样做能够使你的销售业绩更上一层楼。当你下定决心，不再把时间浪费在做准备工作上时，你就已经朝着自己的成功目标迈出了勇敢的一步。

好运气的秘密在于比他人勤奋

如果你真心想成为一名优秀的推销员，你就必须认识到，推销工作本是坎坷难行的，有什么困难只能靠自己去克服。只想凭侥幸、运气行事，这条路是行不通的。

常常听到一些推销员抱怨："我今天的运气太差了，居然连一个客户也没谈成！"运气，这个可遇而不可求的因素，却似乎在很大程度上已经被一些人归纳为失败或者成功的重要因素之一了。

一句"运气太差"的抱怨，就能够将一整天的失败和痛苦抹杀得无影无踪，而一句"运气好极了"以及随之而来的兴奋，又可以将本来冷静的理智抛之于九霄云外。但所有的这一切，我们真的能将其归因于"运气"这摸不着、看不到的因素吗？

英国推销大师麦科特曾说过："我练习得越艰苦，我获得的幸运也

就越多。"

推销员的每一次推销,其实都是一次练习的机会,在不同的环境、不同的客户面前锻炼不同的技能。那些所谓"幸运的"推销大师与那些运气总是很差的推销员在业绩上的巨大差别是显而易见的,但是有多少人认真地关注过推销大师们在其"好运气"的背后所隐藏的磨炼出来的实力?

所谓"一分耕耘一分收获",只有勤学、勤练,推销工作才能顺利开展。你要记住,天下没有不劳而获的好事,好运气也要靠勤学苦练才会出现在你面前。

推销是一条漫长而又艰辛的路,你不但要时刻保持十足的冲劲创造业绩,更要秉持一贯的信念,自我激励,自我启发,只有这样你才能坚强地面对重重难关。尤其是在你陷入低潮的时期,如果你不能适时做好自我调节,推销这一条路对你而言势必将画上永远的休止符。有很多前景被颇为看好的推销员,就是因为冲劲十足但却无法长期坚持下去,结果悄然从这一行业中引退了。

20世纪90年代,在上海有一位名叫张诚的推销员,他蝉联了3个年度的饮水机销售冠军。他走上推销之路,也是一件很偶然的事情。

张诚中学毕业后,原本继承父业从事车工的职业。不料两年后经济不景气,工厂的订单锐减,一个星期中有三天的时间根本没有工作可做。工厂没有办法,只好取消原来每月的资金,到后来连发工资都有困难。正逢此时张诚的儿子出生了,家里的生活条件也就越来越拮据了。

有一天,他在报纸上偶然看到一则"某电器公司招聘饮水机推销员,专职、兼职均可"的广告。当时他心想,既然可以做兼职,便可以利用周末的时间去拜访客户。于是他也不顾自己从来没有销售的实践经验,对饮水机更是一无所知,便毅然地加入了推销这一行列。

尽管张诚那时还根本不懂得饮水机的工作原理,也没有经历过任何

推销技巧的专业培训，但是他勤于学习，勤于与客户打交道，更具有满腔的热忱。一个月的兼职时间很快就过去了，他以一个毫无经验的新推销员身份，在实际工作时间只有8天的情况下，创下了同时间内28台饮水机的销售佳绩，勇夺整个分店之冠，甚至超过了几名专职老推销员的业绩。

张诚的成功要诀只有一个字：勤。无论天气情况的好与坏，他每天早晨7点钟便出门，以确保8点钟能准时出现在第一位客户家中，而其他很多的推销员这时都还在被窝里睡觉。通常，他每天晚上离开最后一位客户时都已是9点钟了，因为他要求自己不达到满意的成绩绝不停止拜访。经过一段时间的实践过程，他的推销能力和推销技巧都得到了很大的提高，经验与胆量也在不断提升。

所以说，成功唯勤，别无他法。不切实际的人往往是说得多、做得少，而光说不练是绝对无法达到目标的。

日本著名推销员原一平说："我的座右铭是比别人的工作时间多出2～3倍。工作时间短，即使推销能力强，也会输给工作时间长的人。所以我相信，如果自己比别人多花2～3倍的时间工作，就一定能够取得好的业绩。我要靠自己的双脚和时间来赚钱，也就是当别人在玩乐时，我要多利用时间来工作。别人如果一天工作8小时，我就工作14小时。"

一流的推销员以及其他行业里的成功人士都有一个共同特点——像疯子般拼命地工作。他们有顽强的精神和充沛的体力，可以从清晨工作到深夜。以一般人的眼光来看，他们的行为像疯子，尤其是一流的推销员，他们没有清晨，也没有深夜，他们能够坚持长时间的工作。

有些推销员每天早晨还不到5点钟便把当天的拜访流程全都安排好了，严格说起来，是在前一天晚上做好的。他会设定好每天要达到的销售金额，如果当天没有达到，他就不休息，直到完成为止。

有些推销员主动放弃休假的机会。对他们来说，刮风下雨正是拜访

客户的最佳时机，即使生病了他们也不轻易在家休息。在辉煌的业绩背后，有着他们以血汗与辛勤谱写的历程。他们不是不能或不愿意过着惬意的生活，而是他们无法抗拒取得合约时的那份喜悦，每一份合约都是他们汗水的结晶，这令他们甘愿放弃生活中细小的、平凡的乐趣。

既想要追求成功，获得高收入，拥有升迁机会，过幸福的生活，但又想像一般人那样工作、生活，那么，你的希望必然会落空。成功是需要艰苦努力的，平平常常的工作，是无法在生存竞争中获得胜利的。

时间对每个人都不偏不向，并不多给谁，也不少给谁。优秀的推销员不是靠偷得时间而获得成功的。虽然他们拿出了每天绝大部分的时间用于工作，似乎拥有比别人多得多的时间，而实际上，他们只不过是懂得节约时间，即节约了休息、进餐、娱乐等空余时间。

推销的成败取决于你是否能够忍耐长时间的工作，并且当你每天面对数十次"不需要""没预算""不喜欢""太贵"等各种各样的拒绝理由时，必须有超强的意志力，而且要在这种意志力的作用下，仍旧能够忍耐长时间的工作。如果你能够做到这一点，那么你就一定会取得非凡的业绩，付出终究会有回报的。

你必须鞭策自己切实执行每日的推销计划，完成你每天计划的新客户拜访，并拜访几位老客户。打通几个预约电话，绝不能替自己找理由拖延每天应该执行的计划。

与客户保持联络，让情感慢慢升温

据统计资料显示，推销员由现有客户取得订单的比例为2∶1，由老客户获得生意机会的概率为1/4；如果正在发展新客户，对方下订单的概率只有1/20。开发新客户的重要性自然不言而喻，他们会为你带来

新增的佣金,壮大你的客户群,扩展你所推销产品的群众认知度。但是,老客户是你最为宝贵的财富,你必须在不断开发新客户的同时,坚持不懈地去巩固和留住老客户,这一点是至关重要的。在如今激烈的市场竞争中,如果你不重视并不努力去做好老客户的工作,那么,他们随时会离开你的身边。

曾经购买过你所推销的产品或服务的一部分客户,也许已经有相当长一段时间没有再次购买你的产品了,他们已经不再被你列入现有客户的名单中,但很有可能在将来的某一天,他们会需要你的产品或服务,还会和你有业务往来,但却记不清应该怎么和你联络。因此不要忘记他们,保持与他们的联系,帮助他们好好记住你。

但是有一点要切记,与老客户保持联系的方式绝对不可以是给他们带来干扰感觉的强硬推销,也不可以以发展新客户的紧凑步调进行,因为毕竟你与这位客户已经建立起了某种程度的生意关系。你应该保持内心的平静,对他们显示出你的友善,像朋友一样关心他们,千万不要咄咄逼人。如果他们目前没有购买你所推销产品的计划,那么过一段时间,例如一两个月以后再与他们联系。

我们前文所讲述过的奉献爱心给客户的美国著名的汽车销售员乔·吉拉德,正是这样与老客户保持联系的。

吉拉德十分推崇这种理念,他也深知老客户对于一个推销员的重要性。他总希望客户们在生意成交之后不要忘记他,因此他制订了一项写信计划并严格按照此计划执行。曾经有个朋友开玩笑地说:"当你从吉拉德那里购买一辆汽车后,你必须要出国才有可能'摆脱'他。"

吉拉德的写信计划是:每个月都要给他的所有客户寄出一封表示问候的信件。无论是新客户还是老客户,他都一视同仁。他将这些信件装在普通的信封里,但信封的颜色和大小经常变换。这样,当客户收到他的问候时,总会在心理上保持一种新意。

吉拉德非常细心。他从不让这些信件看起来像其他公司邮寄的广告

宣传品，以免还未被拆开就被客户扔进垃圾箱中。他也从来不在每月的1号和15号寄出这些信件，因为这两天正是大多数人需要缴纳水费、电费、电话费等各种费用的日子，而他希望客户收到他的问候时能保持愉快的心情。

他还会随信附上一张卡片，卡片的正面一律写着"我爱你"。但是在卡片的里面，每月他都会更换新的内容，包括不同的问候语，以及一些新产品的信息。

吉拉德每年都以非常愉快的方式，让他的名字在客户家中出现12次。在他推销生涯的巅峰时期，他每月要寄出18000张卡片，也就是说每年要寄出将近20万张卡片。

吉拉德为什么要这样做呢？他只是想告诉他的客户一件事，那就是他喜欢他们，他永远不会忘记他们。

那么，他花费大量的时间和精力这样做又值不值得呢？相信你已知道了答案。这些信件有效地保证了他每年所有交易的70%都来自于与那些老客户或他们介绍的亲友的再次合作。

你一定会想，这样一张小小的卡片到底能起到多大的作用呢？我们无法清楚地了解每一张卡片能对某一个人产生多大的影响。然而，当你给客户回电话表示你美好的祝福时，当你及时提供给客户他们所需要的产品信息时，或者当你接到一位新客户热情洋溢的反馈时，你又怎么能精确地量化出这些小事的价值呢？

这些行为本身并不能带来多大变化，或是为你带来多么丰厚的利润，毕竟没有人会因为自己收到一张表示问候的卡片就会跑去问候者处购买几千美元的产品。但是，这种细心的、考虑周到的做法长期坚持下去，一定会在某种程度上影响你的客户，并为你的推销工作带来显著的、令你惊喜的变化。

给所有的客户建立一个完整的资料档案。你可以利用电脑来完成这项工作，但是切记，不要在电脑上花费太多的时间。如果你在电脑屏幕前花费的时间多于花在客户面前的时间,这就本末倒置了。先建立一个小规模的档案,再视情况不断地扩大和完善。

定期写信或打电话给所有的客户,但要注意,切莫过分干扰对方,而且要尽力表现出你具有非常丰富的专业知识,让他们认为你能够帮助他们解决问题。

用微笑融化顾客的冷漠与拒绝

美国希尔顿酒店一直以"微笑服务"闻名于世。其创始人、世界旅馆业大王康·尼·希尔顿每天问饭店员工的第一句话就是:"今天你对客人微笑了没有?"他坚信微笑将有助于希尔顿酒店在全球的发展,因此他要求所有的员工:"大家一定要牢记,绝对不可以将我们的愁绪写在脸上!无论饭店本身或是你个人遇到什么样的困难,希尔顿酒店服务员脸上的微笑永远是客人心中的阳光。"

在20世纪30年代,美国遭受了规模空前的经济大萧条,希尔顿酒店经受住了最严酷的考验,原因就在于希尔顿始终坚持这一独特的"微笑"经营理念。

在经济大萧条中,全美国的酒店、旅馆将近80%都倒闭破产了,而希尔顿酒店则凭借着服务员脸上永远的亲切微笑,温暖并留住了每一位顾客的心,从而帮助希尔顿酒店奇迹般地渡过了这个难关,并跨入了经营的黄金时代,最终发展成为世界知名的酒店。

微笑会给人一种亲切、充满喜气的感觉。在销售与服务过程中,推销人员对客户的每一个微笑都会让对方感觉到你的善意、理解与支持。

在商品零售业界,也有一位与希尔顿秉持着同样理念的人,他就是

沃尔玛的创始人山姆·沃顿。

山姆很早以前就已经意识到了微笑的魅力之伟大。他对他的店员们说："让我们成为世界上最友好的服务员——露出表示欢迎的微笑，向所有进入我们商店的人提供帮助，提供更好的超越顾客期望的服务。你们是世界上最好的店员，最有爱心的店员，完全可以做到这一点，并且你们会比其他任何零售公司的店员都做得更好。如果你们能做到，那么顾客就会一次又一次地光临我们的商店。"

山姆总是不断地对店员进行培训，向他们重申微笑的重要性。例如在公司举行的某些仪式上，他要求员工举手宣誓："我保证今后对每位到我们商店的顾客给予微笑，用眼睛向他们致意，并真心地问候他们。"公司特意在每家商店门口安排一位店员，向进店的每位顾客问候，送上购物车和一张宣传单，并且始终面带着微笑，即使对离店的顾客也微笑着说再见。

纽约梅西百货公司的人力资源部经理曾这样说："如果一个女孩子经常显露出可爱的微笑，那么，她就是小学学历我也乐意聘用；如果一个哲学博士老是摆个扑克面孔，他就算来我的公司当店员，我也不要。""多年以来，我们公司内部一直推动用细节感动客户的做法，例如本公司设有24小时的客户服务中心，这个部门的每个员工桌上都有一面镜子，公司规定员工在接听每一个电话以前，必须先对着镜子微笑至嘴角上扬，然后再拿起听筒向客户提供咨询与服务。我们相信客户一定可以感受到我们声音里面热忱的情绪。"

当以微笑迎向客户时，即使是那种冷若冰霜的客户，也能感觉到你的友好、温和，从而使你更容易受到他们的欢迎。真诚的微笑可以融化严冬，难道还融化不了冷漠与拒绝吗？

奥格·曼狄诺说过："对人微笑，是高超的社交技巧之一，是一种文明的表现，它显示出一种力量、涵养和暗示，有微笑面孔的人，就会有希望，因为一个人的笑容可以照亮所有看到它的人。"

在我们的现实生活和工作中,没有人会喜欢那些总是紧皱眉头、愁容满面的人。因此,在销售过程中,推销人员必须学会使用这一伟大的力量:微笑。

福兰克林·格特克,这位杰出的保险销售员,在被采访论及他的成功秘诀时说:"一个面带微笑的人永远受欢迎。"他是这样说的,也是这样做的,而且他的微笑是一流的:自然、温暖、真诚。只有这样发自内心的微笑,才能赢得客户的好感与信任,最终获得销售的成功。那么他是怎样做到让自己的微笑看起来非常自然、真诚呢?

"在进入客户的办公室之前,停下来放松一下,想想自己必须对其心怀感激的人和事情,然后展露出发自心底的微笑。当微笑正从脸上消失的一刹那,走进客户的办公室。"

看到这里,也许会有很多人感到奇怪:为什么要在脸上的微笑消失的一刹那去面对你的客户呢?格特克解释说:"因为这样做,能够让你的笑容看起来非常自然。而自然的、发自心底的笑,即使在微笑结束以后,面颊上仍然会留有笑的余韵。这是一种发自内心的愉悦,是自然的流露,它可以轻而易举地缩短你与客户之间的距离。"

真诚的微笑能给他人带来快乐,有助于你与客户相处得轻松愉快,但是千万不要匆忙地、轻易地把你的微笑传达出去。你应该在适当的时刻微笑,并保持适当的微笑程度。如果从你进入客户办公室的第一秒钟起,微笑就一直挂在脸上,那么你的微笑很容易在客户心中贬值,你的诚意也会大打折扣。

用心去体验吧!你会发觉微笑是世界上最美妙的语言,它具有六大魅力:

微笑,可以使消极的情绪转缓,继而变为愉悦的心情;

微笑,是对他人表示好感的捷径;

微笑,在人际关系中能够表现出不可衡量的价值;

微笑,不仅能令一个人的仪容变得漂亮,而且能够唤起别人的

好感；

微笑，是互相信任的基础；

微笑，有益于人们的健康。

让我们来练习微笑吧，像推销大师那样做：

每天坚持做面部运动，增强面部肌肉的灵敏度。

在家中放置一面镜子，每天对着镜子练习微笑。

用心观察餐厅、宾馆等服务行业的专业服务人员的笑容。

真诚的赞美让你与客户的距离更近

赞美之于人心，犹如阳光之于万物。喜欢听到别人对自己的赞美之词是人的天性。

一个人赞美另外一个人，就是为了让对方体会到"自己很美好"的感觉。具体应用于推销工作中，赞美最重要的目的是为了使客户的情绪缓和，营造一种轻松的洽谈氛围。

一个人的外表有美丑之分，能力有高低之别，这些都是难以求全的。但是一个人的心灵与其外貌、能力是没有什么必然联系的。明白这一点的人，会把赞美的目标转移到对方的心灵上。

英国有一位推销百科全书的推销员就深谙此理，并将其贯彻到了他的推销工作中。当他正在拜访的客户刚刚露出些许的购买意向时，他会立刻将此客户的孩子们叫过来，对他们说："知道吗？你们太幸福了！你们的爸爸对你们真好！为了让你们学到更多的知识，他现在就开始给你们准备最好的书了。你们一定要认真地看这套书，我为你们有一位真心爱你们的好爸爸而感到高兴！"当客户被一种神圣的气氛所感染时，成交自然就是顺理成章的事情了。

需要注意的是，当你赞美客户时，应该特别留意以下几个方面。

赞美要真诚：要善于从理解的角度真诚地赞美别人。

当你赞美客户时，一定要有诚恳的态度。只有你的态度诚恳，客户才会对你的赞美真正感兴趣，你才能收到预想的效果。如果你的赞美之词毫无诚意，客户会从你的语气、态度中听出来，反而会感到你很虚伪，那么这样的赞美还是不说出来为妙。

赞美要及时：值得赞美的行为发生的时间间隔越短，赞美的效果越好。

赞美要适度：赞美之词太多或太少，都无法起到有效的作用，所以要适度。

赞美要有针对性：赞美的内容要针对具体成就，而不能笼统地泛泛而谈。

赞美他人引以为荣的事情，是赞美最为关键的技巧。作为一个推销员，你应该观察入微，找到客户值得赞美的某项素质或某个事件。这就需要用你的眼睛去发现、去挖掘，这是推销工作中最应该留意的一种赞美技巧。

赞美要有艺术性：为了使赞美收到预想中的效应，应讲究赞美的艺术。

赞美是一门艺术，它具有很强的技巧性。这就如同作画，胡乱涂鸦任何人都会涂几笔，而要创作一幅完美的作品，可就没有那么容易了。赞美别人要做到轻松自如，得心应手，是要具备相关的技巧的。

有一对夫妇结婚10年了，却一直没有孩子。为了弥补这一遗憾，太太养了三只小狗，并对它们疼爱有加。

有一天，先生刚刚下班回到家，太太便兴致勃勃地对他说："你不是说过想要换一部新车吗？我已经帮你约好了，这个星期天有一家汽车公司的人就来和你洽谈。"没有料到先生却沉下了脸，没好气地说：

"我是说过要换一部新车,但我没说现在就换呀,你为什么要私自替我做主?"

原来,那个推销员一眼就看出了这位太太非常疼爱那三只小狗,于是他对太太养的狗大加赞赏,说这种狗的毛色纯净,有光泽,黑眼睛,黑鼻尖,是最名贵的品种。一番话说得这位太太飘飘然,以为自己拥有了世界上最名贵的狗,于是她情不自禁地对那个推销员产生了好感,很爽快地便同意了他星期天来和自己的丈夫面谈。

其实这位先生确实想买一辆新车,他现在开的车已经旧得不像样了,但他是个优柔寡断的人,一直拿不定主意去看车。

星期天,这位推销员又来到了这位客户的家。一进门,他就对这位先生一番赞叹,说得他不能自主,仿佛被一种无形的力量牵引着,很痛快地购买了所推销的那辆车。

因为赞美,我们才发现被人关注;因为赞美,我们才感到被人尊重;因为赞美,我们才体会到被人理解。

任何人对待赞美之词都不会不开心。让别人开心,我们也并不会因此而受到丝毫的损失,那么何乐而不为呢?

借鉴推销大师们的经验,我们在赞美客户时应注意以下几点:

赞美客户时,你一定要注意收集对方的反馈信息,以便及时调整赞美的方向,选用更恰当的词语。

赞美一个客户,对他做出评价,并不一定要去看他取得的丰功伟绩,仅从他的行为细节与语言词句中就可以分析出这个人的性格特点。细节赞美能够让他发现他具体的优点在哪里。

在长久的人际交流中,并不是要你天天去找一些令对方震惊的赞美之词,那样反而会显得做作。只有平平淡淡才是真,赞美也不例外。

每个人都生活在为明天的准备之中,我们所做的一切都是为了实现明天的美好愿望。所以不要只赞美你的客户显然做得出色的地方,而要赞美他想要做得更好的地方。因为他的心在明天,你赞美他的未来,就能把话说到他的心坎里。

冷场就会出现尴尬，赞美也一样。因此，你在赞美完对方后，一定还得主动引申一些对方感兴趣的话题继续交流。

下列常用的赞美之词可供你参考：

你很有内涵！

你很有这方面的天赋！

你真是我的良师益友！

贵公司的产品不但外观时尚，而且实用。

你的人缘真好，这么平易近人！

你为了你的公司付出了这么多辛勤的汗水！

有这么多朋友关心你，真让人羡慕！

您在这里是很有威望的人啊！

太太，您先生穿在身上的那套西装真合体！

你的气质给人的感觉是，你是一个很专业的经理人。

你的生活真是很精彩！

像你这样有判断力的人确实不多见。

你有很敏锐的洞察力。

这种门面的格调与众不同，可见此店的老板与众不同。

这么多的奖杯一定得来不易吧！

这里书真多！

你给人的感觉好亲切。

你的穿着很时尚。

这盆花的品种很稀有吧，叫什么名字？

我第一次见到格调这么高雅的办公室。

认定对方就是你的客户

人们总是对那些成功的推销员的销售技巧称赞不已，总是惊奇于对方面对客户时的热情。然而，又有多少人知道，他之所以能始终保持推销成功，原因就在于，他从不怀疑每一个与之攀谈的人会拒绝成交，而是从一开始就认定对方是自己的客户！也正是因为他有着这种积极的心态，所以他在遭遇拒绝后，仍然能用自己的热情去感染和说服对方，达成自己的目的。

"认定对方就是我的客户"是点燃心中热情的火焰，许多的推销员便是因为有了这种观念，才从普通走向卓越，创造出令人惊叹的、优异的销售业绩。

在中国台湾有位保险界奇人，他就是把身边的每个人都视为自己的顾客。

他家距离火车站非常近，每天都会来到火车站售票厅排队买票，也不知道自己去哪里，他的旅程决定于排在他前面买票的人。

他会想方设法与前面的人聊天交谈。在排队的过程中，他就会同前面的人熟悉起来。临到他前面的人买票说"高雄"（或其他地方）时，还没等前面的人说完，他马上说"两张。"于是，他就随着前面的人去了高雄。一起买的票，座位自然在一起。台北到高雄的一段时间，就成了他推销保险的时间。下车时，他已顺利做成了一笔保单。

回家时，他又重复上面的做法，在高雄到台北的回程中又是一笔保单。

正是由于他把每一个人都认定是他的客户，并且充满热情地对待对方，所以他的推销业务几乎从未受到过挫折，销售业绩总是处于顶尖的位置。

推销员要有一种"认定对方就是我的客户"的积极心态，只有把遇到的每一个人都认定是自己的客户，才能充满热情地与对方交流、沟通，才能把握销售中的主动。通过自身的热情去感染对方，才能增大销售成功的概率。

试想，当你与人交谈时不停地怀疑："他会买吗？""他是真的有买的打算，还是只不过想找个人聊聊？""从他的表情和语气来看，他很难和我签单"……你怎可能充满热情、全力以赴地去介绍产品，并打动对方呢？

相信自己，在一开始的时候就认定对方是你的客户，去掉自己头脑中固有的观念和消极的想法，充满热情地投入到销售工作中去！唯有如此，你才能坦然面对客户的拒绝，从而消除对方的拒绝，实现高业绩。正如世界著名的推销大师齐格·齐格勒所说："肯定的想法不会迫使你做任何事情，但它比消极的想法更能帮你把事情做好。"

告诉自己：他就是你的客户！让这种意识点燃你心中的热情火焰吧！它将让你能更轻易地创造出优异的业绩。

推销之神乔·吉拉德曾说："不管你所遇见的是怎样的人，你都必须将他们视为真的想向你购买商品的客户。这样一种积极的心态，是你推销成功的一大前提。我初见一个客人时，我就不会认定他是来随便看看或寻开心的，我都认定他是我的客户，会购买我推销的汽车。通常情况下，他们大部分都成了我名副其实的客户。"

成功从勇敢地迈出第一步开始

在世界各地拥有4300家快餐店的温迪国际公司创始人、商务经理戴维·托马斯，在他12岁的时候，全家搬到了田纳西州的诺克斯维尔。由于家里生活条件困难，戴维只得一边上学一边打工。为了尽快在当

地找到工作，他想去一家餐厅试试，但是那家餐厅只能雇佣16岁以上的少年，而他比规定年龄小了4岁。

餐厅的老板莫尔迪和萨加特都是墨西哥移民，刚来到田纳西州时，他们曾经做过洗盘子和送外卖的工作。他们十分要好而且都很勤奋，两个人经过几年的努力奋斗，合伙开了这家餐厅。戴维得知这家餐厅正需要一个帮手，这份工作每小时可以挣到25美分，但是他不知道怎样才能得到这份工作，因为他担心自己的年龄太小了。

戴维把自己的疑虑告诉了父亲，父亲鼓励他说："你不去试试怎么能知道人家要不要你呢？孩子，无论做什么事情，都必须大胆地去尝试，不可以还没有开始就轻言放弃。"

在父亲的鼓励下，戴维勇敢地走进了那家餐厅，对莫尔迪和萨加特说："我很渴望得到这份工作，你们可以给我一个机会吗？我会把工作做得很好。"

莫尔迪说："孩子，只要你愿意努力尝试，你就能为我们工作；如果你不努力尝试，我们是不会让你为我们工作的。"

于是戴维走上了便餐台。当时通常的小费是一个10美分的硬币，但如果他能很快把饭菜送给顾客并且他的服务能够令顾客满意，有时就能得到25美分的小费。戴维为自己的第一份工作而感到自豪，并且努力使每一位顾客都满意他的服务。在一个晚上，他创下了周到地接待100位顾客的纪录，相应地，他得到了更多的钱为回报。

他出色的服务得到了顾客的赞誉，也得到莫尔迪和萨加特的赏识。在日常的工作中，他们教给戴维很多创业的经验以及解决偶然遇到的问题的方法。戴维将这些宝贵的经验教训都牢牢地记在脑子里，这为他日后的创业打下了良好的基础。

戴维从一个小小的打工者，成为拥有全世界4300家快餐店的温迪国际公司的创始人、商务经理，看起来两者的差距是多么悬殊。但他从第一天工作开始就学会了如何使自己的梦想成真，那就是即刻行动，

努力尝试,绝不轻言放弃。

32岁的怀特是个很普通的年轻人,他和太太还有一个可爱的小女儿租房子住在一幢小公寓里。随着女儿一天天长大,他们很渴望拥有一套自己的房子,能够有较大的活动空间,有比较干净的户外环境,小女儿能够拥有一间属于她自己的房间。

他们的家庭收入属于中等水平,每月除了房租和基本的生活费用,就没有什么剩余了,他们几乎没有存款。因此对于他们来说,买房子是件大事,而且有很大的困难。

有一天,当怀特再一次在用于付房租的支票上签字的时候,他突然心中一阵冲动,跑下楼买了一份房产杂志,挑选了一套比较中意的房子,并且按照贷款利率的计算方法计算了如果买下这套房子他们需要的首付款和每月应还款的数额。他发现,每月应还款的数额与他们现在每月的房租几乎是一样多的。也就是说,如果他们买下这套房子,他们是有能力每月按时还款的,只是他们没有足够的首付款。

下班后,怀特对刚刚回到家的太太和女儿说:"下个星期我们就去买一套新房子,就是这套。"他把手中的房产杂志递给她们,并指着上面他选中的那套房子。

女儿看着杂志上漂亮宽敞的房子,高兴得手舞足蹈。可是太太却叫了起来:"你疯了吗?这想法太突然了!我们哪有那么多钱去买这样一套房子?就算我们能够按时每月还款,可是我们根本没有钱交首付款!"

但是怀特似乎已经下定了决心:"跟我们一样想买一套新房子的人大有人在,其中只有一半的家庭能如愿以偿,一定是什么想法使他们实现了这个念头。虽然我现在还不知道怎么凑齐这笔钱,可是我一定要想办法为我们买这套房子。"

第二天,怀特真的为新房子的事情开始奔波了。首付款需要12000美元。现在的问题是如何凑够这12000美元。他知道无法从银行借到这

笔钱，因为这样会妨害他的信用，使他无法获得一项关于销售款项的抵押借款。

怀特突然想到，为什么不直接找房产承包商谈谈，向他私人借款呢？想到就做！承包商起初很冷淡，但由于怀特的态度非常诚恳，并一直坚持，他终于同意借款给怀特，并签订了把12000美元的借款按月交还1000美元，利息另外计算，一年还清借款的合同。

手中握着借款合同，怀特现在面临的问题是每个月要凑出1000美元。怀特和太太想方设法，省吃俭用，每月可以从生活费中省下250美元，可是其余的750美元怎么办呢？

怀特又想到了另一个好办法。第二天早上他到公司，先向老板说清楚了这件事，然后对老板说："您看，为了买房子，我每个月要多赚750美元才行。我知道，当您认为我值得加薪时一定会给我加的，可是我现在很需要多赚一些钱。公司的某些事情可能在周末做更好，您能不能答应我在周末加班？有没有这个可能呢？"

老板被怀特的诚恳感动了，同意安排一些事情让他在周末工作10小时，并付给他每月750美元的加班费。

怀特一家高高兴兴地搬进了新房子。

改变自己才能改变世界。

一旦认准了目标，你就要立即付诸行动，不想那么多，不要犹豫不决。在做的过程中，遇到问题，解决问题，通过不懈的努力实现自己的目标。

关心顾客是激发热情的源头

推销员在向顾客推销某种产品或服务时，顾客往往会存有一种戒备心理，认为推销员是为其自身利益，千方百计地想把产品推销给自己。

因此推销员需要具备良好的素质和心理条件，结合顾客不同的心理状态，付出自己的真心，使顾客先接受自己，继而接受自己所推销的产品或服务。

日本著名的保险销售天才山田正皓有一次去拜访客户时，恰好赶上天空中乌云密布，眼看暴风雨就要来临了。忽然他看到被访者的邻居有一条毛毯晒在院子中，主人却忘记将它收起。他便大声叫道："要下大雨啦，快把毛毯收起来吧！"他的这句话对这家人而言无疑是一种发自内心的关怀，女主人非常感激他，而他要拜访的客户也因此非常热情地接待了他。

在山田正皓早期的推销工作中，有一位先生曾经坚持要购买两份同样的保险，一份立在他自己的名下，另一份给他太太。山田正皓遵从了这位客户的要求。但是在输入客户资料时，他发现两份保险分开投保的费用，比共同投保一份的费用高出20%。他立刻打电话给这位客户讲明，如果他愿意把这两份保险合并为一份的话，至少可以省下20%的费用。客户十分感激，欣然接受了他的建议。从那以后，这位客户与他成了好朋友。虽然因为此事他当月的佣金减少了很多，但是这部分损失他早就从那位客户所介绍的朋友那里得到了更多的补偿。

在山田正皓的推销工作中，他始终在思考自己能为客户做些什么。他的客户中有不少是企业的经营者，遇到这些客户，他就会想，自己能为他们的企业做些什么？能带给他们什么样的利益？这个思考模式就是他的推销哲学。

有一次山田正皓去拜访一位老客户——一家房地产公司的总裁。他到达客户的办公室时，正巧遇到这位总裁的一个朋友，这位朋友正为不知如何运用一块闲置的土地而发愁。他立刻为其介绍了一家专门建设出租公寓的建筑公司。还有一次，他主动撮合一家电视娱乐软件商与另一家电脑软件公司的负责人认识，目的就是想助他们一臂之力。

这样的例子不胜枚举，山田正皓为什么要这样做呢？因为这是一个

第五章 用激情感染客户

天才推销员所具有的附加价值。推销是要付出情感的，关心别人就等于是关心自己，帮助别人的同时也帮助了自己。只要你能够充分表露出为客户服务的诚意，并且全力以赴，客户就一定会感觉到这一点，就会对你产生信任。

山田正皓在接受一家杂志的访问时曾说："与客户接触时，一走进门，要让客户感觉舒服，而不要让其感觉到压力，他们就会和你建立长期的业务关系，他们会逐渐喜欢上你，信任你。这个原则年复一年地跟随着我，成为我开展销售业务的基石。你先别管任何其他的技巧，也不要去尝试这些技巧。你只要想办法让客户觉得和你在一起很舒服，喜欢并且信任你，让他们觉得你是来为他们提供服务的，而不是来卖东西的就行了。"

山田正皓在推销过程中总是竭尽全力地鼓励和关心客户，使客户感受到温暖，把他当成知心朋友，这对他的推销工作起到了积极的作用。二十几年来，他因业务关系而结识的朋友超过数千人，而且与大部分都保持着联系，这又为他的推销工作起到了不可估量的推动作用。做生意就是交朋友，要取得客户的信任，你就要真诚地关心他，这会化解任何客户的冷漠和拒绝。

美国著名的汽车销售员乔·吉拉德之所以取得巨大的成就，就是因为他表现出了对客户的真正关心。他说："美国的那些大饭店，就连厨房里都洋溢着对顾客的热情和关心……当我卖掉一辆车，顾客要离开的时候，他们的心情就和从大饭店里走出时一模一样。"

汽车卖出去以后，吉拉德对客户依然保持关切之情。"客户回来要求服务，我总是尽我所能，帮他们将事情办理得尽善尽美……你要像个大夫那样，他的车子出了问题，你要痛他之所痛才行。"

吉拉德将每一位客户都当作朋友来看待，他说："客户可不是累赘，他们是我的衣食父母，是我的饭碗。我把所有客户的情况都建立了系统档案。我每个月要寄出18000张卡片，而且无论他们是否买我的车,只要与我有过接触,我都会让他们知道我始终记得他们。我寄卡片的所有出发点只有一个字:爱。世界500强企业中,许多公司都在采用我创造的这套客户服务系统。我的这些卡片与垃圾邮件不同,它们充满爱。我每天都在向客户发出爱的信息。"

只要成为客户信任的推销员,你就会赢得客户的喜爱与信任,而且能够与客户形成亲密的朋友关系。一旦形成这种亲密的关系,客户就会自然而然地购买你推销的产品。

推销员必须是充满爱心的人,你要爱你的客户、爱你所推销的产品,这样你才能得到客户的回报。如果你对客户及其周围的事物冷漠、无动于衷,那么你是不可能与客户成为朋友的,也不可能成为一个优秀的推销员。把你的客户当作一生一世的朋友,鼓励并且关心他们,使他们有一种满足感和成就感,这对你的推销工作有着不可估量的促进作用。

世界最大的连锁超市沃尔玛的经营宗旨之一是"天天平价"。创始人山姆·沃顿常常告诫他的员工:"我们珍视每一美元的价值,我们的存在是为顾客提供价值,这意味着除了提供优质的服务外,我们还必须为他们省钱。每当我们为顾客节约了一美元时,就使我们自己在竞争中抢占了先机。"

有一家跨国公司在某酒店举行会议,会议结束后剩下了大量的酒水饮料。酒店的销售部经理建议将这些酒水饮料作为福利分发给酒店的员工,市场部经理建议先入库保存,以备那家公司派人来取。然而,酒店总经理却做出了一个大家意想不到的决定:由酒店派车将这些物品为该公司送货上门。当该公司收到这些物品时,上至总经理,下至普通员工,无一不感到意外惊喜。公司总经理立刻表示,该公司今后所有的大型会议一律都到这家酒店举办。

真心诚意地对待你的客户,想他们之所想,关心他们之所关心,这是赢得信赖的敲门砖。信赖有如严寒冬日中的暖流,炎炎烈日中的清

第五章 用激情感染客户

风,它能够扫除人与人之间的冷漠与隔阂。信赖在你的推销工作中是最宝贵的媒介。有了它,客户会对你不再设防;有了它,客户能坦诚地对你叙说他真正的需求。这样一来,剩余的问题就是客户和你如何共同尽最大的努力达成需求了。有些推销员常常苦恼于与客户面对面时找不到合适的话题,他们非常羡慕那些能和客户愉快交谈的推销员们。其实,如果你能真诚地关心客户,你们就一定能找出谈不完的话题。

关心不能仅仅是在口头上说"我真的想关心你",而是要"付诸实际行动"。关心是"我知道客户想什么";关心是"我知道客户的喜好";关心是"我知道客户需要什么样的信息,我会设法将其提供给客户";关心是"不管生意能否做成,我想和你成为好朋友";关心是"对客户的问题表示真诚的关切,并设身处地地帮助他们解决这些问题"。

所有客户的心,都像上了重锁的大门,任凭再粗的铁棒也撬不开。因此你要表现得光明正大和充满诚意,不要通过一个又一个的问题问得客户喘不过气来,或是令他们觉得你的关心是虚情假意的。唯有真诚的关心,才能将你自己变成一把细腻的钥匙,进入顾客的心中,了解他们真正的需要。任何人都需要关心,都需要爱,如果你还没有养成关心你的客户的好习惯,那么就从今天开始吧,因为关心永远不嫌迟。

付出自己的爱心,将客户的真正需求放在首位,始终保持愉悦而友善的心境。

静下心来,想客户之所想,关心客户之所关心。持续关心下列事项,使自己与客户的关系越来越亲密:

关心客户的家人与朋友及其工作状况。

你推销的产品能够为客户提供何种服务?

你推销的产品如何帮助客户降低他们的工作负担,或令他们的生活更为便利?

客户是否希望及时获知新产品的信息?

是否能够为客户提供送货上门等附加服务?

情绪感染是最有效的说服利器

热情是人类最重要的天性和财富之一。无论我们是 8 岁、18 岁或是 80 岁，热情都能够使我们青春永驻。也就是说，任何年龄的人只要具有自我完善的强烈愿望，就能够找到永不衰老的秘方。

当你看到一名新推销员不知道成交方法，只掌握了一点最基本的产品知识，却能不断地将产品推销出去时，你就会认识到热情是多么重要。

曾经有一位新加入推销行列的推销员，年纪轻轻，刚刚接受完产品知识的培训，在此之前，他没有任何推销的实践经验。但是令人感到惊奇的是，一个季度以后，公司销售评比结果显示，他的业绩位列公司第三名，仅仅次于两位经验老到的金牌推销员，原因就在于：他用热情感染了他的客户。

两个季度又过去了，这位新推销员显然成了一名推销老手。他接触到的客户和问题越来越多，学到的东西也越来越多；他的推销经验越来越丰富，对产品的了解也越来越清楚，赚得的佣金无疑也越来越丰厚。此时，他接受挑战的欲望开始减退，对待工作的激情开始减少。他对任何事情不再感到好奇，热情的火苗渐渐熄灭。一年后，他变成了一名庸庸碌碌、无所作为的推销员，销售大军的平庸之辈中又多了一员。

由这个事例我们能够很容易地理解推销大师原一平所说的那句话："热情在推销中占的分量为 85%，而产品知识只占 15%。"

无论什么样的事业，要想获得成功，首先需要的就是工作热情，推销事业尤为如此。推销员们日复一日地到处奔波，辛辛苦苦地推销商

品，需要耗费大量的精力和体力，还经常会遭遇客户的拒绝，可想而知，推销员是多么需要热情和活力！

热情能够使悲观的人成为乐观的人，使懒惰的人成为勤奋的人，使普通的推销员成为顶尖的推销员。

玛丽·凯1963年创办了自己的化妆品公司，该公司拥有375000个美容顾问（推销员），年零售额约为20亿美元。她本人是美国最成功的商业界女强人之一。"玛丽·凯"已经成为热情的代名词，也为她的巨大成功蒙上了一层神秘的面纱。

在玛丽·凯还是一位年轻的妈妈时，正是一股激荡的热情使她走上了毕生从事的推销工作之路。那时，一位名叫艾达·布莱克的妇女来到她家推销儿童心理学丛书。那是一套写给儿童看的故事书，每篇故事讲述一个现实存在的问题和一种解决方案，并阐明一个道理。玛丽·凯一下子就爱上了这套书，可是书的价格很高，她付不起那么多钱。玛丽·凯告诉艾达说："我会存钱，总有一天我将会为孩子买一套。"

艾达看她那么激动，便说："这样吧，玛丽，如果你为我卖出10套书的话，我就送给你一套。"玛丽·凯马上给她熟悉的人打电话，她的热情感染了许多人，结果一天半的时间里就卖出了10套。这使艾达很疑惑："这些书并不好卖，你是怎么办到的？"

艾达使她走上了推销之路。在以后的9个月中，玛丽·凯共卖出了25000美元的书籍，赚取了一笔可观的佣金。

从这个故事中不难发现，热情所激发的动力是巨大的。玛丽·凯不但发现并且运用了热情的能量。在自己创办事业后，她还将这种理念传承给公司的所有员工，使他们在快乐和热情的环境中，拓展他们共同的事业。

在玛丽·凯公司的销售工作中，她始终强调热情。她要求她的美容顾问绝不能强迫推销，不能对客户采取咄咄逼人的态度。她教育销售人员展示护肤品时，要以洋溢的热情、渊博的知识去感染客户。基于这种理念，玛丽·凯公司所有的员工都具备热情的特质，而这种热情给客户带来的远不止是简单的货币兑换过程，它给每位消费者留下的是企业阳光般的温暖和青春般的活力。

玛丽·凯非常欣赏的一句话是："你决意要多么愉快，你就会有多么愉快。"她教育她的销售人员绝不能与顾客谈论自己的苦恼或不快，要永远以热情饱满的情绪去进行产品展示。

她的暮年伴侣梅尔患肺癌去世的时候，尽管她正处于丧夫的悲痛之中，她还是在葬礼后飞往圣路易斯，去参加全公司职员、销售主任、美容顾问的会议。面对着台下数千名听众，她把忧伤深深地藏在心底，竭尽全力地把热忱的情绪传递给听众。

玛丽·凯在她的自传中写道："我对于自己天生是个热情的人十分欣慰，甚至在工作了这么多年之后，我无论前一天晚上多么疲劳，清晨醒来总是充满新的热情。"

"热情是有感染力的——甚至对你本人也是如此。当热情这股力量被释放出来，并不断地用自己的信心补充能量时，它就会形成一股不可抗拒的力量，足以克服一切困难。我衷心相信，只要你表现出热情，你就会热情起来！不只一天热情——而是要终身热情。"

"你的热情要让客户感到你是在帮助他，而不是仅仅想赚他的钱。你应该帮助他说出他的真正需要，做他的热心参谋，帮他算账，帮他决策，时时让他切身体会到你的热情，从而感到可以信任你，进而与你签约成交。这样，你的销售额怎能不成倍上升呢？"

玛丽·凯认为，当生活一帆风顺的时候，微笑和充满热情并不是什么难事；然而，当你深陷于生活的困境时，能使自己显得愉快，那才是真正的勇士。

正是这种精神状态，使得玛丽·凯在任何困难面前都不曾低头，也正是这种精神状态，使得她以饱满的精神缔造了一个创业奇迹。从这里我们可以领悟到，热情所激发的动力，是没有极限的。

第五章　用激情感染客户

任何人都具有火热的激情，即使某些人还未意识到这一点，但他们的这种热情早已深埋在他们的内心之中，正在等待着被开发利用，为建设性的业绩和有意义的目标服务。

作为一位成功的推销员，失去了积极与热诚，有如艺术家失去了灵感，有如发电机失去了动力，你还期望他能打开客户紧闭的心扉吗？

积极与热诚是会感染人的，你不但能将积极、热诚传播给你的客户，同时也能将你此刻的积极与热诚传染给下一刻的你。因此，每天早上起来的第一件事就是告诉自己要积极、热诚。

积极培养自己的热情：

订立明确的目标以及达到此目标的计划，将其写下来，时刻督促自己。

以强烈的欲望作为达成目标的后盾，使欲望变得狂热，让它成为你脑海中最重要的一件事情。

立即执行你的计划，正确并且坚定地按照计划去做。

如果你遭遇到挫折与失败，仔细地重新核查一下计划，必要时应加以修改。

尽量避免与那些会令你失去愉悦心情以及对你采取反对态度的人联系，使自己始终保持乐观。

你的业绩与你的热情成正比

杰瑞曾经是一名能干而且上进的推销员。但是，在最近一段时间里，他与自己所在部门的经理梅尔赛发生了一些不愉快，原因是他已经有很长一段时间没有突破销售记录了。梅尔赛多次提醒他要注意，并且还找他谈过话。可是，由于接连不断的挫折和失败，他已经失去了往日的热情和锐气。他对自己越来越失望，越来越没有信心。最终，他的心情影响了工作，而工作的失败又反过来影响心情。

梅尔赛眼看着杰瑞一天天地消沉下去，觉得这不是个好兆头。于是，他多次找他交谈，并对他进行思想开导。但梅尔赛发现杰瑞根本就振作不起来，就像扶不起的阿斗。这可把梅尔赛给惹火了。

有一天，梅尔赛强压住怒火，对杰瑞说道："如果在你即将接触的十个客户当中，你不能与其中的三个客户做成生意，那么，你就自动卷铺盖走人！"

犹如一记当头棒喝，杰瑞感到自己已经被逼上了绝路。他想：在我还没有找到别的出路之前，一定要争取保住这份工作。

其实，梅尔赛并不希望杰瑞就这样离开公司，毕竟杰瑞一直都是个相当勤奋且讨人喜欢的小伙子，只是最近他的确太不像话了而已。梅尔赛决定把杰瑞以前的热情和信心激发出来，让他重新找回失去的自我。

梅尔赛把杰瑞叫到他的办公室，然后命令他按照他说的方法去做。他对杰瑞说："下午让你放假。但在回家的路上，我希望你对自己说一句话，并且要不断地说，这句话就是'我明天一定能签下一个合同'。回到家以后，到花园里去转一圈，放松放松，然后再一遍一遍地对自己说：'我明天一定能签下一个合同。'洗澡的时候，吃饭的时候，你都要念叨这句话：'我明天一定能签下一个合同。'请你记住，要一直重复这句话，直到你的大脑中一片空白，只有这一个意念为止。"

梅尔赛接着说道："晚上睡觉的时候，上床以后，别看电视，也别为了早点儿入睡而数数，你还是要对自己说：'我明天一定能签下一个合同。'如果有可能的话，梦中也要说这句话。明天早晨起床、穿衣服、吃早饭的时候，你告诉自己：'我今天一定能签下一个合同。'然后，在来公司的路上，你还要说：'我今天一定能签下一个合同。'请

第五章　用激情感染客户

你记住,每当你说一遍这句话时,都要带着感情和绝对的信心。我相信你这样做完之后,一定会发现它有一种神奇的功效。"

杰瑞静静地听梅尔赛说完这番话,并表示他一定会按照梅尔赛教他的方法去做。于是,杰瑞在回家的路上,在花园里,在澡堂里,在厨房里,在饭桌上,在床上,在上班的路上,一遍又一遍不停地重复这句话——"我一定能签下一个合同"。

在这一系列的过程中,杰瑞的潜意识已经强迫他接受了这句话,并且他自己也开始相信这一定不是句空话。杰瑞已感觉到自己恢复了以前的活力和激情,他觉得自己浑身上下充满了自信和喜悦。

带着这样的积极心态,杰瑞去见第一位客户。一开始,客户的表情和语调都是冷冰冰的,看样子杰瑞又要被拒绝了。

但是这一次,杰瑞并没有像前些天那样轻易地放弃,他的脑海里始终响着那句话:"我今天一定能签下一个合同。"他充分地调动起自己的热情和真诚,去说服客户,吸引客户。

令人激动的事情发生了,刚才还冷着一张脸的客户,现在已经有点面带微笑了。凭杰瑞的经验,他知道这是一个好信号,客户显然有了动心的表示。杰瑞兴奋地敲了一下自己的脑袋,他告诉自己:"坚持下去,你一定能签下一个合同!"果然,客户被杰瑞的积极态度和信心所感染,最终和他签下了合同。

这是几个月以来杰瑞做成的第一桩大买卖。杰瑞觉得自己现在已找回了以前的信心和满足感。于是,杰瑞又成为公司最优秀的推销员之一。

将热情培养成为一种习惯,而这种习惯需要不断补给。自我暗示是培养热情行之有效的方法。

始终保持积极的心态。在充满恐惧、嫉妒、怀疑、报复、仇恨、无奈的环境中是不可能出现热情的,它需要积极的思想和行动。

第六章

客户关系管理与企业资源规划整合

　　CRM在整合企业资源方面的作用是承前启后的。它既整合了企业传统的电话中心和客户机构，又结合企业的门户网站、网络销售、网上客户服务等电子商务内容，构架了动态的企业前端。CRM系统已经逐步渗透到生产、设计、物流配送和人力资源等部门，整合ERP、SCM(Supplv Chain Managemenc)等系列，使企业的信息和资源在电子商务中高效顺畅地流通。

如何从企业资源规划模式转变到客户关系管理模式

电子商务和经济网络化的趋势使得企业资源需要通过市场进行配置的任务越来越复杂，要协调企业间众多复杂的业务往来关系，企业的管理系统必须要从以 ERP 为核心的商务应用构架转变为以 CRM 和电子商务为核心。为此，企业必须做到：

● **整合 ERP 和电子商务，实现 ERP 电子化**

ERP 的构架、技术和功能在 CRM 中仍然存在，只不过为了适应电子商务的发展必须进行电子化改造，使之成为电子商务的基础。电子化改造主要从以下两个方面入手：

明确划分企业前后台的业务范围。在电子商务中，前后台业务必须明确划分：什么业务必须放在前台（电子商务系统）完成，什么业务必须放在后台（生产运输）完成，都有严格的规定。具体的划分与企业的具体情况和行业特点密切相关，不同的企业、行业有不同的划分标准。

把企业的前后台业务流程进行无缝衔接，确保数据畅通。必须把企业前后台业务与财务业务的接口、物料管理业务的接口、销售管理的接口、生产计划的接口进行适时无缝衔接。

● **对 ERP 进行 Intenet 改造，改变 ERP 的业务模式**

CRM 有大型的数据库作为支撑，在进行 ERP 的 Internet 改造时，把

ERP 系统布置在大规模 Intenet 计算环境的中心数据上，与分支机构之间通过 Internet 进行信息传递。

企业关注的重点由提高内部效率向尊重外部客户转移，是 CRM 受到广泛关注的根本原因。

企业后台是企业生产部门等不与客户直接打交道的领域，企业前台是指企业面向客户的销售、市场营销、客户服务与支持等与客户直接打交道的领域。

把 ERP "以生产为中心"的观念转变到"以客户为中心"的观念上来，改变传统的企业资源的观念，把客户也视为重要的稀缺资源，加强针对客户的管理，从潜在的客户和客户需求中发掘价值。

ERP 经过电子化和 Internet 改造之后，企业的商务应用从以生产为中心的观念转变到以客户为中心的观念上来，产生了 CRM 新型业务模式，使为每位客户提供个性化服务成为可能。

上海一家大型肉联厂在过去 5 年里一直实行 ERP。企业通过现代化管理模式与相关的计算机管理信息系统，合理、系统地管理经营与生产，充分地实现了企业内部的资源优化配置。它没有像一般的企业那样大规模地投入资金，而是充分挖掘企业内部的潜力，使现有的设备、资源、人力和技术最大限度地发挥作用。在没有增加投资和人员的情况下，该企业通过 ERP，实现了利润年均增长 25.3% 的良好业绩。

但是，随着企业的进一步发展，ERP 也逐渐暴露出某些方面的不足之处。由于近几年来生猪的生产形势一直不稳定，当生猪价格走低的时候，肉联厂的原料来源受到了严重的威胁。由于原料供应不上或者供应不及时，严重地影响了企业的生产计划。另外，现有的销售系统及服务体系也存在着不足，主要是不能及时反馈客户的意见。

在这种情况下，企业领导决定对原来的 ERP 进行以客户关系管理为核心的电子化改造，建立起企业的供应链。原来企业已经有自己的局域网，只是用于内部的信息沟通，现在，他们投资建立了一个中心数

据库，与供应链上的企业通过Internet进行信息传递，所有上游原料供应企业的资料都掌握在手里，企业根据原料供应的变化及时调整生产计划。同时通过Intenet，企业和客户及时地沟通，把客户的意见以最快的速度反映到生产部门，根据客户的要求组织生产，为不同地域的客户提供具有地域特色的肉制产品。企业把ERP商务模式转变到CRM模式以后，生产形势更加稳定，客户对产品的满意度也达到了企业有史以来的最高点。

在商务应用中，从ERP模式转到CRM模式，企业必须要进行一系列的改造，主要是ERP必须和电子商务整合，必须进行Internet改造。

请您填写下列表格，列出您所在的企业需要改造的主要内容。

改造项目	ERP与电子商务整合	ERP的Internet改造

如何掌握客户关系管理对企业资源规划系统进行整合的重点

CRM与ERP系统的功能之间有部分重叠，在发展中要求把ERP系统和CRM系统相结合，共同提高。其中，CRM应该在三个方面对企业资源规划系统（ERP）进行重点整合：

CRM的业务操作管理主要集中在销售、营销和客户服务与支持三大方面。

● **重点之一：对客户信息管理进行整合**

客户信息管理在 CRM 和 ERP 系统中都占有非常重要的地位。因为无论在 CRM 系统还是在 ERP 系统中，都需要利用客户基本信息开展业务和进行决策，因此，二者必须首先围绕客户信息管理进行整合，发挥各自的优势。在整合的时候，利用 CRM 的客户合作管理子系统和数据分析管理子系统为 ERP 系统提供信息支持和管理职能，这样 ERP 系统就可以借助 CRM 系统先进而完整的客户信息管理功能，提高生产制造系统、物流供应系统的响应速度和质量，提高财务管理系统和人力资源管理系统的配套辅助功能，进一步降低生产成本。

● **重点之二：对业务流程管理进行整合**

ERP 应逐步对 CRM 在营销、销售、客户服务和支持方面进行集中管理，提高相关业务操作功能；CRM 应逐步对 ERP 在生产制造、产品设计、订单管理、物流配送等方面进行集中管理，提高相关业务对市场的反应功能。

● **重点之三：对信息处理与商业智能进行整合**

在信息传递和交流功能方面，CRM 比 ERP 要快捷高效得多，所以 ERP 系统应当逐步把自身的信息传递和交流的职能转移到 CRM 系统中，根据 CRM 系统进行信息管理和资源配置。在信息处理上，CRM 提供了完整的商业决策分析智能，集成了 ERP 系统内应用相对较少的 OLAP 等决策支持功能，因此 ERP 系统的辅助决策应完全交由 CRM 的商业智能来完成。

联机分析处理（OLAP）是一种多维查询和分析工具，可将数据库

中的数据直接转换为策略性的信息。

CRM 与 ERP 经过整合以后,企业从技术框架到业务模式都发生了根本性的变化,企业能够更好地适应电子商务和因特网发展的趋势。

请您根据自己的理解判断正误,正确的请打"√",错误的请打"×"。

1. CRM 与 ERP 必须围绕着信息系统进行整合。　　　(　)

2. CRM 的业务操作管理主要集中在销售、营销和客户服务与支持三方面。
　　　　　　　　　　　　　　　　　　　　　　　(　)

3. CRM 把自身的信息传递和交流的职能转移到 ERP 中去。
　　　　　　　　　　　　　　　　　　　　　　　(　)

4. ERP 的辅助决策功能应完全交由 CRM 的商业智能来完成。
　　　　　　　　　　　　　　　　　　　　　　　(　)

参考答案: 正确的有 1、2、4;错误的有 3。

如何选择合本企业实际情况的整合软件

企业实施了 ERP 以后,在 CRM 与 ERP 相互整合时,还要借助软件系统。企业要视自己的情况挑选适当的软件。挑选时,要做到如下几点:

● **如果可以衔接则继续选择原来的厂商提供的 CRM 软件**

如果企业在先前实施 ERP 系统时选择的产品提供厂商已初步提供了与 CRM 的接口,或者该厂商目前提供了基于原 ERP 系统的 CRM 产

品，企业可以继续选择原来厂商提供的 CRM 软件。这样，二者进行整合的难度相对较小。

● 产品断档或升级不及时则选择别的厂家层次较低的 CRM 软件

原来的生产厂商已经停止这方面的产品生产，或者企业先前实施的 ERP 系统未提供与 CRM 系统的接口，在相关功能系统方面采取的是封闭式设计方案，或者该厂商目前没有提供新的 ERP 升级版本，也没有相应的 CRM 产品推出，在这种情况下，可以选择别的厂商生产的层次较低的 CRM 软件。两种产品的磨合需要一定的时间，如果重新选择的软件层次较高，需要磨合的时间会很长，所以应选择层次较低的软件产品。

● 没有实施过 ERP 系统软件则选择层级较高的 CRM 软件

很多企业还没有实施 ERP，在这种情况下，企业则可以利用实施 CRM 的机会，一次性进行较高层级的 CRM 系统建设，其中当然包含了整合后的 ERP 功能系统。

CRM 与 ERP 的整合，将使企业的管理系统围绕客户中心的战略，灵活而规范地完成企业各项业务活动，企业管理系统从传统的事务处理转变到自动化的自我服务，从而为企业提高核心竞争力、有效利用自身资源和获取更大的市场成功奠定基础。

多年前，世界软件业巨头 Oracle 已开展 ERP 系统的推广实施工作，有许多企业使用的是 Oracle 的 ERP 解决方案。在今天进行 CRM 改造时，由于 Oracle 又提供了集成的 CRM 解决方案，因此，企业只要进行相应的组织再造和业务流程重组工作，原 ERP 的大多数功能模块只要稍加改进就能成为 CRM 系统的有机组成部分，并且二者的无缝链接会很好地实现。但是，如果企业过去实施 ERP 时采用的方案目前没有成套的 CRM 系统直接匹配，例如企业采用的是 SAP 的 ERP 系统作为其后

台构架，当时没有考虑到增加接口管理的中间软件，现在准备实施CRM系统时选择了主流厂商Siebel公司的产品，这时二者间的兼容、同步和整合的问题就变得比较重要。解决的方法：或是进行大的舍弃及更新，即进行"二次开发"，或是选择采用某些"中间软件"来充当良好的接口以解决问题。例如，Siebel公司已经提供了与SAPR/3.1以上版本的ERP进行完全兼容的中间软件，在这个名为"企业联结者"（Siebel Enterprise Connector）的中间软件中，这种整合通过两种方法来实现：第一种方法是通过中间文件把SAP中的基本信息输入到Siebel系统中，其中IDocs接收器接收从SAP服务器中存储的关于客户的多方面信息，然后把这些信息存入Siebel的整合管理功能体系中；第二种方法是通过BAPI进行的即时数据支持，Siebel运用SAP提供的即时界面，包括BAPI和远程功能呼叫RFC界面组合成即时整合管理器，通过它可以把同一时间在Siebel中生成的订单立即传输到SAP中。如果在SAP中运行SAPBAPI处理器，还可以完成同期的多个请求的并行处理。

如何制订切实可行的供应链管理（SCM）总体计划

企业在实施供应链管理之前，应当制订切实可行的总体计划，制订总体计划的要点有：

● 初步流程设计

将企业的业务目标同现有能力及业绩进行比较，发现现有供应链的弱点和不足，从而进行初步的流程设计。

供应链是指产品生产在流通中涉及的原材料供应商、生产商、批发商、零售商以及最终消费者组成的供需网络。

● 规划远景目标

在规划远景目标时，企业应当邀请客户和供应商参加，听取他们的意见，因为他们对市场和产品的感受最深。三方在一起共同探讨并制订供应链的远景目标，所制订的远景目标要切合企业的实际。

● 评估现实条件

就目前企业的现实来说，并不一定有实施供应链管理的条件或者条件还很欠缺。在制订从现实过渡到理想供应链目标的行动计划时，要评估企业实现这种过渡的现实条件，以便企业进行改进。

供应链管理（Supply Chain Management，简称 SCM）是对商品、资金和信息在由供应商、制造商、分销商和客户组成的网络中流动的管理。

● 分步实施，配置资源

在上述步骤完成后，企业要根据不同的情况，分轻重缓急进行，并且进行相应的资源配置。

在制订计划时，要特别注意与供应链的优化相结合。供应链优化是供应链自身进入实用阶段的基本要求。

制订供应链总体实施计划是一件非常复杂的事情，不仅需要本企业各方面的积极配合，而且还需要处在同一条供应链上的企业相互间进行协调。否则，即使本企业的流程设计得很科学，也可能发挥不出应有的效益。

请您列举出一系列的企业，它们共同组成一个供应链，并找出其中最为薄弱的部分。

_____

_____

_____

_____

_____

_____

参考答案：例如蚕茧生产基地、生蚕加工厂、蚕丝织布厂、丝绸服装厂就组成了一家以丝绸服装厂为核心的供应链企业。其中，蚕茧生产环节最为薄弱，关系到下游一系列的企业。

如何进行供应链模型的设计

供应链模型建立是供应链流程设计的下一步工作。企业在进行了流程的设计后，必须要能建立起优化的模型才能保证设计的流程实现。可从以下几个方面来进行供应链模型的设计：

● 结构简单

供应链是由供应和需求组成的物流处理网络，这种结构可用于各级的供应链，因此建立的模型越简单就越有可能实现高效运作。

● 要有足够的库存维持量

充分理解系统可变因素的影响是现代库存控制理论的一个原则，为了达到为客户服务的目标，必须要有足够的库存维持量（称为安全库存），这样即使上游过程出了问题也不至于影响服务。

● 消除不确定性

供应链中的不确定性来自供应者、生产者和客户，建立的模型必须考虑到它们的影响以便改进性能。

● 以战略眼光进行构建

供应链中复杂的相互作用和全部效应由客户最终感受到。从战略观点考虑供应链的优化，将在长期范围内增进客户对于供应链的良好体验。

● 要从时间和地理上重新规划企业的供应流程

从时间上重新规划企业的供应流程，将最能体现客户个性化的部分推迟进行，以充分满足客户的需要。也就是要使产品的差异点尽量在靠近最终客户的时间点完成。从地理上重新规划是指调整和计划企业的供销厂家分布，总装厂与目标市场的距离以及总装厂与其零部件厂之间的距离等，以充分满足客户需要并降低经营成本。

模型设计是流程设计的下一步工作。企业在进行了流程的设计后，必须要能建立起优化的模型才能保证设计的流程实现。

安徽有一家生产羽绒制品的大型企业，其产品大部分都出口到俄罗斯和东欧国家。生产羽绒制品，企业需要大量的鹅毛、鸭毛等原材料。由于安徽本地及周边省份原材料供应不足，曾严重地影响了企业的生产。从山东、河南盛产绒毛的省份往安徽调运，又增大了企业的运输成本支出。企业因为供货不及时，丢掉了大量的国外订单。为此，企业痛下决心，建立起稳定的供应链。

读过这个案例以后，您有什么建议？请您根据本技能点所描述的要

点,设计一个供应链模型。

参考答案:

1. 企业要有长远眼光,因为安徽本地的原材料不是很丰富,可以考虑在原料产地建立分公司。

2. 在短期内,为了不影响生产,可以建立一定的库存,这样即使原材料供应暂时出了问题,也不至于影响生产。

3. 因为公司的产品主要出口东欧和俄罗斯市场,把生产基地前移到山东、河南等靠近市场的地方,可以减少生产成本、运输成本,提高企业的经济效益。

如何进行供应链流程的设计

流程设计是优化供应链工作的一项重要工作。进行流程设计需要将信息技术的应用和创新的经营理念相结合。

首先要对目前企业的供应链状况进行性能分析和定位,即要正确地评估当前供应链中库存、物流管理的现状、分析重复订购的周期、预报的精度以及库存投资，等等，最终得出较为精确的供应链性能的度量。

一个好的供应链优势就在于它既有科学化的流程，又体现了用户先进的管理理念和思想。

其次要注重控制供应链中的不确定性，要研究企业供应链系统中各种不确定性因素的相对影响，考虑如何着手缩小其影响，从而大幅度地改善其性能。

最后是进行规划调整。进行各种分析之后，最后从各方面修改、完善流程设计计划。

流程设计是供应链中最基础也是最困难的工作。只有设计好流程，供应链以后的工作才能展开。

请根据自己的理解判断正误，正确的请打"√"，错误的请打"×"。

1. 流程设计是供应链中最基础的工作。　　　　　　　　（　　）
2. 在进行流程设计时，首先要对目前企业的供应链状况进行性能分析和定位。　　　　　　　　　　　　　　　　　　（　　）
3. 在进行流程设计时，不确定性是一个重要考虑因素。（　　）
4. 在进行供应链流程设计时，不必考虑周围企业的情况。（　　）

参考答案：正确的有1、2、3；错误的有4。

如何进行供应链的管理

实施供应链管理的目的就是要使生产过程中所有供应厂家的制造资源能统一集成和协调运作，以保证企业生产的顺利进行，发挥资源的最大效益。为了达到这个目的，企业在进行供应链管理的时候要做好

以下的工作：

● 划分客户群

在实施供应链管理以前，企业不重视对客户的细分，只进行市场划分，例如行业划分、产品划分、分销渠道划分。在进行产品销售时，对同一区域的客户服务水平不加区别，同等对待，忽视客户的需求，对不同的客户需求采取统一的标准。而供应链管理则强调根据客户的状况和需求，决定服务方式和水平，重点是强调客户不同的个性，根据客户的特征，把客户进行细分，划分为不同的客户群。

● 设计后勤网络

供应链管理中的企业后勤要充分保证市场的供给，及时地把企业生产的产品运输到最需要的市场。因此，企业必须根据客户需求和企业可获利情况，设计一个完善的后勤网络，以达到物流的快捷、畅通和高效。

● 捕捉市场需求信息

为了达到供应链管理效益的最大化，物流配送必须准确及时。销售部门要随时捕捉市场需求信息，反馈给营运部门。企业必须监测整个供应链，以便及时地根据销售部门的信息发出早期警报，并据此安排和调整计划，及时把产品送到市场。

● 与供应商建立双赢的合作机制

虽然如果供应链上的企业迫使供应商相互压价，可以在价格上获得收益，但相互协作则可以降低整个供应链的成本。所以，企业应与供应商建立起双赢的合作机制。

● 在整个供应链上导入信息系统

企业的 CRM 信息系统首先应该处理日常事务和电子商务，然后支持多层次的决策信息，如需求计划和资源规划，最后应该根据大部分来自企业之外的信息进行前瞻性的策略分析。当对供应链上除本企业之外的企业进行分析时，必须借助 CRM 的信息系统，所以在整个供应链上必须导入信息系统。

● 确立整个供应链的绩效考核准则

为了对供应链的绩效进行有效的考核，必须建立起一套完整的考核准则。但它不能仅仅是局部的、个别企业的孤立标准，而应该是供应链上所有企业协商一致的共同标准。因为供应链的最终验收标准是客户的满意程度。

供应链管理是面向客户组织、集成和优化物流的有效方法，一家运用供应链管理的企业可以缩短对客户需求的响应时间和应对市场变化的时间，可以减少需求预测偏差，改善送货可靠性和客户服务，可以增加库存周转率，降低成本，从整体上增强企业的竞争优势。

请根据自己的理解判断正误，正确的请打"√"，错误的请打"×"。

1. 整个供应链绩效的考核是以供应链上的某一家企业为准。

（　　）

2. 建立起供应链后就可以迫使供应商降价。　　（　　）

3. 企业的销售和营运计划必须监测整个供应链。　（　　）

4. 企业必须根据客户需求和可获利情况，设计企业的后勤网络。

（　　）

参考答案：正确的有 2、3、4；错误的有 1。

如何实现 CRM 与 ERP 整合

如果一家企业的 ERP 系统和 CRM 系统不是出自同一个软件商，那么，CRM 系统与 ERP 系统的整合方法主要有 5 种：

（本节介绍的方法适用于 ERP 软件和 CRM 软件出自不同开发商的情况。）

● **使用中间商提供的程序接口**

在 CRM 和 ERP 之外，选择一个中间商提供的新的模块化软件，要求它必须提供 ERP 或 CRM 系统同第三方软件集成标准件，即业务应用程序接口。使用此接口，CRM 和 ERP 就可以连接。

● **把 ERP 上的数据同步复制到 CRM 的服务器上**

在 CRM 和 ERP 系统的服务器之间建立起数据复制功能，把 ERP 上的数据复制到 CRM 服务器里，使两者的数据保持同步。

● **按自己的要求进行二次开发**

按照自己的要求，企业可以对自己掌握的 CRM 或企业资源规划软件进行客户化修改，例如自己有 CRM 产品，客户使用的是其他商家的企业资源规划软件。当客户查询订单状态时，系统可先读 CRM 和企业资源规划系统中的状态；假如两者有出入，则修改保持同步后，再显示给用户。

如可以使用 Sybase 提供的 Replication Server 和 SOL Remote 两种复制技术来实现 Adaptive Server、非 Sybase、基于局域网和主机数据服务器之间的数据复制。

● 统一软件的行业标准

CRM 与企业资源规划之间，有些功能是相同或相似的，例如工作流和决策支持，可以采用相同的技术手段，推出相应的行业标准，从而实现互换性使用。但不同的功能则各自按照自己的标准进行。

● 统一使用整合后的功能

CRM 中销售、市场营销和服务实现了业务自动化，而企业资源规划中的这部分功能就没有那么强，所以当企业在实行企业资源规划之后，再上 CRM 的话，则可以用 CRM 覆盖企业资源规划中的销售、市场营销和服务等模块。

总之，企业要根据自己的情况，综合考虑各方面的因素，选择适当的软件进行整合。

请您根据自己的理解判断正误，正确的请打"√"，错误的请打"×"。

1. 提供中间软件就是要彻底废除原来的软件系统。　　（　　）

2. 在 CRM 系统和 ERP 系统中的两种数据是不能相互复制的。（　　）

3. CRM 软件系统和 ERP 软件系统之间没有任何功能相同或相近的模块。　　　　　　　　　　　　　　　　　　　　（　　）

4. 用户对 ERP 软件系统或 CRM 软件系统可以按照自己的要求进行修改。　　　　　　　　　　　　　　　　　　　　（　　）

5. 一般来说，客户关系管理软件系统中的市场营销和服务功能比企业资源规划中的这些功能要强。　　　　　　　　　（　　）

参考答案：正确的有 4、5；错误的有 1、2、3。

如何解决库存量增大的问题

因为需求变异加速放大原理,有时企业库存量会增加,这会给企业带来巨大的风险,严重地影响效益。因此企业要想方设法减少库存量。减少库存量的方法很多,但最有效的方法如下:

● 求证下游企业和客户需求信息的真实性

企业库存量增大主要是需求变异加速放大,对企业形成了误导。为此,企业要避免使用多种方法对需求进行修正。

需求变异加速放大原理就是当供应链的各节点企业只根据来自其相邻的下级企业的需求信息进行生产或供应决策时,需求信息的不真实性会沿着供应链逆流而上,产生逐级放大的现象。

重复处理供应链上的有关数据就会使数据变大,所以最重要的是使上游企业可以获得其下游企业的真实需求信息。这样,上下游的企业都可以根据相同的原始资料来更新它们的预测。处在同一个供应链上的合作伙伴可以使用电子数据交换系统来进行预测。由于使用的预测方法和购买习惯不同,他们在向上游企业订购时,仍会导致订单的一些不必要的波动。所以企业必须使用先进的电子交换系统,它能使上游企业准确了解下游企业的需求和库存信息,并对下游企业进行再供应。这样,下游企业不仅提供了准确的需求信息,而且还成为供应链中积极的一员。

另一种方法是绕过下游企业直接向下游企业的客户求证信息的真实性,或者变异系数,然后按照求证的信息修正下游企业或客户的需求。

需求变异加速放大原理也叫牛鞭效应。

当不准确的需求信息达到最源头的供应商时，其获得的需求信息和实际消费市场中的客户需求信息发生了很大的偏差，需求变异系数比分销商的大得多。

● 鼓励下游企业或零售商进行合理订货

需求信息的准确程度与订货期的时间成反比，时间越长，信息的准确性越低。所以订货提前期越短，定量就越准确。缩短订货期，是破解牛鞭效应的一个好方法。为了保证及时供给，企业要合理规划物流系统，实现敏捷物流管理，只要客户需要，立即就能供货。

使用第三方物流也可以使小批订货实现规模经济，企业可以通过把临近供应商的货物联合运输来实现规模经济，而无须从同一个供应商那里一次性大批订购。虽然这样会增加额外的处理费用和管理费用，但只要所节省的费用比额外的费用大，联合运输还是很值得的。

● 消除短缺情况下的博弈行为

当企业生产能力不足时，零售商为了获利而担心货源紧张，所以产生博弈心理，尽量多订货，从而会扩大需求量。此时供应商应根据客户以前的销售记录来进行限额供应，而不是根据订购的数量。这样可以防止客户为了获得更多的供应而夸大订购量。在供不应求时，客户对制造商的供应情况缺乏了解，博弈的程度很容易加剧。与客户共享生产能力和库存状况的有关信息能够减轻客户的忧虑，从而减少他们参加博弈。当企业不能及时供货时，不要急于给客户退款，这样会激励他们参与博弈行为。最好的方法是在企业与客户之间建立起惩罚约束机制，这样，零售商就不会出于博弈心理而扩大他们的需求量。

● **根据零售商以前的销售情况，适当减少供应量，或者分批发货**

供应商根据零售商以前的销售情况和当前环境进行分析，适当缩减订货量，同时为保证供应，供应商可以使用联合库存和联合运输方式多批次发货，这样，在不增加成本的情况下，也能保证订货量的满足。

● **在回款期限上进行限制**

供应商根据零售商的回款比例安排物流配送，回多少款，发多少货，这也是消除订购数量虚高的一个好方法。这种方法只是将零售商的订货量作为一种参考，具体的供应与回款挂钩，从而保证订购和配送的双回路管理。

企业只要消除了牛鞭效应，经营的风险就会降低。在不同的具体环境中，企业要采用不同的方法。

企业在下列情况下，应该采取什么样的措施来减少库存最为合适？

1. 杀虫剂生产公司。　　　　　　　　　　　　（　　）
2. 制衣厂。　　　　　　　　　　　　　　　　（　　）
3. 汽车制造公司。　　　　　　　　　　　　　（　　）
4. 食品公司。　　　　　　　　　　　　　　　（　　）
5. 电脑制造商发货。　　　　　　　　　　　　（　　）

A. 避免使用多种方法对需求进行修正

B. 鼓励合理订货

C. 消除短期情况下的博弈行为

D. 参考历史资料，适当减量修正，分批发送

E. 缩短回款期限

参考答案：1. D；2. E；3. C；4. B；5. A。

如何实现企业准时化采购

准时采购是实现快速响应的敏捷物流方法,也是采购管理的最先进的方法之一。为了实现准时化采购,企业可从如下几个方面着手:

采购团队人员对准时化采购的方法应有充分的了解和认识,必要时应对其进行培训,如果这些人员本身对准时化采购的认识和了解都不彻底,就更谈不上与供应商的合作了

● 创建准时化采购团队

专业采购人员有三项职责:寻找货源、商定价格、发展与供应商的协作关系并不断改进。因此,专业化、高素质的采购队伍对实施准时化采购至关重要。为此,首先应成立两个团队:一个是专门处理供应商事务的团队,该团队的任务是认定和评估供应商的信誉、能力或与供应商谈判签订准时化订货合同,向供应商发放签证等。同时,要负责供应商的培训与教育。另外一个团队是专门从事检查与危机处理团队,它的任务是检查第一团队的各项工作落实情况,督促供应商履行供货义务、帮助供应商提高技术和解决难题以及进行危机应急处理。

准时采购也叫JIT采购法,就是根据客户需求在合适的时间、合适的地点,以合适的数量、合适的质量提供合适的产品,满足生产和销售的物流管理方法。

● 制订科学、合理、明确的计划

这个计划的制订不能只是采购方的任务书,而是采购方、供应商在

充分考虑到生产计划、市场因素、运输因素、环境因素之后共同制订的。该计划应该有明确的质量要求、数量要求、运输要求和意外事件处理要求。要杜绝任何笼统、含糊的任务书。

● **精选有限供应商，建立伙伴关系**

企业应当精心选择有限的供货商，双方建立起长期合作的双赢关系。选择供应商应从这几个方面考虑：企业信誉、产品质量、供货情况、应变能力、地理位置、企业规模、财务状况、技术能力、价格以及与其他供应商的可替代性等。

● **进行试点工作**

先从某种产品或某条生产线的试点开始，进行准时零部件或原材料的准时化供应试点。在试点过程中，取得企业各个部门的支持是很重要的，特别是生产部门的支持。通过试点，总结经验，为正式的准时化采购实施打下基础。

● **搞好供应商的培训，确定共同目标**

准时化采购是供需双方共同的业务活动，需要双方的共同努力，单靠采购部门的努力是不够的，需要供应商的配合。一般来说，销售商对准时化采购更为关切。而只有供应商也对准时化采购的策略和运作方法有了认识和理解，才能获得他们的支持和配合，因此需要对供应商进行教育培训。

● **配合准时化生产的交货方式**

准时化采购的最终目标是实现企业的生产准时化，因此，要实现从预测的交货方式向准时化适时交货方式的转变。制订计划时最好能够

一次性下单,分期排序供给,这样可以相对延长提前期,也可以使供需双方将该计划融合起来,真正达到提高效率的目的。

● **不断总结,改进完善**

准时化采购是一个不断完善和改进的过程,需要在实施过程中不断总结经验教训,从降低运输成本、保证交货的及时性、提高产品的质量、降低供应商库存等各个方面进行改进,不断提高准时化采购的运作绩效。

准时化采购是从准时化生产发展而来,是为了消除库存、减少浪费、降低产品成本、提高产品质量。准时化采购不仅仅适用于生产制造企业,更适合营销企业。

在准时化采购中要求供应与需求双方信息高度共享,保证供应与需求信息的准确性和实时性。但有时供应商出于利益的考虑,会隐瞒事故、变动等不利因素,直到无计可施时才通报对方。

为了避免这种情况的发生,您准备采取什么样的预防措施?

_____
_____
_____
_____
_____
_____

参考答案:在这种情况下,作为采购方,主动求证信息是最重要的。要和供应方经常主动沟通,询问供货的准备情况。在必要的时候,要对供货商进行访问,联络感情。也可以和供货商的普通员工保持接触,一有推迟交货的迹象,立即警告对方。如果还没有引起对方足够的重视,应立即修改合同,减少需求量,以便在别的供应商那里订货。

营销中的不确定性加大了企业库存管理的难度，但下列方法可以减轻不确定性对库存的影响。

营销中的不确定性表现为三个方面：协作不确定性、运作不确定性和环境不确定性。

● **增大操作的透明度和加强标准统一性，减少运作的不确定性**

由于操作中的不确定性而造成营销的不确定是管理制度方面的问题。从业者的职业操守、素质技能、当前状况等方面的某些因素，都会促使从业者不按规范操作，从而导致不确定性的产生。最典型的事例是销售人员为了获得较大折扣和其他利益，长期大量补货而形成库存增加。消除这方面不确定性的主要方法有：

完善制度，按流程简捷化原则尽量缩短流程。同时，对于流程中可能出现的不确定性管理和操作的环节进行细化，加强控制。

操作流程透明化，减少人为因素的不确定性，并且在不确定性产生的初期予以修正。

市场营销的不确定性来源有五个方面：供应者的不确定性、生产者的不确定性、管理制度的不确定性、客户的不确定性和操作者的不确定性。

操作流程可标准化的，应采用公认标准化处理，不宜另行授权。

● **加强信息化建设，减少协作的不确定性**

这种做法主要是针对协作不协调性造成的营销不确定。供应链上的不同企业由于信息壁垒、沟通困难或利益目标追求不一致等原因，为了应付不测而建立库存。解决的方法主要有：

加强信息化基础建设，利用现代通讯和信息手段消除时间间隔，防止信息、时间与人为因素错位而产生的不确定性。

利用电子商务手段订货与发货，缩减业务流程的人为影响。

● 加强政策环境研究和外部良好氛围营造，减轻政策层面和氛围层面的不确定性对营销活动的影响

市场营销是在一定的环境中进行的，自然环境、人文环境、政策环境等都会造成营销不确定性的产生和加剧。为此，商家必须加强自然环境信息的收集与预测，降低自然环境因素对营销活动的影响。

● 其他方法

除了上面所讲的三种方法之外，还有许多别的方法，下面列举了其中的一部分。这些方法企业要根据自己的实际情况和所处的环境灵活应用。

适当安排安全库存，安全库存是防止订货批量决策、价格波动和短缺博弈引起的不确定性的重要手段。

尽量在不确定产生的初期或者在刚发生时及时解决问题，防止影响扩散而不可收拾。

对产品的生产、包装和运输实现全面质量管理。

对生产设备、运输设备妥善保管，降低故障率。

分销网络的优化。

如果有条件，尽量使用专用设备，例如专用车辆、专用铁路和专用线路。

加强运输过程的实时监控。

消除营销中的不确定性后，企业就解决了物流中的难题，从而能大大提高企业的效益，解除客户价值最大化的一个障碍。

2002年11月在中国广东出现了首例"非典型肺炎"病例，并在广东局部地区蔓延开来。随着医务人员对该病的认识逐步深入，发现这是一种新的通过呼吸道传染的疾病。消息一经确定，引起了社会上不少人的恐慌。广州一家电脑超市灵敏地意识到该病可能会对零售业造

成一定的冲击，电脑销售的不确定性大大增加。因为大家害怕染上"非典"，不轻易到人群密集的商场或超市购物，电脑的销量肯定会受到影响。于是，公司采取果断措施，立即停止进货，把原有的库存尽快脱手。果然，"非典"对餐饮业和零售业的影响很快凸现出来。一时间，超市里客户寥寥，异常冷清。很多商家由于没有及时预测到这种情况，造成了大量的库存。该家电脑超市却是个例外，他们和电脑厂家保持密切联系，在"非典"期间，他们开展电话销售，开展送货上门服务。客户预订完电脑后，他们立即从厂家要货，直接送到客户的手里。由于他们对外部环境的正确把握，公司的业绩几乎没有受到多大影响，与同行比较起来，他们的业绩在同时期是最好的。

市场营销的不确定性主要表现为三个方面。请您对下列事件进行判断，并把它们归结到相应的不确定性类型中去。

A. 协作不确定性　　　　　　　　　　　　　　（　　）

B. 运作不确定性　　　　　　　　　　　　　　（　　）

C. 环境不确定性　　　　　　　　　　　　　　（　　）

1. 某超市拒绝销售一家食品厂生产的面包。

2. 零售商售出的某品牌的营养口服液发生中毒事件。

3. 供应商的生产系统发生故障延迟生产。

4. 意外的交通事故导致运输延迟。

5. 天气阴凉导致空调滞销。

6. 会计发生账务错误，商家无法结账。

7. 阴雨天气造成展览会推迟。

8. 代理商私自打折销售。

参考答案：A：1、2、3、4；B：6、8；C：5、7。

第七章

感恩与感动,不可或缺的因素

在现实生活中,因为不懂得感恩,所以很多人都不明白自己的拥有非常值得用心去珍惜的事物,于是这些人便错过了生活当中的种种美妙与幸福。人生需要感恩,员工也一样,对于那些给我们以人生成长机会与事业成功动力的客户,我们尤其要以一颗充满感恩的心去面对。以感恩之心对待客户,我们的内心会感到更加富足与快乐,我们也会更加珍惜生命当中那些值得我们感动的瞬间!

感恩是一种人生大智慧

由于质量监控体系出现一些问题，韩国一家著名的电器生产商曾经将一种质量存在缺陷的产品投放到了市场当中，结果引起了消费者的巨大不满。在这种情况下，一向注重品牌形象和企业信誉的该电器生产商及时宣布召回缺陷产品，并在各大媒体向全球消费者公开致歉。可是，尽管该电器生产商已经为这一事件付出了惨重代价并做出了诸多努力，还是有很多消费者对于该企业的产品质量心存疑虑。该电器生产商所生产的其他电器产品也遭到了前所未有的打击，企业内部各个环节的工作都因为这一事件而遭受巨大挫折。

为了挽回公司信誉、重塑公司形象，该生产商果断决定用真诚来感动客户。首先，该生产商将自身企业质量监控体系出现问题这一实情一一向代理商和销售商进行说明，并且还邀请一部分代理商和销售商对本企业质量监控体系的修复和完善进行全程监督。同时，该生产商还在公司财政已经出现危机的情况下特别筹出一部分经费召开了一次非常隆重的客户答谢会。

在此次客户答谢会上，该生产商不仅坚定地向前来参会的代理商、销售商及客户代表表明了本企业"维护企业信誉，满足客户需求"的经营原则，而且还以诚恳的态度对所有客户长期以来的支持、关心及合作表达了真挚的谢意。当然，对于此次事件中代理商、销售商及所有消费者及客户所遭受的损失，该企业都会予以赔偿。

另外，在此次答谢会上，该生产商还一再地强调"每一位客户都是我们的衣食父母，都是给予我们生存与发展机会的大恩人，我们公

司里的每一位员工都会牢记每一位客户的恩情，并且希望今后每一位客户仍然愿意给我们以报答这份深情厚谊的机会"。

每一位前来参会的客户（包括代理商、销售商以及消费者客户）都感到了该生产商的浓浓谢意与歉意，他们表示相信该生产商一定能够从此次事件中汲取经验教训并能及时纠正自身问题。另外，这些客户还主动提出，愿意与该生产商继续开展长期的合作。

此次答谢会之后，该生产商质量监控体系存在的问题得到有效解决。在此基础之上，该生产商又投入生产了一批品质优秀的新产品。为了达到推介新产品和重新挽回市场的双重目的，该生产商携同那些支持自己的代理商、销售商们一起大力宣传公司产品和公司形象。

在大家的共同努力下，又有越来越多的消费者开始购买该公司的产品了，而且很多消费者都表示："这种重视公司信誉和形象并能及时解决问题的公司是值得信赖的……"

"感恩"一词原本来源于西方的"感恩节"，在"感恩节"这一天，西方人必须对自己所拥有的一切向神表示感谢：他们要感谢神赐予食物，使他们不至于忍受饥饿；他们要感谢神赐予房子，使他们不至于流离失所；他们还要感谢神赐予衣物，使他们不至于在严冬遭受寒冷……无论这个世界上是否存在这样一个赐予我们食物、房子或衣物等的神，但是对于人生历程中所拥有和经历的一切，我们实在应该心存感激。

对于在激烈的商业竞争中苦苦挣扎的企业以及努力工作的员工来说，生活与工作固然充满了艰难与不平，但是对于我们拥有和经历过的一切，尤其是对于那些愿意与我们进行合作的客户，我们必当以一颗充满感激的心去对待。

客户愿意与我们进行合作，这实际上是对我们的一种恩赐——这表明客户相信我们自身的品质和我们对他们做出的承诺，并且相信我们

能够为其带来优质的产品和服务;还表明客户愿意给我们在激烈商业竞争中继续生存与发展的机会——如果失去了客户的信任与合作,那我们便无法拥有赢得市场和战胜对手的任何机会。

● 对客户少些抱怨、多些感激

当我们说到"要以一种感恩的心态对待客户"的时候,有些员工可能会振振有词地说:"与客户合作,固然是企业生存的关键,也是我们获得事业发展的重要推动力,但是这种合作的过程本身就是一种双赢的过程,如果不能从我们这里获得他们需要的产品或服务,如果对他们没有益处,那么客户是不会选择我们的,更何况,现在的很多客户都极其刁钻苛刻,与他们合作真是困难得很……"

相信很多人都听到这样的言辞,而且很多身处企业之内的员工都说过类似的话或有过类似的想法。为什么在谈到客户的时候,很多员工的言辞及语气里往往充满了抱怨的意味!也许很多人会说,现在的客户确实很难"对付",与客户合作确实是一件十分辛苦的事情。

我们并不否认员工在面对客户之时所需要付出的辛苦和努力,可是,员工更应当清楚,抱怨客户对自己工作的顺利开展没有任何积极的意义!如果说这些话的员工都能在平心静气之后进行一番冷静的思考就应该能够想到,面对琳琅满目的产品和服务,客户的选择余地是非常大的。同一类产品,客户有可能选择A,也有可能选择B,选择谁,谁就有可能在最终竞争中获胜。无论是企业生产的产品,还是推出的服务,如果长期或永远不被客户所认可,那么最终只能被淘汰出局!

在这种形势下,企业员工还有什么理由去抱怨客户的挑剔和犹豫,还有什么理由去埋怨客户在感到不满时的指责和怨气呢?在任何时候,员工都应记住这样的道理:

客户是上帝!无论是代理商、销售商还消费者都是我们的上帝!

如果客户对我们置之不理，我们就只能是关门大吉！

试想一下，如果代理商不支持我们的产品、不代理我们的产品，仓库积压，产品滞留，那么企业只能关门，企业里的每一位员工都需要另谋生路；如果销售商不支持我们的产品、不积极推销我们的产品，商品滞留货架，企业就无从赢利，在企业无从赢利的前提下，企业员工的利益又如何得以保障和实现？如果消费者选择了别人的产品，而不是我们的产品，最终企业只能走向失败！

可见，尽管与客户之间的合作是一种双赢互利的关系，但客户选择了我们，我们就成功了！正因为如此，作为企业的一员，我们所要做的并不是时时对客户进行抱怨，而是要以一颗感恩的心去对待客户。我们要对那些经常以苛刻挑剔的态度看待我们的客户充满感激，因为正是有了这样一些客户，我们才能更加清醒和及时地发现自己的软肋，这些客户的挑剔和苛刻促使我们尽快解决已经存在或将要发生的问题，使我们避免在遭遇重大问题时不至于一败涂地！我们还要对那些向我们提供了大量订单的客户心存感激，我们更要对那些长期以来一直支持和关心我们的老客户心存感激，多少年来，如果没有这些客户与我们相依相伴，如果没有他们与我们的风雨同舟、相互扶持，我们就不会拥有今天所获得的一切成绩，甚至根本就不会成功地走到今天！

● **适机向客户表明内心的感激**

懂得感恩是每一个人都应该具备的高贵品质，更是每一位员工对待客户的基本准则，同时还是一种超凡的人生大智慧。那些整日只知道埋怨公司、抱怨客户的员工不具备这样的大智慧，那些以为靠欺骗手段就能够赢得客户的员工不懂得这样的智慧，那些视客户需求于不顾、将客户提出的要求和问题当作麻烦和包袱的员工同样不能洞悉感恩这一人生大智慧的真谛。只有那些真正具有远见卓识的优秀员工才能懂

得这一人生大智慧。这些优秀的员工对客户不仅仅真正地心怀感恩，而且还懂得适时地向客户表明自己内心深处的感激，让客户明白他们对于自己及公司的重要意义。事实上，客户内心十分希望听到来自于企业及其内部员工的感激声音，这并非因为客户注重虚名，而是因为客户有这方面的情感需求，他们希望自己的支持能够得到企业及其员工的肯定。而无论从客户的心理需求出发，还是针对员工的内在品质，我们都应该对客户的支持与合作表示感激，因为这样做无论对于我们自身的成长还是企业的发展都具有非常深远的现实意义。

在向客户表明内心的感激之时，一定要做到发自内心，否则的话只会令客户对你更加怀疑并更加远离于你。当然，还要配合相应的行动来进行，如果客户在与你合作的过程当中得到的只是满口的感激却没有任何实质性的利益，那么这样的感激之情同样不会令客户受到感动和信任。另外，针对不同的客户，在对其表示感激之情的时候也要采取不同的方式，既要让客户真切地体会到你的感激之情，又要让客户在与你交流与合作的过程中感到轻松和愉悦。

总之，感恩于客户，是企业员工必须具备的一种品质素养，同时又是一种人生大智慧，这既需要员工保持长期的品质积淀，又需要员工掌握一定的方式方法。相信当你真正地将这一人生大智慧融于自身工作实践当中的时候，就一定会从与客户交流与合作的工作当中受益匪浅！

感恩是一种睿智的人生态度，不懂得感恩的人无法体味生命当中的种种感动。对于在商业领域努力奋斗的企业员工来说，感恩亦是一种必备的工作态度，如果不能以这样一种态度去面对工作当中遇到的诸多人与事，尤其是经常与你相互联系与合作的客户，那么，你在实际工作当中便无法走出平庸、步入卓越。

牢记工作当中客户给予我们的种种支持与帮助，这些都会成为你成长过程当中的重要财富。以感恩之心对待客户，这种源自于内心的感恩之情是纯正朴实的人生智慧！

任何时候都不要把客户当成你的敌人

在一家公司的新员工培训会上，该公司的总经理正在对新进员工进行培训。

总经理问一位新招聘的销售人员："如果碰到一位对我们产品和服务都非常挑剔的客户，你会怎么办？"

这位销售人员回答："我会想尽一切办法说服客户，当然我会针对客户提出的各种问题——采取相应的办法去进行应对。"

然后，总经理又问："如果你经过百般的努力最终也没能说服客户购买我们公司的产品或服务，你会怎么办？或者会怎么想？"

这位销售人员又回答说："还能怎么办呢？我已经尽了最大努力了，如果客户仍然不打算购买的话，那我只能说这位客户实在是一位难以对付的客户了。之后我可能会想，以后如果再遇到这样的客户的话，我会主动认输，而且也不会再如此卖力地与他们周旋了……"

听到这位销售人员的回答，总经理先是示意他坐下，然后又对在座的所有新员工说："相信下面在座的很多人都与这位销售人员的想法相同，我现在不想评价你们的这些想法究竟是对还是错，但是我必须告诉大家一点：无论你们想在我们公司有所发展，还是将来到其他公司高就，只要大家涉足于商业领域，就一定要感谢曾经与你有过任何接触的客户，即使是那些始终没有向你购买过一件产品的客户也要如此。因为只要你是一个有心人，你就会从所有与你有过接触的客户身上获

得很多东西。可以说，作为一名商业人士，在我们成长的每一步，都离不开客户的支持与帮助。客户接受我们的产品或服务，是对我们的支持和帮助；客户挑剔我们的产品或服务，同样是对我们的支持和帮助；客户由于不满而对我们的产品或服务进行抱怨和投诉，这当然还是对我们的支持和帮助。"

看到台下的新员工脸上仍然有些迷茫之色，这位总经理顿了顿又说道："我刚才说的这些需要大家在今后的工作当中慢慢去体会。不过，我想让大家现在就要做到的是，马上把头脑当中那些如何对付客户的想法全部驱除掉，要时时刻刻想着感谢客户的支持和关注，并且要努力在工作实践当中去回报客户的支持与关注。"

很多企业员工，尤其是那些每天直接与客户打交道的营销人员，他们都会把与客户之间的交流当作一种"敌我"之间的战争来对待，至少也会在内心深处把自己与客户之间的沟通当作一种"较量"。在这些员工看来，只有自己在与客户的"较量"或"战争"中取得胜利，自己才有可能成为最大的赢家。然而，在企业与客户、员工与客户这两对关系当中，永远不存在绝对的赢家与输家，对于想要向客户成功销售产品或服务的商家来说尤其如此。可以说，从某种程度上，存有上述想法的员工所认为的"赢"，在实际生活当中往往意味着企业的输，甚至是彻彻底底的失败！这就像马里奥·欧霍文所说的那样，"在生意场上打败客户，这对于你来说却是一种灾难！"

没有人希望灾难发生，因此，作为一名员工，在任何时候，只要你仍然是商业领域内的一员，只要你身处企业当中，那么你就不要怀有打败客户的想法，这种想法是非常不明智的。

为什么这样说？从作为一名员工的根本利益来考虑，我们自身的成功与进步实际上是建立在与客户友好合作的基础之上的，而不是建立在令客户的利益受到损失的基础上。

如果不能做到时时为客户着想、维护客户的利益和回报客户的支持与帮助，而是将客户利益与我们自身的利益置于相互对立、相互冲突的基础之上，那么这样的员工注定不会在事业上实现跨越性的成长！我们成长的每一步，都离不开客户的支持与帮助，我们不仅要时时感念客户的支持和帮助，同时还要以自己的实际行动去回报客户。为了更好地回报客户，我们在实际工作当中需注意如下几个问题：

● 切勿做任何损坏客户利益的事情

千万不要为了一次交易的"成功"或者某些客户问题的"及时解决"就采取欺骗、隐瞒等恶劣手段做一些损坏客户利益的事情。这样做从短期来看只是损坏了客户的利益，而从长远来考虑，实际上却是冒着破坏企业形象和自身信誉的巨大风险。仔细权衡，在得与失之间，你是否只顾眼前不顾长远，是否因小失大？

某些员工不顾职业道德和个人信誉及企业信誉，比如为了追求一时的销售额，不考虑客户的实际需求，怂恿客户购买大大超出他们需求的产品或服务；不管是否符合客户实际需要及消费能力等，花言巧语地劝说客户购买价格最高的产品或服务；恶意攻击竞争对手，甚至还攻击那些购买竞争对手产品或服务的客户……

一些这样员工的行为既是急功近利的短视眼光的体现，也充分体现了企业员工自身素养与职业道德的缺失，同时还是一种对客户以怨报德的行为。客户关注我们并打算购买我们的产品和服务，这本身就是对我们的支持和帮助，你非但不以真诚的服务和负责的态度去为客户考虑，反而处心积虑地"对付"客户，这种行为难道不是以怨报德的表现吗？而且你这样做的最终结果只能是损人不利己——一方面客户的利益得到了损害，另一方面你自身也会失去客户的信任与支持。

● 时时以回报客户为重要职责

真正尽职尽责的员工不仅要时时维护企业的利益，而且还要以回报客户为自己的重要职责，因为员工能否为客户提供合理的回报，这将对企业的形象、信誉产生重大影响，而这些都是关乎企业长期发展的大计。

同时，员工能否做到这一点，也是员工自身素养与发展能力的重要表现。放眼现实，那些不关心客户利益、不想着回报客户的员工在事业上往往都不会取得长远的发展；相反，那些时时以回报客户为自身重要职责的员工无论身处哪种行业、哪一企业，从长远来看，他们的事业发展都是不断向前迈进的。

● 在必要的时候主动向客户寻求帮助

在事业发展的道路上，我们成长的每一步都离不开客户的支持与帮助，因此对于客户的支持与帮助，一定要以尽心尽力的工作去给予回报。

同时，在必要的时候，我们还应当主动向客户寻求支持与帮助，比如向客户询问相关的信息和资料、向客户说明自己遇到的困难、请求客户同意自己的某种请求等。这样做会有助于你与客户之间展开更进一步的沟通与合作，当然，在向客户寻求帮助的同时，你也要向客户表达自己的感激及自己所能做出的回报。相信在寻求帮助、接受帮助的过程当中，你与客户之间的合作关系会越来越趋向稳定。

在生意场上没有永远的敌人，而且客户从来都不应该成为你的敌人，在任何时候都不要把客户当成你的假想敌。

不仅如此，你还应该把客户当作帮助你成功和进步的"救世主"，因为你的成长和进步确实需要客户的支持和帮助，况且在你事业发展

的道路上，你的每一次成长、每一点进步都离不开客户的帮助。

要树立这样一种与客户竭诚合作、携手并进的工作理念，你的事业才有可能一步一步地走向成功，否则的话，你的事业道路将寸步难行。

不仅要让客户满意，还要令客户感动

楚星国际（企划）集团有限公司的董事长兼总裁王永先生对于实现客户满意及客户感动不仅有着先进的观点，同时还有着深刻的切身体验：

有一次王永去买高尔夫球杆，在挑选到了合适的高尔夫球杆之后，他又看到一款令自己眼前一亮的高尔夫球帽，当他表示想买下这款球帽的时候，店员却告诉他这款球帽只有这一个，是作为店里的陈设品摆放的，不卖。听到店员的解释，王永当时感到很失望，但也只能无奈地离开。就在王永正准备离开的时候，这家店的老板出现了，他说："这款球帽本来是不卖的，但我愿意交你这个朋友，所以，我乐意把这个球帽送给你。"店老板的做法令王永感到非常意外，同时也令他有些感动。此后，王永介绍了不少朋友到这家店里购买球杆。

同样的事情发生在不同的人身上就会产生不同的效果，对于王永这样一个有心人来说，通过这样一个看上去很小的偶然事件，他更加坚定了这样一个想法：服务客户，仅仅做到让客户满意其实是不够的，而是要尽可能做到超越客户的预期，让客户不仅百分百的满意，还要达到令客户感动的效果。王永将努力实现客户感动的理念和行为视为一种合格企业家所必须达到的境界，他说："这其实是一种境界，有了这种境界，总经理才可能成为企业家，否则，他只能是职务上的总经理，

而不是合格的企业家。"

凡事都是说来容易做起难,为了达到让客户满意之外还要感动的目的,王永不仅在企业内部的技术领域、财务领域等方面做出了充分的努力,同时还要求企业内的每一位员工都具有超越客户期望、令客户感到满意和感动的意识。在王永的积极带领之下,公司内部员工齐心协力一起将实现客户满意、令客户感动的理念深入贯彻到了每一个环节的工作当中。在公司上下所有人的共同努力下,楚星已经与居然之家、集美家居等大客户形成了良好的合作关系,楚星在行业内赢得了众多客户的一致好评。

不仅在家居服务领域如此,在楚星所涉足的其他领域,王永同样要求全体员工要将从客户满意到客户感动的服务理念深入贯彻到工作实践当中。就拿楚星承办的一次国际经济论坛活动来说,在那次论坛举办期间,楚星员工先进的服务理念和优秀的服务品质让每一位参加论坛的人都感到非常满意,而楚星做到的还不只这些。在论坛结束后,楚星又为每一位客户制作了一本精美的画册,把嘉宾在论坛的发言、与同行交流以及其他有这位嘉宾出现的重要场景都收录在内,应该说是嘉宾参加这个论坛的一个最好纪念。这一举动大大超出所有与会嘉宾和客户的预期,所以,大家都十分感动。有的嘉宾收到画册后,感动之余又想要是能制作一个光盘就更好了,但不好意思跟楚星提出要求,毕竟这不是楚星的义务,而且整理资料、图片这种工作可能很烦琐。两天后,客户真的收到了楚星寄来的光盘。这时的感动,相信足以让客户产生对楚星的终生好感。有位美国知名的教授主动给王永打来电话,他说:"你们的服务太让我感动了,以后无论你组织什么活动,只要邀请我,我一定参加。"

从满意到感动的服务理念,值得每一位商业人士进行推广和学习。在现实生活当中,几乎每一个企业都会讲"要做到客户满意",但事实

上，真正能够做到这一点的企业并不多，而能够始终坚持做到客户满意的同时还要令客户感动的企业更是少之又少。很多企业认为做到客户满意乃至客户感动需要付出太多，可是与企业市场竞争能力的有力提升和企业发展能力的增强来比，再多的付出都是值得的！而落实到每一位员工的身上，这种先进的客户服务理念同样重要——只有你为客户想得更多、做得更好，客户才会从感到满意上升为受到感动，而当客户受到感动之后，他们对于你所做的一切不但会留下深刻的印象，而且还会将自己的感激之情不断地在自己的周围加以传递。如此一来，你的服务品质、工作能力等必将得到更多客户的认可，同时也会受到公司的重视，因为任何一家公司都需要像你这样的优秀员工。在这种基础之上，你个人的发展空间必将得到逐步的扩展。

有些员工可能会问，达到客户满意乃至客户感动的效果当然最好，可是现实生活当中要想实现这样的目标实在很难。是的，难度当然很大，但是如果你不认真去想、努力去做，那么就永远不会有获得客户满意和感动的机会。在此，我们想要告诉那些致力于事业进步的员工，只要你认真朝着以下几方面去努力并不断地坚持下去，相信在不久的将来就一定会看到意想不到的效果：

● **真心诚意地为客户考虑更多**

在现实生活当中，常常听到一些员工这样抱怨：现在的客户真的是越来越难以应付，如果做得不够好，客户就会不断地进行投诉，甚至会马上转向与我们的竞争对手合作；如果我们做得不错，客户也许会与我们保持较长时间的合作，但是久而久之，客户便会对我们所做的一切感到麻木，甚至认为是理所当然。这些员工的抱怨的的确确能够在现实生活当中得到某种程度的体现，不过这却只是站在企业的角度上考虑的，如果站在客户的角度来考虑，就可以毫不客气地说，这些抱怨

实际上是有失公允的——客户在与你进行合作的过程当中，付出了相应的成本，如果他们感到自己付出的成本与自己所获得的价值不相符合，即自己所获得的价值远远低于自己付出的成本，那么他们就会感到不满意，因此他们就有权利对企业及其员工进行投诉，而且他们选择与其他商家合作也十分合情合理；而当企业提供的产品或服务令客户感到满意的时候，他们实际上只是得到了与自己付出的成本相等价值的东西，达到这样的标准，是商家应尽的本分和责任。

记住：为客户提供令他们感到满意的产品和服务，这是我们应尽的职责，在任何时候都不能为自己分内的事情去要求客户感激我们，相反，还应当感激客户一直以来对我们的支持和关心。而若想给客户留下更好的印象，让客户在满意的同时还能对我们的付出心存一些感动，那就要为客户考虑更多、做出更多。当我们真心诚意地为客户考虑更多的时候，当客户认为自己所获得的价值大大高出他们所期望的价值的时候，相信客户一定会被我们所付出的种种努力所感动！

● **比竞争对手做得更好**

在激烈的竞争形势下，企业员工对客户要有足够的服务意识，而对竞争对手则必须要有强烈的竞争意识和危机意识，要时刻关注行业内其他竞争对手的做法，尤其是行业领域内那些居于领先地位的竞争对手！在现代企业所面临的严酷的竞争环境下，企业强调在客户满意之后再多为客户着想，无疑将极大地提高市场竞争能力。而对于员工来说，如果你比竞争对手想得更为周到、做得更为出色，那么你就有机会赢得更多客户的满意；如果竞争对手已经达到了令客户感到满意的水平，那么你就要努力比竞争对手做得更好，这样才有可能令客户感动。例如，两个服务员各送一瓶水给客人，甲送到后说"请喝水"；而乙送到的时候不但给了水还带了两个杯子，并告诉客人说，瓶口出水慢，用杯子喝会更方便一些。对比一下，这样的一个细节就可能让客人感动。

总而言之，从让客户满意到令客户感动，这是现代企业服务标准的一个更高层次，也是现代企业员工优秀品质的更高境界。达到这样的层次和境界确实需要付出更多，但是付出与收获最终一定会成正比，当我们通过自己的努力令客户感动了，那么客户必然会通过他们特有的方式去回报我们，而在我们付出努力的同时，自身也会获得相应的进步。

有人说客户是挑剔的、苛刻的，相信说这些话的人必定是没能为客户提供满意的产品和服务。因为客户其实是非常慷慨的，只要他们从合作当中获得与自身付出相应的价值，那他们就会感到满意，而如果商家为他们提供一些超出预期的服务，他们就会大为感动。

一旦客户感动了，他们自然会把自己的愉快经历讲给他的朋友、同事以及生意伙伴听，那么，企业的品牌形象和潜在生意机会等，也都在这种言语相传的过程中获得正面的影响。让客户感动，虽然不免多花了一些钱，但从投入产出上分析，不仅维护住了这个客户，还获得了单纯依靠金钱并不一定买得到的口碑。这应该算是一种对企业和客户双赢的做法。对于员工来说，这种双赢关系同样存在，员工自身事业的进步要在这种双赢关系当中不断得以促进和发展。

升级服务，真诚回馈客户

李女士是某家政公司的一名普通员工，但是在这一平凡的岗位上她却做出了不平凡的业绩——凡是她服务过的客户都纷纷找她继续签约，而且老客户们还为其介绍更多的客户。现在，她已经成为这家公司的

明星员工了，她也从一名为生计发愁的农村务工人员转变成了一名薪金几千元的劳务工作者。每当谈到自己的成功经历，李女士总是说："是客户帮助我一步一步成长起来的。"事实上也正是这样，举个例子来说：

李女士曾经接到一份侍候一个多年守寡的老教授的工作，这位老教授已经退休多年，儿女均已迁居海外，虽然家境富裕，但是却非常孤单。可能正是过分孤单，老教授的性格十分孤僻，家政公司过去派到这里来的好几位员工都被退了回来。李女士来到这里以后，一开始也受到了老教授的排斥，可是在她的精心照料下一步，老教授的食量大大增加，体质也有了明显好转。更重要的是，李女士总是能设身处地地替老教授着想，她会在教授黯然神伤的时候讲述一段自己农村生活的趣闻逸事或者当地的风土民情给他听；她会在阳光明媚的时候推着老教授出去沐浴阳光，同时还不忘带一把遮阳伞为老人挡住炎热；她还会在茶余饭后为老教授读一段儿女们寄回来的信件，拿出老花镜让她看看远在异域的儿女照片……

李女士和老教授的关系十分融洽，当儿女们要接老教授到国外时，老教授居然不同意，她说在国外恐怕再也找不到这么称心如意的人为自己服务了。后来，老教授留了下来。在老教授的资助和其儿女的帮助下，李女士聪明好学的女儿也到国外留学了。

有很多员工都埋怨过客户的挑剔，甚至有些员工认为客户总是不懂装懂或者无理取闹。由于这种心理的存在，员工对待客户的态度必定就少了几分真诚、多了一些敷衍，而敏感的客户是能够体验到员工对自己的态度的，当感受到企业员工对自己的态度时，他们必定不会与企业、与这样的员工建立更友好的合作关系。这样最后损害的其实还是企业以及员工自身的利益。

事实上，当我们为客户提供产品和服务的同时，从客户那里也会得

到成功的机会。如果没有客户的支持和信任，我们的企业将无法获得最基本的生存，而作为企业的一员，我们的未来发展也将受到不同程度的影响。

被日本人称为"经营之神"的松下幸之助曾经说过："为客户提供产品和服务就是我们存在价值的重要体现，可惜对于这一点，很多企业员工都不能深刻理解。"

在处理与客户关系的时候，许多员工都将自己定义为"付出服务"的角色，其实在付出的同时，我们也可以从客户那里寻找到获得成功的机会——有付出就有收获，这一规律在员工处理与客户关系时同样适用。

不要嫉妒和羡慕那些受到客户普遍欢迎的同事，也不要以为他们的成功只是机会使然。任何成功都必须以脚踏实地的努力付出为代价，如果你没有真心诚意地关注客户的需求，如果在客户向你表达需求时你只是敷衍和漠视，那你就是在亲手将成功的机会推出门外。你应该记住：自己与客户之间的关系是相互的，你不是在单方面地付出，同时你也不要妄想无代价地从客户那里获取成功的机会。

员工自身实现成长、事业获得成功的机会的的确确离不开客户的支持与帮助，但是员工首先要努力提高自身的服务品质以赢得客户的满意，要用自己真诚、优质的服务去回馈客户的关心和支持，进而实现自身的进步与发展。如何回馈客户的关心和支持，关键在于用心。如果有一颗真诚服务于客户的心，那么你就一定能在获得客户满意与感动的同时取得事业的成功。在此，我们建议员工必须确立以下服务理念：

● **客户那里无小事**

在与客户进行沟通与合作的过程当中，员工一定要时刻以严谨认真的态度去为客户进行服务，凡是客户指出的问题就必须认真对待、凡

是客户提出的要求就一定要努力做到，绝不要因为自己的疏忽、拖延而给客户造成不必要的损失。对此，我国著名的房地产领军企业万科集团就有着这样的企业内训："我们1%的失误，对于客户而言，就是100%的损失。"这种原则形成了万科"客户无小事"的理念，也正是这种先进的服务理念造就了万科在行业内的领先地位。其实放眼现代商业领域，又有哪一家成功企业不是在这种先进服务理念的支持下一步一步地走向成功的呢？

有些员工认为，一两件小事做不好无关紧要，有些客户太较真儿，因为一丁点儿的小事就闹得不可开交，实在是没有必要。这样的想法显然是不负责任的，企业存在的价值及发展的关键就在于为客户提供满意的产品和服务，作为企业的一员，如果凡事都不用心去做，出现问题又总是从客户身上找借口，那么又怎么会获得客户的满意，又如何实现自身的进步和发展？

另外，那种将服务客户当作小事的想法也过于有失偏颇，一件小事无关紧要，两件小事不必认真对待，其他小事则懒得去做……小事做不好如何才能做大事？更何况，客户对我们的信任与满意原本就是通过一件一件的小事得到积累和沉淀的，当原本应当我们认认真真做好的一件件小事都没能做好的时候，客户理所当然对我们产生消极的看法，甚至客户放弃与我们合作也是合情合理的！

总之，客户那里无小事，如若你有一颗真诚服务于客户的心，那就要把客户需要我们做好的每一件事情都尽全力去做好。也只有这样，我们才算是真诚地对客户的支持与关注进行了切切实实的回馈，客户也才能从中感受到满意和开心。

● 做得总比承诺得更多

一些员工发现，在与客户进行合作的前期，往往自己承诺得越多，

客户就会对自己越感兴趣。在这种情况下，有些员工为了赢得客户的信任和合作，便不惜采取夸大事实、虚假承诺等方式欺骗客户。在这些员工看来，只要能够说服客户同意购买自己的产品或服务，那么便算是大功告成了，至于接下来的问题只有走一步看一步，而且客户在成交已成事实的情况下也只能在懊恼当中不了了之。

真实的情况当然不像这些员工想象得这么简单，且不说在客户发现自己所获得的价值与当初企业员工承诺不相符时会不断地投诉和抱怨，也不必说有些客户会采取退货等方式要求中止合作，仅仅就对企业形象与企业信誉的破坏来说，这种做法就会造成非常严重的后果！可以说，这种方式其实是以一次交易的成功来换取与客户长期合作的失败，这种方式对于企业来说无异于一种自杀行为，而对于员工个人来说也是一种自断前程的愚蠢行为！

因此，我们非但不能为了某一次交易的成功而采取一些不恰当的手段，而且还应当不断升级自己的服务，努力为客户提供更多超出自身承诺和客户期望的优质服务，这既是对客户的真诚回馈，也是对自身事业及企业发展的负责，同时也是一种具有长远发展眼光的重要表现。

任何一种先进的服务理念都需要一颗真诚服务于客户的心去支撑，如果员工本身缺乏真诚服务于客户的心，那么即使企业内部整天强调多么先进的服务理念都无济于事。尽己所能地服务于客户，并使自己提供的服务不断得以升级，这不仅仅是一种先进的服务理念，同时还体现了员工的优秀品质。

想客户之所想，思客户之所思

沈阳市检验检疫局机场办事处有一套在关键时刻才能启动的特殊流程，这套特殊流程是为了应对一些临时的突发事件而设立的，目的是为了更好地服务于客户、方便于客户。沈阳检验检疫局机场办事处的这种"想客户之所想、思客户之所思、急客户之所急"的服务方式赢得了许多客户的赞赏，更是令一直以来与检验检疫局保持长期合作的一位客户深受感动。

这位客户是沈阳"世博园"的一位工作人员，他曾经负责到机场办理接货手续的工作。在正常情况下，这项工作并不难做，只要在既定的时间按照机场的接货程序办理一些相应的手续就可以把货物提走了。当然，在提走货物之后，他还需要负责及时把货物送回"世博园"，交到指定地点。但是在一次到机场提取货物的过程当中，这位工作人员就遇到了一些不小的麻烦。原来，那次提取的货物是一批丁香树，这种树是日本札幌市的市树，作为友好城市的标志赠送给沈阳"世博园"，由于日本札幌市市长将于4日以后到达沈阳进行友好访问，而且届时会参观"世博园"，所以该树急需当天运抵"世博园"栽种。

而这批丁香树当天运到沈阳桃仙机场的时候已经接近下午4点钟了，负责前来提货的"世博园"工作人员由于处理一些工作到达机场的时候来得太晚，那时委托的货运代理报检公司和机场有关人员已经下班，且他们不具备报检资格，缺少"引进种子、苗木检疫审批单"正本等必要的报检材料，按正常程序无法提货。要知道，如果这批丁香树不能及时送到"世博园"的话，那么在经历了长途跋涉之后又要面对"水土不服",这批树很有可能难以存活,这将对4日之后迎接外宾的活动产生不良影响,更何况这批来自异域的丁香树也会给"世博园"增添不少风采。

面对这种情况,沈阳市检验检疫局机场办事处的工作人员毅然决定启动特殊流程,于是机场办事处采取先受理报检后补齐单证材料的措施,在没有代理报检单位报检和报检单证不全的情况下,破例受理了该批货物报检。然而,好事多磨,在查验货物时,却发现因为客户事先没有向机场海关预约报关,所以没有办理海关查验放行手续,货提不出来,无法进行检验检疫。这时,沈阳市检验检疫局机场办事处领导主动与机场海关领导沟通协调,采取特殊流程,终于在当天晚上9点前,对这批丁香树检验检疫完毕,并马上运往"世博园",这些远渡重洋的"贵客"终于在"世博园"安家落户!而这期间机场办事处工作人员所付出的辛苦和努力使客户感到了浓浓的情意。沈阳市检验检疫局机场办事处"急客户之所急、想客户之所想,急事急办、特事特办"的服务和奉献精神,深深地感动了客户。客户的口中不停地说着两个字:"谢谢!谢谢!"在这简简单单的几个字里面蕴含了客户内心深深的感动。

"想客户之所想、思客户之所思、急客户之所急",这实际上是站在客户角度考虑问题、处理问题的具体表现。在现实生活当中,员工不仅需要站在客户的角度上考虑问题,而且还要真正地帮助客户有效地解决问题,以尽自己所能地确保客户的利益不受到任何损害。事实上,也只有这样,才能在维护客户利益的同时有效地维护客户与本公司之间的友好合作关系,从而实现客户与本公司的共同成长与发展。

在此,一些员工可能会产生这样的疑问:"在与客户进行合作的过程当中,我们只要做好自己分内的事情、尽到自己应尽的责任,这已经就是尽职尽责了。如果让我们总是想客户之所想、思客户之所思、急客

户之所急,那岂不是要做很多超出自身职责范围之内的工作?再说如何才能更好地想客户之所想、思客户之所思、急客户之所急呢?一旦做不好,最后很可能会落得个吃力不讨好的下场,那岂不更加糟糕?"我们已经说过,"想客户之所想、思客户之所思、急客户之所急",实际上就是要求员工要真正地站在客户角度考虑问题、分析问题并帮助客户及时有效地解决问题和处理问题。在帮助客户处理问题和解决问题的过程当中,员工自身的工作能力、知识水平等必将得到有效地提高,事业发展空间也会不断得以扩展。

既然想客户之所想、思客户之所思、急客户之所急无论对于客户还是对于员工来说都极为有利,而且对于企业的发展也是非常重要的,那么在工作实践当中,员工就必须端正自己的态度,认认真真地为客户考虑、尽可能地尽到自己应该尽到的责任。

● **帮助客户解决他们遇到的疑难问题**

从我们选择客户作为自己的合作对象的时候起,我们便要将客户的问题当作自己的问题去加以认真考虑和及时解决,因为在与客户合作的过程当中,客户遇到的问题就是我们自己的问题。因此,即使是那些并不在我们规定的工作范畴之内的问题或者是那些由客户单方面造成的问题,也要尽可能地帮助客户解决。作为一名员工,你一定要坚信一点,那就是:只要是与彼此之间合作有关的一切问题都将是我们自己的问题,如果这些问题不能得到及时而有效的解决,那么我们今后就很可能会遇到更为重大的问题。而一旦能够全心全意站在客户的立场上去考虑问题、分析问题和解决问题,那么在帮助客户解决难题、维护客户利益的同时,我们自身的利益也会得到最大限度的维护。

在这种情况下,就要求员工在遇到问题的时候,要多想这些事情是不是客户急需解决的、这些问题应该采取怎样的方式才能在最短时间内得到有效解决，而不要想这些事情是不是由我造成的，是不是应该由我来解决。如果仅仅是站在自身的角度去看待客户遇到的问题，那么很多情况下，可能会采取推脱、逃避等方式，而这样只能使客户面临的问题得不到及时有效的解决，客户必然会对我们感到失望，这必将影响我们今后与客户之间的合作；如果能够站在客户的立场上考虑问题、分析问题，并能想客户之所想、思客户之所思，那么在客户所遇难题得到有效解决的同时，客户也会心存感激，并且会更加信赖我们的工作能力与服务品质，从而有利于进一步增强我们与客户之间的友好合作关系。

● 为客户考虑更多，消除客户的后顾之忧

一些客户在选择与我们合作之前，甚至在已经与我们建立了合作关系的过程当中，都会存在许许多多的顾虑，比如担心我们的产品质量不够好、客户服务品质差、不能按时交货等。对于客户的这些担心和顾虑，企业员工一定要予以充分的理解，并且要通过自己认真负责的态度和踏实努力的工作作风去帮助客户有效地解除后顾之忧，要通过自身能力水平和知识素养去赢得客户的信赖。比如，在与客户进行沟通的过程当中，要尽全力地把客户可能产生的忧虑都考虑到，并且尽可能地做好每一个细节，让客户相信凭借我们的实力和全心全意的努力一定可以为他们提供优质的产品和服务；又如，可以通过带客户参观工厂等方式让客户更加切实地体验到公司的实力和我们想要实现长期合作的诚意；又或者，还可以充分利用战略合作协议或专业的商业合同等方式规范自己的责任和义务……这些方式都可以有效地免除客户的后顾之忧。

事实上，客户也只有在完全消除了自身的后顾之忧的前提下才会踏踏实实地与我们进行长期而友好的合作。而企业的发展和我们自身的

进步则要靠与每一位客户之间的友好合作才有可能实现。

想客户之所想，思客户之所思，就是尽自己努力为客户考虑、帮助客户及时有效地解决问题，而员工这样做，归根结底还是为了更好地促进客户与我们之间保持长期而友好的合作关系，最终实现客户与我们的共同发展、共同进步。事实上，客户的利益与我们自身的利益本身就是息息相关的，因此，客户遇到的问题便是我们需要着重解决的问题。只有以这样一种站在客户角度考虑问题的态度，才能更为有效地解决问题，并最终消除客户内心的担忧，获得客户的信赖。

不轻易放弃每一次合作机会

当海尔总公司的一位销售人员接起响过两声的电话之后，电话另一端传来了公司一位老客户的订货电话，这位客户就是海尔公司在德国的经销商史密斯先生。史密斯先生是海尔公司在德国市场上有过长期合作的一位经销商，他曾经通过努力使得海尔公司的产品在当地打开了很大一片市场，而且史密斯先生的经销活动还为海尔产品与服务的市场宣传发挥了非常重要的作用。史密斯先生在电话中提出："必须两天之内发货，否则就要撤销订单。"根据长期以来的合作以及对史密斯先生个人品质与能力的了解可以清楚，他提出这样的要求当然不是存心给海尔出难题，一定是当地出现了需求量大而且又急于要货的客户。虽然当初在接到史密斯先生的订单以后，一些人提出能否要求史密斯先生再向客户通融通融，看能否将发货时间予以延迟。可是，最终海尔公司并没有这样做，因为他们知道，如果史密斯先生有办法通融的话就不会打这样的电话了，而且如果对史密斯先生提出这样的要求，只

会使史密斯先生感到为难，同时还会进一步耽搁时间。

虽然史密斯先生这次的订货量不小，而他提出的要求又是事出有因，可是这种情况对于海尔来说确实是一个难题。因为两天内发货实际上就意味着当天下午就要把对方需要的货物全部装船，接到电话的时候已经是下午两点钟了，而海关、物流等机构通常都是在下午五点钟下班，时间只剩下3个小时了。

在这种情况下，也许很多企业会因为时间不够而不得不放弃这次交易，因为"时间不够"对于现在这种情形来说，的确是一个十分合理的理由，但是对于以"尽最大力量满足客户需求"的海尔来说，任何理由都不能够在此立足。相关部门的工作人员迅速被通知启动"快速行动计划"，这一计划是海尔专门为了提高工作效率、应对急需产品的客户制定的。"快速行动计划"迅速启动：备货、船运、报关等几项工作同时在第一时间内有条不紊地进行着，到了当天下午五点半，远在德国的经销商史密斯先生就收到了来自海尔的"货物已发出"的消息。通过这一次合作，史密斯先生更加清楚地看到了海尔真诚与客户友好合作的信心以及充分为经销商和客户排忧解难的诚心，从而他也更加坚定了与海尔展开长期合作的决心。

企业存在的价值即为客户提供相应的产品和服务，如果不能与客户之间展开良好的合作，那么企业必将失去存在的基础，至于将来的发展与进步就更不必提了。既然与客户展开友好合作对于企业来说是关乎生存与发展大计的大事，那么每一位员工就不能轻易地放弃每一次与客户展开合作的机会。在这里当然不是要求员工不惜采取强迫、欺瞒等手段以达到与客户合作为目标，而是要求员工要牢牢地把握住每一次与客户建立友好合作关系的机会，用自己的真诚和关爱在自己和客户之间搭建一座彼此信赖、相互沟通的友谊之桥。

如何才能在自己与客户之间搭建一座彼此信赖、相互沟通的友谊之

桥呢？员工在工作实践当中需要努力做到以下几方面的工作：

● 明确自己的合作态度及自己在合作当中的地位

员工首先应当十分明确自己愿意与客户展开长期而友好的合作的基本态度。不仅要在自己的心里时刻明确这一基本态度，同时要让客户对你的这一基本态度有着清晰而明确的了解和认识。明确自己的合作态度，这对于客户增强与我们合作的信心、提高对我们的信任具有重要作用。

同时，员工还要特别明确自己在合作关系当中所处的地位，即要明确自己在与客户合作的过程当中就是要为客户提供他们所需产品和服务的。有些员工对于自己在合作当中的地位总是遮遮掩掩，即使是当客户询问这些员工是否准备向自己推销某种产品或服务时，这些员工也不敢直接做出肯定的回答，而是故意用一些模棱两可的语言来进行搪塞和隐瞒。实际上，当客户向你提出这样的询问的时候，你的身份、你的目的就已经被客户所察觉和掌握了，在这种时候，如果你能迅速做出一个热情而又坚定的回答，那么你的热情和坚定往往会传递到客户那里，并令客户对你感到放心和信任；相反，如果你对自己的身份遮遮掩掩、把自己的推销行为弄得神神秘秘，那么反而会引起客户的警觉和反感，从而不利于彼此之间形成友好合作的关系。

● 找准彼此合作的基点

员工在与客户建立友好合作关系的过程当中，必须尽可能早地找准彼此合作的基点。比如，你要搞清楚客户需要的是哪种产品类型、他们对于产品的功能和服务的品质等方面究竟更关注哪一个以及你想要从具体的合作中获得更多的利润还是想通过与客户的合作确立在市场当中的占有率。如果在建立合作关系的过程当中，你不能及时地发现客户关注的需求及想要实现的利益，也不能清晰地了解自己想要从合作当中取得怎样的结果，那么这样的合作注定是不会取得成功的。

而员工要想及时而准确地找到彼此合作的基点，一方面要认真结合企业在市场当中的地位、当时面临的竞争形势以及长短期发展目标等情况去确立自己的行动目标，另一方面也要通过多听、多问、多观察、多准备等方式去全面而准确地了解客户想要通过合作达成怎样的目标。只有在及时而准确地找到彼此合作基点的基础之上，员工才有机会进一步在满足客户需求、实现自身目标的前提下与客户形成友好合作的关系。

● 竭尽全力，不轻言后退

作为一名员工，必须有这样一种坚定的工作理念：实现与客户之间的友好合作是我们的责任，不竭尽全力、不费尽心思是不能轻言后退的。虽然与客户之间的合作需要员工与客户双方的共同努力来实现，但是员工必须更加积极主动地促进企业与客户之间的友好合作，即使是当客户提出各种理由表示放弃的时候，你也不能轻易放弃，因为一旦你就此放弃了，那么你之前的所有努力都将化为乌有，企业与客户双方之间的需求也无法得到相互的满足。

在促进企业与客户友好合作的过程当中，员工有时宁可冒着一定的风险，也不能在听到客户的拒绝之后就轻易地放弃。

比如，当客户在某些方面提出你权力范围内不能满足的要求时，绝不能说："对不起，在这些方面我们公司无法满足您的要求，因此我们之间的合作无法达成。"而应该用坚定的态度问客户："如果我们公司在×××方面满足了你的要求，你会购买我们的产品吗？"当然，接下来你所要做的就是请示公司领导或者通过与客户讨价还价的方式去努力实现彼此之间的合作了。

又如,当客户表示你们公司提供的产品或服务在很多方面都不如其他竞争对手的时候,你不妨直接拿出纸和笔,把客户感到不满意的地方全部列出来,然后针对这些问题——与客户进行协商。

这样做表面看上去是把自己的产品或服务存在的问题都"揪"了出来,实际上这样做会让你更加清楚地知道客户究竟在想什么、他们到底想要得到什么,同时也能够令客户更加深切地体会到你有着不完成合作不罢休的坚定决心,而且你也有说服客户与你展开合作的信心。

在说服客户与我们进行合作的过程当中,最可怕的事情并不是客户一而再、再而三的拒绝,而是我们自己意志中的不够顽强和行为上的不够坚定。

企业与客户之间的任何一次合作都是在一次次的困难当中得以实现的,如果每遇到一次困难,我们就轻言放弃,那么与客户之间的友好合作就不可能实现。

要想实现与客户之间的友好而长期的合作,员工除了要有一颗真诚为客户提供优质服务的诚心之外,还要有一颗不怕挫折、排除万难的坚定不移的决心!对于每一次合作机会都不轻言放弃,这才是一位优秀员工应有的本色!

以优质服务赢得客户满意

中国企业的佼佼者——海尔集团,一向以优质的客户服务而闻名,海尔集团的员工总是能为客户提供优质的服务。贵州海尔公司的王振伟就是一名时刻关注客户实际需求的员工。

在一次市场调查的过程中,王振伟看到贵阳华侨友谊商场的海尔冰

箱展台处来了两位60岁左右的老人，他们不时地看看这里、指指那里，显然还没有决定购买哪种品牌的冰箱。王振伟看到两位老人之后，马上热情地向他们介绍海尔冰箱的功能、质量、服务以及价格等。听完了王振伟的介绍之后，两位老人仍然表示还需要再到别处看看。王振伟知道他们是要进行一番比较，于是就告诉他们在选购冰箱时要注意的一些事项。半个小时左右，两位老人又折回到海尔冰箱展台，他们还是没做出最终决定，说要先回去取钱，但此时商场外面已经下起了雨，两位老人感到很着急。

在了解了老人的情况之后，王振伟马上拿着一把伞送到他们面前。两位老人不愿意接受这样的服务，王振伟知道他心存顾虑，于是诚恳地对两位老人说："送给你们伞完全是我个人的行为，虽然你们没有买我们公司的冰箱，但我们不能因此不去帮助需要帮助的人。"

听了王振伟的话，老人才接过伞，并连声道谢。就在两位走出商场的瞬间，他们回头对王振伟说："小伙子，我们已经决定买你们海尔公司的冰箱了，我们相信你们的服务和品质，等着我们，取完钱我们就过来。"

之后，两位老人不仅非常高兴地购买了海尔冰箱，还到处宣传海尔公司工作人员的正直、热情和善良，而且让周围的亲朋好友在选购电器时要首选海尔公司的。他们说："就凭海尔公司员工的那种优秀品质和服务水准，就能想到整个海尔公司的品质！这样的服务品质不仅是我们需要的，也是值得我们信赖的！"

对于企业而言，"客户就是上帝"这句话绝不仅仅是一句华而不实的口号，事实上如果企业对客户的服务试图华而不实，客户就可以轻而易举地使企业陷入窘境。为此，几乎所有的企业都注重培养员工的客户服务意识，而是否能够为客户提供优质服务、是否能够与客户建立良好的合作关系，也是企业衡量员工是否优秀的一个重要标准。

为客户提供优质服务是建立和维护良好客户关系的必要途径，也是所有员工的重要责任。如果员工不能站在企业的立场上随时关注客户的实际需求，不能为客户提供优质服务，那就是失职，这样的行为将会对企业的名誉、形象等造成一定程度的伤害，对于员工本人的发展自然也没有任何益处。

为客户提供的服务是否优质，完全取决于客户的评估，这就要求员工在为客户提供服务时必须密切关注其实际需求，否则服务就是有名无实。而客户又拿什么来评估自己所享受的服务是否优质呢？客户评价企业提供的服务是否优质的重要标准就是自己在与企业合作、与员工打交道的过程当中是否感到满意。

提供令客户感到满意的优质服务，做到这一点并不容易，为此我们提醒员工在与客户进行沟通与合作的过程当中需要注意以下几点：

● 着眼于客户的实际需求

真正优质的服务就是那些能够满足客户实际需求的服务，如果客户不需要，那么不论你承诺和进行的服务形式多么花哨也不可能得到他们的青睐。只有真正了解并满足了客户的实际需求，我们提供的服务才能得到客户的认可和满意，也只有如此，我们才能与客户建立更加持久和忠诚的合作关系。

要想真正了解客户的实际需求并在此基础之上满足客户需求、达到令客户满意的效果，员工就一定要做到多听、多问、少说，比如要寻找各种各样的机会想方设法地让客户告诉你：他们喜欢什么、不喜欢什么、期望的交货日期、谁有权批准、他们准备如何使用这件产品、他们过去曾经购买过什么优良产品、有没有样品、他们喜欢用什么词语来描述他们确实准备购买的产品或服务等。如果你与客户已经进行了多次的沟通却仍然没能弄清楚客户的真实需求是什么，那么十有八九是因为你说得太多，提的问题却太少。

在了解客户需求的过程当中，除了要多听、多问之外，员工还必须清楚：在与我们的合作过程当中，客户不仅追求物质的满足，还追求心灵的满足，不仅追求生理的满足，还追求心理的满足。因此，对于企业及员工来说，不仅要给予客户有形产品的满足，还要争取在无形产品的享受上面下功夫。优质的客户服务即属于无形的产品享受，我们为客户提供的服务越是丰富、越是优质，客户所能产生的感受和体验就越是愉悦和满足，那他们自然更愿意与我们确立友好的合作关系了。

● **关注客户体验，赢得客户忠诚**

赢得客户满意与实现客户合作之间很多时候并不可能有立竿见影的直接效果。比如说，在实际生活当中，一个不满意的客户并不一定会马上流失，但很可能将来会流失；一个满意的客户也不一定立即产生购买行为，但很有可能将来会成为你的客户。不过，当客户的体验上升到更高一层水平的时候，他们的体验往往就会直接对合作产生重要影响。

比如，当客户对于企业提供的产品或服务产生强烈的信任感和满足感的时候，他们很可能会成为该企业品牌的忠诚客户，而当客户的忠诚度达到一定水平的时候，企业与这些客户之间的友好合作就能够长期的进行。

那么什么是客户忠诚度呢？目前还并没有一个统一标准的定义来描述客户忠诚是什么以及忠诚的客户究竟是谁。不过我们可以说，客户忠诚度能够体现出客户与企业紧密关系保持的程度以及客户抗拒竞争对手吸引的程度。

如果说客户满意是客户对企业或其产品与服务的一种态度的话，那么客户忠诚则是反映客户的行为。一般来说，忠诚的客户往往具备以下一些基本特征：

周期性重复购买。

同时使用多个产品和服务。

向其他人推荐企业的产品。

对于竞争对手的吸引视而不见。

对企业有着良好的信任,能够在服务中容忍企业的一些偶尔失误。

基于以上忠诚客户的基本特征,我们可以发现忠诚的客户与企业之间的合作是很容易得到保持和发展的。也正因为忠诚的客户具有如上特征,所以没有任何一家企业不是想方设法地要求员工努力培养客户的忠诚度。可是,客户忠诚度的培养并不仅靠企业的一厢情愿就能够实现的,客户积极而愉悦的体验也是实现客户忠诚的一个重要因素。

如何才能令客户较为持久地产生积极而愉悦的内心体验,并将自己的这些体验转化为对企业的满意和忠诚呢?员工必须在与客户的沟通与合作过程当中不断地关注客户内心的体验,尽可能地让客户感到彼此间的合作是令其感到愉悦而富有价值的,只有这样,才能让客户对企业的品牌、产品或服务形成强烈的认同感,而这些体验又会不断刺激客户重复购买,从而使企业与客户之间建立起牢固而持久的长期客户关系。

总而言之,实现与客户之间长期而友好的合作是需要企业及其员工长期努力的一项工作,也是关系到企业未来发展与员工事业进步的一项重要工作。做好这项工作的关键就是要获得客户的满意、赢得客户的忠诚,因此,一定要努力关注客户的实际需求和内心体验,尽可能地为客户提供令他们感到满意和愉悦的产品及服务,用自己的真诚和关爱去赢得客户的支持和信赖。

优质的服务不仅能达到令客户感到满意的效果,而且还能有效地保持客户对于企业品牌的忠诚度。

曾任通用电器公司总裁的杰克·韦尔奇就说过:"质量是维护顾客

忠诚的最好保证。"杰克·韦尔奇所说的质量既包括产品本身的质量，也包括企业所能提供的客户服务的质量。仅有优质的产品而缺少优质的服务，或者仅有优质的服务而没有优质的产品，都不可能获得客户的满意乃至客户的忠诚。在当下这个产品质量趋同的时代，企业要想赢得客户的满意，就必须以优质的服务取胜。可以说，当代企业正处于一个服务制胜的时代。

在这种情形下，员工作为向客户提供服务的主体，对于企业赢得客户满意、战胜竞争对手将发挥十分重要的作用。

对于企业来说，只有那些能够为客户提供优质服务的员工才能成为促进企业发展的优秀员工；对于客户来说，只有那些能够为自己带来优质服务的员工才是自己需要的合作伙伴；对于员工来说，只有在满足客户需求、促进企业发展后，自己的事业发展才能更有保障。

提供高品质的个性化服务

在周永亮博士和李建立博士所著的《工作就是责任》一书中有这样一个小案例：

新奥集团的廊坊燃气公司有个著名的"五姐妹"收费组，其中一位叫杨静。有一天，杨静到客户家里收燃气费，她轻轻地敲了敲门，门没有开，她仍然轻轻地敲，门还是没有开。当她正准备返回时，门开了。女主人说："不好意思，我还以为没有人呢，你怎么不大点声敲门呢？"杨静说："知道您家有婴儿，怕吵醒她。"女主人惊奇地问她："你怎么知道我家里有小孩？"杨静说："我从客户资料上看到的。"这种细心和爱心令女主人又感动又佩服。

不仅如此,"五姐妹"经过细心的研究和琢磨,发现用中指去敲门声音最好听,因此就坚持用中指敲两下门。年复一年,她们的中指都磨出了厚茧子。在"五姐妹"手里,她们都有个性化的客户档案,上面记录着每家客户什么时间比较方便、有什么爱好、需要特别注意哪些方面等,用来为客户提供满意的服务。

这个案例当中的事件虽然很小,可是却很值得每一位员工展开深入的思考。如果你也能像上述案例中的"五姐妹"一样根据手中掌握的客户资料为客户提供个性化的高品质服务,那么你也必将赢得客户的感动。

与客户合作,贵在真心诚意地为客户提供令其感到满意和愉快的高品质服务,而且客户需要的也正是那些真正能够满足自身各方面需求的高品质服务。

事实上,在企业竞争已经进入白热化的现代社会,客户对于产品本身的关注已经远远不能满足其需求了,只有那些在不断完善产品功能与品质的同时进一步完善自身服务品质的企业才有机会赢得更多客户的青睐。

已经有越来越多的企业认识到了这一点,而且也有越来越多的企业不仅仅从整体上注重提升本企业的服务品质,同时还根据企业内部的客户信息资料努力为不同特征的客户提供个性化的高品质服务。无数企业因此而取得了巨大成功,事实证明,为客户提供个性化的高品质服务是现代企业竞争的一个重点。

如何为客户提供个性化的高品质服务?对于企业来说,首先需要建立完善的客户服务体系,同时要在企业内部建立优质的服务标准,并形成良好的服务气氛。当然,还要为个性化的品质服务付出相应的人力成本、财务成本及时间成本等。而对于员工来说,则需要努力做好以下几方面的工作:

● 掌握丰富而有效的客户资料

只有掌握丰富而有效的客户信息资料之后,才能根据不同的客户特点为其提供高品质的个性化服务。现在的很多企业都已经清楚地认识到了这一点,并在自己的企业内部已经建立了各自的客户信息系统。因此,员工要想了解、掌握相关的客户资料,可以直接从企业内部的客户信息系统当中去获得。

不过,由于有些企业的客户信息系统还不是十分完善,而且有很多客户信息都有待于进一步的分析和整理,因此,仅仅依靠企业内部的客户信息系统是很难掌握丰富而有效的客户资料的,这就要求员工还需要通过多种途径、采取各种方式去进一步搜集和整理客户信息,并根据不同的实际情况去对客户信息进行深入的分析和研究,以便最终能够为客户量身定做符合其心理需求与客观需求的个性化服务。

在搜集、整理和分析客户信息的过程当中,员工需要特别注意以下信息:

客户的喜好与实际需求。并不是所有的客户都清楚地知道自己实际上最需要怎样的产品和服务,有些客户对于某些产品或者某些产品的特征以及某些服务怀有特殊的喜好,但是他们所喜欢的有时候却并不一定就是他们真正需要的。如果员工不了解客户的喜好与实际需求,就不可能为客户提供令其感到满意的产品或服务,更不能有针对性地与客户展开有效的沟通,说服客户与自己进行友好合作。而如果员工只了解其中某一方面的信息,比如只关注客户喜好而不去深入了解客户的实际需求,那么即使在沟通过程中你能够迎合客户的喜好与其进行合作,而在合作过程当中一旦客户发现你所提供的产品或服务其实并不是自己真正需要的,那么他们就会产生上当受骗的感觉,而这必将对你及你所代表的企业产生非常不利的影响。因此,在与客户进行

沟通之前以及沟通的过程当中，一定要努力了解客户的个人喜好与实际需求。在充分了解这两方面的信息之后，你就可以根据客户的喜好与需求为客户提供既能满足其实际需求又能符合其喜好的服务了。

客户期望的服务价值。客户在购买产品前后及过程中得到的来自企业的品牌、环境、服务态度及服务质量等，给他带来的享受，被称为服务价值。服务价值包含两个方面，一是服务态度，二是服务质量。当整个行业内的服务态度普遍不好时，你的服务态度好，就能给客户带来享受；人家的服务态度普遍好了，谁的服务质量更高、谁提供的服务更符合客户的个性需求，那么谁就更能给客户带来更大的享受。

客户看重的产品或服务特征。比如，客户更注重产品的价格、品质和功能，还是更注重企业的品牌、形象和信誉，或者是员工给自己带来的心理体验等。如果你所提供的产品或服务不符合客户看重的产品或服务特征，那么无论你的产品或服务具有怎样的优势，最终都不可能赢得客户的满意。如果你所提供的产品或服务在其他方面与竞争对手相比不具有太大的优势，但是恰好符合客户所看重的那部分特征，那么你就很可能成为客户愿意合作的对象。

客户的购买成本。我们在与客户合作的过程当中需要付出一定的成本，如时间成本、劳动力成本、经济成本等，同样，客户在与我们合作的过程当中也要支付相应的成本。所以很多客户在选择是否与我们进行合作的过程当中就会考虑自己付出的成本与得到的价值孰大孰小。如果客户认为自己付出的成本太多，当然就不会考虑与我们合作，而如果客户只需付出较低的成本就能获得较高的价值，那么客户自然愿意与我们进行合作。也正因此，一些聪明的员工在无法改变产品本身特征的情况下，往往会向客户提供一些个性化的服务去帮助客户降低购买成本，比如主动送货上门、帮助客户免费安装产品或者帮客户选择最优化的资源配置等。

● 针对不同客户的特点提供不同的服务

虽然说每一位客户对于我们来说都是"上帝",对待每一位"上帝"都需要保持一视同仁的尊重、关心和热情,但是不可否认,每一位"上帝"在个性特点、期望价值、需求特点、合作方式等方面都有着不同的特征。员工在与客户展开沟通和进行合作的过程当中,必须充分结合自己所掌握的各种客户信息去分析不同客户的特点,并在此基础之上为客户提供更符合其需求与期望的高品质服务。

在此,员工除了要结合具体的客户信息去分析不同客户的特点之外,还需要对客户进行不同的分类,然后根据不同客户群的需求特点,有针对性地设计和增加客户购买的总价值,降低客户购买的总成本,使客户的需要得到最大价值的满足。这样做的目的是为了更大限度地节省自身的成本,最终实现更高水平的工作效率。

● 以高品质的个性化服务与客户建立合作关系

无论是掌握客户信息,还是分析客户特点、为客户提供高品质的个性化服务,最终的目的都是要与客户建立长期而友好的合作关系。那么在实际工作当中,我们应该如何建立跟客户的关系呢?对于企业来说,可以把自己的客户按照贡献程度与影响程度的不同分为三个层次:战略伙伴成员,重要伙伴成员和一般伙伴成员。

对于不同的客户,企业会实行不同的政策,加以不同程度的协调和沟通。这种区别对待客户的方式可以通过客户的影响力去提升企业的品牌与信誉的作用,最终可以提高企业的竞争优势。

对于员工来说,同样可以采取类似的方式去与不同的客户建立相应的合作关系,比如要着重关注那些购买能力和品牌宣传能力更强的客户,根据这些客户的需求制订令其满意的个性化服务,同时也要对那

些购买过程中更加谨慎和认真的客户进行格外的关心,要努力解除这些客户的后顾之忧,努力让这些客户成为我们的忠诚客户。

对待任何一位客户,我们都需要提供高品质的服务。真诚的服务态度与优秀的服务品质对于任何一位客户都是没有差别的,但是服务的方式与特征必须根据不同客户的需求与特点而有所不同,否则的话,即使你付出了百分之百的努力也不能赢得客户的满意,更不会获得与客户进行友好合作的机会。

为客户提供高品质的个性化服务,这要求员工要用端正的态度为每一位客户提供令其感到满意和愉悦的服务。只要你能站在客户的立场上为客户考虑得更多、为客户提供的服务更具人性化和个性化,那么客户对你就会更加满意,也更加愿意与你保持长期的友好合作。

短期有利可图,长期持续发展

王某是某房地产经纪公司的销售代表,他每天的工作就是对那些准备交易的二手房进行评估,然后再寻找合适的买主进行销售。王某的一个同学最近想购买一套二手房,于是请王某帮忙找一套各方面条件都不错的房子。

正好王某手中有一套房子亟待出售,房主的单位突然派其出国工作,很可能以后都不再回国工作了,签证已经办好,只是房子还没有卖出去。因为这些原因,所以房主要价很低,只求迅速出手。王某在对这套房子进行评估时发现,这套房子无论是质量还是装修都不错,不过紧邻火车道,白天火车通过的时候较少,可是一到夜间,几乎每隔几分钟就能听到一阵火车"隆隆"作响的声音,这对于睡眠质量不好的人

来说实在是一个大问题。

王某知道同学和父母一起住，而其父母的年纪都比较大了。因此，他想到老年人非常需要良好的睡眠来保证身体的健康，而这套房子恰好在这方面不能满足老人家的需求。在这种情形下，王某并没有急于一时之利而将房子卖给同学，而是将房子紧邻火车站这一实情告诉了同学，并且告诉同学住在这里会影响老人睡眠。虽然这一次同学并没有通过王某买到自己满意的房子，不过他却实实在在地体验到了王某对于自己及家人的关心和友善。

当然，王某在之后的一段时间里仍然努力帮助同学寻找合适的房子，经过一段时间的认真访查，王某终于帮助同学找到了一套各方面条件都不错的房子。对于这套房子，同学一家都感到非常满意，而更令同学感到满意的是王某诚信的品质和优质的服务。在同学的介绍下，王某又结识了很多客户。

后来，王某凭借优异的销售业绩和出色的客户评价受到了公司的重用，在他升任公司的销售经理之后，他曾经不止一次地对他属下的员工说过这样一段话："短期业绩固然重要，但千万不要以牺牲自身的信誉和优良品质作为代价，这种代价太大，我们谁都付不起。况且，当你牺牲了自身的信誉和优良品质之后，你未来的发展实际上也就被你亲手毁掉了！"

获得利润是企业实现生存与发展的一个重要条件，也是企业经营的一个重要目标。对于员工来说，同样需要获得一定的利益，如果没有利益可以实现，那么员工自身的生存基础都会出现问题，至于事业发展就更是空谈了。可是对于利益的追求，无论是企业还是员工都需要遵循一定的原则与规律，一方面要努力确保自身利益的有效实现，一方面又要维护自身的信誉与优秀品质。获得利益，不能牺牲企业的长远利益，同时也不能以损坏自身信誉与个人修养和品质为基础。

我们之所以要这样说，是因为在现实生活当中往往会出现短期利益与长期发展相矛盾的问题，当遇到这些问题的时候，的的确确有一些员工毅然做出了只要短期利益而不顾长期发展的选择。而最终这些员工的事业道路是无法获得持续发展的，因为他们的眼光过于短浅。

事实上，获得短期利益并非是一件坏事，但是当获得眼前利益与企业的持续发展及员工个人的事业成长目标发生冲突的时候，就必须以一种长远发展的眼光来对眼前的情况进行权衡，并且要以企业发展的大局和自身事业的持续发展为重，切勿因小利而失大利。

当然，如果在你与客户合作的过程当中，你能够获得一定的利益，而这些利益的获得非但不会对企业及你自身的事业发展造成消极影响，反而还有利于增强企业实力、促进你的事业发展并能够满足客户的需求。

为了更加有效地保证短期利益与长期合作的共同实现，在与客户进行合作的过程当中，员工需要努力做到以下两点：

● **竭尽全力建立起你的信誉**

在与客户展开合作之初就应获得客户的信任，而且要随时随地、竭尽全力地建立起自己及企业的信誉，这样，你就更容易得到客户的信任，而这种信任也会扩展到客户对企业、对企业所提供产品与服务的态度当中。一旦客户对你确立了强烈的信任感，那么他们就非常愿意与你保持长期而友好的合作，在这种情况下，竞争对手往往很难从你手中夺走这部分客户。

有些员工会为了某一次合作的成功而采取不恰当的手段，这种合作从短期来看你是获得了一定的利益，但是从大局来看，从你事业前途的长远发展来看，实际上是得不偿失的。

我们可以这样来理解，当你面对竞争对手实力过于强大、凭借自身真实实力很难赢得客户合作的情况，如果此时你通过一些欺骗或隐瞒的手段赢得客户的合作、获得一定的效益，做出了损坏企业长远利益和自身信誉的事情，那么将来你要再想挽回就是难上加难，甚至是永远都不可能的了。可是，如果你为了建立和维护自身信誉而必须向客户说明实情，那么即使这一次你失去了与客户合作的机会、损失了些许的利益，但你可以通过今后的努力去很快弥补，而且在此过程当中你表现出的诚信也必将可以帮助你赢得客户的理解与信任。

总而言之，在客户利益与我们自身利益相互冲突的时候，要着眼于与客户之间的长期合作，切勿为了眼前的一己得失而做出损害客户利益、破坏客户与企业之间合作的事情，更不能以牺牲企业形象、企业信誉等方式去谋取一时的利益。因为那样的话，不但你所期望的利益很难实现，你未来的事业发展及企业将来的发展也会受到恶劣影响。

● **积极主动地与客户保持长期而友好的联系**

只有积极主动地与客户保持长期而友好的联系，我们与客户之间才有可能结成长期而友好的合作关系，也只有更多的客户与我们结成这样的合作关系，企业才能实现长期的可持续发展，我们自身的事业也才持续发展的可能。

博恩·崔西是世界顶级管理与营销培训大师，被认为是全球推销员的典范。这位大师就十分注重和客户建立长期的联系，并且在对学员的培训中一直强调这一点，他说："必须向客户提供一种长期关系，然后尽一切努力去建立和维护这种关系。"

能够积极主动地与客户保持长期而友好的联系对于自身工作的顺利开展是非常重要的。

举个简单的例子，如果你与客户在进行了一两次的沟通之后就轻易放弃与客户之间的联系，那么无论前几次沟通的结果是否成功，你最

终都将失去这些客户。如果通过合作前期的不懈努力你与客户达成了交易，而在交易之后你就不再积极主动地与客户保持友好的联系，甚至在客户需要你解决一些问题、提供一些帮助的时候，你也摆出一副事不关己的模样，那么当客户再有需求的时候还会考虑与你合作吗？答案不言自明。

长期坚持与客户保持友好联系，这固然需要你付出一定的成本，当然还需要花费很多的时间和精力，但是这些成本和花费与促进我们和客户之间的长期合作来比是非常值得的，与我们自身事业的进步和企业未来的发展相比同样值得！

在现实生活当中，有时候真诚对待客户很可能就意味着让我们付出很多成本和精力，甚至还意味着我们很有可能会失去与客户合作的机会。但是从长远来看，与客户保持长期合作的关键就是要为客户提供真诚而友好的服务、与客户之间建立良好的沟通与联系。

真诚与客户展开联系、真诚为客户提供优质服务，这是企业赢得客户合作与实现自身发展的重中之重。因此，当我们需要在眼前的利益与优良的品质之间做出选择的时候，我们一定要将眼光放得更加长远、要选择真诚的服务及优良的品质，这样做我们虽然会失去眼前的一点利益，但是从长远来看，其实收获的东西更多。

用真心留住每一位客户

一位客户走进一家洗衣机专卖店，他看到里面有几个人正围着一款新式洗衣机看，销售人员正在演示这款洗衣机的多种功能。看到这位客户进来，销售人员提高语调说道："这位先生，您也可以看看这款洗衣机，如果您想看其他种类的话，我待会儿为您介绍。"

这位客户看中了另外一款洗衣机，这时销售人员走了过来，然后轻声说道："对不起，刚才人太多，没顾上给您介绍，您是想了解这款洗衣机的性能吗？"

在介绍过程中，看到客户随手把包放在了旁边的茶几上，销售人员马上提醒道："这里人来人往，有时会有人拿错包，要不然我先帮您把包放到柜子里吧……"

之后，在得知这位客户带的钱不够而他十分想要的这款洗衣机又只剩下一台时，销售人员提议："我先拿今天刚发的工资给您垫上剩余的钱，然后工作人员为您送货时您再让他们帮我带回……"

在现实生活当中，一些员工常常抱怨：现在的竞争形势过于严峻，产品同质化现象亦有愈演愈烈之势，客户所面临的选择机会越来越多，所以客户也就变得越来越挑剔、越来越难以满足，这使得我们的压力都很大。是的，诚如这些员工所说的那样，在当今时代，客户面临着各种各样的选择机会，认真想一想，这种竞争形势对于每一家企业、每一位员工来说固然充满了挑战，但这种形势实际上也为优秀企业及具有优秀素质的员工提供了很好的发展机会，只有那些不着眼于长期发展、竞争能力较差的企业及员工才会在这样的竞争形势中遭到淘汰。可见，眼前的这种激烈的竞争形势，看似严峻和残酷，实际上也可以算得上是一种大浪淘沙的经济发展过程——是金子总会闪闪发光，只要你致力于为客户提供优质的产品，只要你能够真诚地为客户提供高品质的服务，那么你就不会被客户所忘记和遗弃，你就一定能够与客户共同携手、一起成长！

面对激烈的竞争形势，无论是企业还是员工所面临的挑战都是极其严峻的。在这种形势下，一旦失去了客户的支持与合作，那么就无法在市场上立足，这就需要员工在紧抓产品质量的同时与客户真诚合作，

用自己的一颗真心去留住每一位客户。究竟如何才能留住客户、令客户与我们结成友好合作的关系呢？这需要员工从许许多多的方面去努力，在此我们提醒员工的是，一定要在与客户进行沟通与合作的过程当中特别注意以下两点：

● 开发新客户，不忘老客户

对于企业来说，无论是要获得利润还是实现长期发展，拥有数量众多且相对稳定的客户群体都是关键中的关键。根据权威机构统计，企业80%的利润来自20%的老客户，若降低5%的客户损失率，就能使企业提高25%的利润，所以说，防止客户流失对企业效益至关重要。鉴于这种现实，员工一方面要不断地努力开发新客户，另一方面则需要与老客户之间形成良好的合作关系，而要想做好这两方面的事情，都必须以一种真诚关心客户、真心为客户提供优质服务的态度为基础，如果缺少这样一种态度，那么无论是开发新客户还是留住老客户都不会成为现实。

从现实的情况看，造成客户流失除了客户需求变化等一些因素以外，一个重要的原因就是客户反馈的要求得不到实际、迅速的解决。所以，如何在拓展新客户的同时，有效地杜绝已有客户的流失，也是企业高效运转的关键。基于这个层面的利害关系，无论是作为整体的企业，还是作为个体的员工，都要将客户作为督导自身工作改进的外在动力。对于员工来说，除了用心去了解和满足新客户的需求以赢得与客户的合作之外，还有一项更重要的工作就是为老客户提供真诚的支持和帮助，使老客户在今后与我们合作时能够免除后顾之忧。做到这些固然充满艰辛，但是一旦做到了这些，相信无论是在开发新客户的时候，还是在维护老客户的过程当中，我们都会拥有不小的收获！

● 为客户提供优质的售后服务

在我们展开的很多次客户调查中,经常能听到一些客户发出这样的抱怨:"只要你把钱从腰包里一拿出来之后,你就别想再从他们那里得到像以前那样的关心和服务了,即使是他们的产品出现问题你去找他们,他们也是一拖再拖、一推再推,不是把你的问题拖到无限期之后,就是告诉你应该去找其他部门——当你找到销售人员的时候,销售人员会告诉你他的工作已经做完,有问题要找客户服务部门,等找到客户服务部门的时候他们又会把问题转到产品维修部门……"客户口中的"他们"当然就是指那些不负责任的企业以及那些不负责任的员工。显然,这些企业及员工并非真心与客户展开合作,在他们看来只要销售成功就万事大吉了,对于客户遇到的问题、心中存有的忧虑他们则完全不管不顾。

对于企业及员工的如此做法我们是不赞成的,同时,这些做法更不会留住任何一位客户,而最终这些企业及员工都只能以失败来为自己的行为埋单。

如果你是一位致力于与客户展开长期友好合作的销售人员的话,那么你就必须要养成一种好习惯,即要在产品销售之后积极主动地询问你的客户,他们是否感到满意,如果客户有不满之处,那最好立即着手解决,而千万不要等客户怒气冲冲地找上门来,更不要在客户找到你之后仍然把问题推给别人;如果你是一位客户服务人员的话,那么你就更要清楚,为客户提供良好的售后服务是你的基本工作职责,如果客户有需要,那么你就应当随时做好为客户提供良好服务的准备,即使客户态度不好、言辞激烈,你也必须始终保持一种真诚友善的态度去为客户排忧解难!

如果每一位员工都能在产品或服务售出之后仍然对客户充满了热

情、始终保持一种积极主动且真诚服务的态度,那么我们相信,你的真心一定能够换来客户的信任与合作,在与客户友好合作的过程当中,你也必将能获得进步和成长。

　　客户是十分敏感的,你在与他们进行沟通与联系的过程当中是否足够热情、是否真诚而友善,他们只要稍一用心就能够有所感知。而一旦客户认为你并非是以一种真诚的态度去与自己进行沟通,那他们就很难真正放下心来与我们进行合作。对于曾经与我们有过合作的老客户来说同样如此,即使过去他们曾经对我们充满了信赖并因此而与我们进行了某种程度的合作,但是只要他们感到我们并非真诚关心他们而且我们不能给他们以令人满意的服务,那他们对我们的信赖就会很快消失,然后他们就会马上把合作之手伸向我们的竞争对手那里。看来,无论是开发新客户还是维护老客户,要想留住客户,我们就必须始终用真心去对待他们,这一点任何一位员工都要时刻铭记。

第八章

真诚合作搭建心灵之桥

如何才能将与客户友好合作的关系长久地保持下去？如何才能实现与客户的共同成长？这需要以有效的客户沟通为基础，如果不能与客户之间进行有效的沟通，那么彼此间的矛盾就无从解决，双方之间的利益关系就无法得到有效的平衡。有沟通才能有合作，有合作才能有成长。与客户保持良好的沟通应当成为每位员工一项最基本的必修课，如果这门课程不及格，那么就不能称得上是位合格的员工。

开拓有效的沟通渠道

××公司的销售人员在第一次拜访客户公司的一位工作人员的时候因为一些误会而与这位工作人员发生了一些矛盾。这位工作人员正是客户公司负责某一项目的项目经理,而这一项目也正是××公司希望与客户公司进行合作的一个重要项目,而且××公司的领导层还表示,希望通过与客户公司在这个项目上的友好合作来进一步开拓本公司与客户公司今后的长期合作关系。

也就是说,如果这个项目拿不下来的话,那么影响的绝不仅仅是在这个项目中公司所能获得的利益,而且还会影响公司与客户公司的长期合作。然而,要想拿下这个项目本身就很难,因为有很多竞争对手都在跃跃欲试,更何况公司的销售人员在第一次拜访客户的时候就与该项目的负责人发生了矛盾。尽管面临重重阻碍,但××公司的销售经理仍然决定全力以赴去争取这个项目,不到最后关头他绝不轻易放弃。

可是,有着多年销售经验的销售经理十分清楚自己的处境,要想拿下这个项目确实是太难了。除了要面对竞争对手来势凶猛的一轮轮竞争之外,首要的问题也是最关键的问题,就是要消除本公司销售人员与客户之间的矛盾,并与客户之间迅速建立起一种全新的、友好交流的关系——事实上,如果不迅速做到这一点,自己的公司很可能刚一走到起跑线、还没有正式开始比赛就已经被客户淘汰出局了。

销售经理不想自己从一开始就输在起跑线上,他决定尽自己最大努力及早打开与客户之间的沟通渠道。首先,这位销售经理找到自己的一位大学同学,因为他记得这位同学有一个亲戚就在这家客户公司工作，虽然从大学同学那里得知他的这位亲戚刚刚离开那家公司，不过这位销售经理仍然拜托大学同学让他的亲戚尽可能地约客户公司的那位项目经理一起好好谈一谈，而且这位销售经理还一再强调，这次谈话的主要目的就是要向那位项目经理澄清误会、表示道歉。

工夫不负有心人，那位项目经理终于同意与销售经理见面了。通过这次见面，销售经理不仅通过自己的真诚和热情有效地消除了客户之前与本公司销售人员之间的矛盾，而且还为客户留下了良好的第一印象，同时客户还表示，他愿意给该公司一次与其他公司一起竞争这个项目的机会。

之后，这位销售经理又通过助销渠道得到一条信息：以前一直与客户公司保持长期合作的一家很有实力的对手公司由于经营不善出现资金断裂问题，目前正在进行大规模的公司内部整改，因此决定放弃这次与客户公司的合作。在得到这一信息之后，销售经理又迅速调整自己的销售方案，决定抓住机会，及时与客户展开沟通。

通过销售经理及其他工作人员的共同努力，客户公司与××公司之间的合作洽谈终于顺利展开了。这位销售经理还相信，今后自己与客户公司的合作绝不仅此一次，他希望能以此作为与该客户公司长期合作的大好开端。

与客户实现共同成长的关键就是要与客户展开友好的合作关系，因为只有通过友好的合作，企业与客户之间才有可能在相互满足需求的基础之上获得自身的利益与成长的机会。

然而，在现实生活当中，我们可以发现这样一种令人无奈的现实：并非在企业与客户之间存在着相互满足需求的关系，彼此就能够友好合作。

也就是说，在现实生活当中，虽然企业的产品或服务能够满足很多客户的需求，这些客户也能够从与企业的合作过程当中获得一定的利益、实现某些方面的进步与成长，可是，往往有很多客户并不愿意与企

第八章 真诚合作搭建心灵之桥

业建立友好的合作关系。

是因为客户不愿意抓住这种既能获得利益又可以实现自身成长与进步的机会吗？当然不是，如果客户知道他们能够从与企业的合作当中获得一定的利益，并能通过与企业的合作实现自身的成长与进步，那么客户就一定不会放过这样的机会。

那么，问题到底出在哪里？相信很多善于分析问题和总结问题的员工已经想到了——问题很可能就出在我们自己身上，虽然与客户合作往往能够为其带来一定的利益、价值及成长空间，这是一种事实，然而在与客户进行沟通的过程当中，我们往往不能很好地说服客户认同和相信这一点，甚至从沟通的最初阶段就不能在客户和自己之间建立一种良好的沟通关系。

就拿处于营销工作第一线的销售人员来说，虽然每一位销售人员都抱着满腔热情去努力说服客户与我们进行合作，然而在经历过无数次销售失败的经历后，销售人员们往往都会总结出这样一个经验：仅仅凭借一腔热情去冒冒失失地与客户进行交流，一般都不会获得理想的推销效果。几乎从一开始，这样的销售就注定要以失败收场，因为大多数客户对这样冒昧的推销都会产生严重的抗拒和排斥情绪。这些负面情绪无疑会在销售人员与客户之间树立一道厚厚的隔阂，整个沟通过程将因此而充满阻碍。

如何消除隔阂、减少阻碍？这是销售人员一直都在苦心思索的一个难题。解决这个难题，当然要从畅通无阻的沟通入手，而要想创造一个畅通无阻的沟通氛围，首先考虑的就是保证沟通渠道的畅通，如果没有畅通的沟通渠道，那销售人员不仅要花费大量的时间和精力解决横隔在自己与客户之间的阻碍，而且很可能还会失去重要的潜在客户。

保证畅通的沟通渠道需要销售人员从多种途径出击，以争取在最短时间内赢得客户好感、化解客户的排斥心理。通常，沟通渠道可以利用以下几种途径得以实现：

● 中高层管理者事先织就的关系网

现在很多企业都会利用中高层管理者的关系网来拓展客户，通过关系网建立的客户关系往往比较持久和牢固。一些销售人员可以利用本公司中高层管理者的关系网直接与目标客户进行沟通。有了关系网的铺垫，这些目标客户会比较配合销售人员的活动，只要销售人员不出现重大漏洞，这样的沟通一般都会在愉快畅通的氛围中继续下去。

可是，销售人员必须知道，依靠公司或他人的关系网拓展客户，这毕竟不是长远之计。要想真正提升自己的沟通技能、实现持久的客户联系就必须建立自己的关系网。这在最初虽然存在很多困难，但是这种关系网一经建成并能够得以长期维护，那你今后的客户资源将会源源不断。建立关系网的方式有很多，比如通过亲戚朋友结识一些潜在客户，或者积极参加一些与本职工作相关的商务活动等。

● 客户认可的介绍信或推荐电话

如果你手中有一封客户认可的介绍信，或者在你约见客户之前找一位有影响力的人物帮你打一个推荐电话，那你会在最短的时间内得到客户的认可。当然，利用这一途径时，你最好首先弄清楚推荐者与客户之间的关系。

● 报纸、杂志等媒介

那些销售高手们经常在媒体刊登的资料中寻找相关信息，比如报纸上刊登的公司成立与迁移信息、讣闻或企业名人录等，这些信息常常会帮助他们在第一时间内把握客户的需求，从而保证沟通渠道的畅通。

● 助销渠道

很多旅游公司会和比较大的旅馆和饭店展开合作，旅馆、饭店为旅游公司提供客户资源，旅游公司会为他们支付一定的费用。旅馆和饭店就是旅游公司开拓的一种助销渠道，销售人员也可以利用不同的助销渠道获得客户资源。比如，福特汽车公司的销售人员经常找一些计程车司机、汽车维修公司的维修人员、高级饭店的领班或经理、高级俱乐部的服务人员作为他们的助销员。这些助销人员会在工作的同时留意有购车意愿的客户，一有消息立刻通知销售人员，事成之后，再给助销人员支付一定的费用。

助销人员提供的信息一般比较准确可靠，面对需求亟待满足的客户，彼此沟通起来自然会通畅许多。

除了以上几种途径之外，销售人员还可以利用老客户的介绍以及公司新组织的产品派送活动等与潜在客户展开沟通。总而言之，销售人员应该尽可能地利用一切可以利用的途径保证沟通渠道的畅通，从而创造一个良好的沟通氛围。

为了与客户之间的合作顺利进行，就要尽可能地开拓畅通有效的沟通渠道，通过这样一种沟通渠道，我们才有可能与客户之间营造和谐愉悦的沟通环境。

只有这样，客户才会消除对我们的戒备心理与不满情绪，才更加愿意了解自身在合作过程当中所能满足的需求及获得的利益。而这些，也正是我们与客户展开友好合作的关键。

在任何时候，我们都要记住一点：开拓有效的沟通渠道，这对于实现我们与客户之间的友好沟通至关重要，一旦某种沟通渠道受到了阻碍，那么就要想办法开拓其他渠道与客户展开友好交流——往往你开拓的渠道越丰富，你的成功概率就越大。

选择合适的沟通方式

山本先生完全有能力购买家庭保险，而且他也很关心自己的家人。可是当原一平劝他投保时，他总是提出异议，并且进行了一些琐碎且毫无意义的反驳。原一平意识到，如果不用点什么好对策的话，这次谈判大概不会成功了。

原一平凝视着山本先生说："山本先生，实际上您对自己购买家庭保险的要求已经十分明确了，而且您也有足够的能力支付相关的保险费用，更重要的是，您比任何人都关爱家人的安全和健康。不过，您仍然不能下定决心购买保险，这可能是我此前向您介绍的保险类别不太适合您。也许我不应该让您签订这种方式的保险合同，而应该签订一种'29天保险合同'。"

山本先生显然不明白原一平说的这种保险合同是一种什么类别的保险，于是他问道："'29天保险合同'？这是一种什么类别的保险合同？"

山本先生的疑问完全在原一平的意料之中，他向山本先生解释说："简单地说，'29天保险合同'与过去我向您介绍的合同类别保险金额是相同的，满期退金也是完全同额的。而且'29天保险合同'还具有和此类保险同样重要的功能：第一，设想您万一失去支付能力而无力缴纳保险费用，或者因为意外事故而造成死亡时，则约定'免交保险费'；第二，假如出现上述问题时，保险公司必须对您履行'发生灾害时增额保障'的义务。希望您不要介意，这完全是为了说明这个问题进行的设想。"

停顿片刻之后,原一平继续说道:"这种'29天保险合同'还有一个特点,那就是购买这种保险的人只需要花费正常规模保险合同50%的保险费用。从这方面来说,它似乎更符合您的要求。"

山本先生的确对这个条件很感兴趣,这从他吃惊而喜悦的神色中就可以看出来。他又问原一平:"既然它可以拥有与正常规模的保险合同同样的保险金额和保险条件,为什么只要花费50%的保险费用就可以了?这个'29天保险合同'应该还有一些特殊的要求吧?"

原一平知道这下才到了谈论问题实质的时候了,不过他并没有表现得相当急切,而是仍然用不紧不慢的语调说道:"山本先生,您提出的这个问题正是我接下来要介绍的,这种保险最独到的特点就是您这一问题的答案。所谓的'29天保险合同'就是指您每月受到保险的日子是29天。比如这个月是4月份,有30天,您可以得到29天的保险,只有一天除外。这一天您可以随意选择。您大概会考虑星期六或者星期天吧?因为这种休息时间您通常可以自由支配。"

稍微停顿了一下之后,原一平继续说道:"不过,您打算如何支配您的休息时间呢?为了更有保障,您可能会选择待在家里。其实据有关统计数据表明,家庭是最容易发生危险的地方。"说着,原一平将一些统计资料交到山本先生手中。

刚才还出现在山本先生脸上的喜悦表情这时已经荡然无存了。原一平此时将声调提高了一点,他说:"山本先生,如果您现在马上让我从您家出去的话,我会认为那是情理之中的事情。因为我说了不应该说的事情,我提议的这种保险方式是对您和您家人的不负责任,而您对家人的责任感却相当强烈。我在说明这种'29天保险合同'时说,您每月有一天或者两天没有保障,我担心您会想:'如果我正是在这个时间里发生意外伤害怎么办?'"

山本先生很诚恳地点了点头,表示认同原一平的说法。

原一平直视着山本先生说:"山本先生,请您放心。刚才我提出的

这种'29天保险合同'只是我冒昧地说说而已,目前我们公司并不认可这种保险方式。所以,您不必为刚才的想法担心。我相信,您早就意识到了正常保险规模的意义。有了这种保险,您一周7天之内的任何一天都有足够的安全保障,在一天24小时里的每一小时都不会被忽略。不管在什么地方,不管您是在工作、出差还是休闲,您都会享受到安全的保障,您的家人也会得到这样的保障,这一定正是您所希望的吧?"

此时山本先生还有什么可说的呢?他高高兴兴地购买了费用最高的那种保险,因为他要保证自己和家人时时刻刻都处于一种足够安全的保障体系当中。

在与客户进行沟通的过程中,很多员工经常遇到的一个问题就是:自己费尽九牛二虎之力准备的信息资料及沟通策略似乎到了客户那里就都失去了作用,无论自己多么努力,只要一谈到有关双方合作的具体事宜,客户就会表示拒绝。

这类问题的出现将直接影响企业与客户之间合作的顺利开展,可是面对这类问题,你该如何去解决呢?如果不能说服客户与自己展开友好的合作,那么对于你来说最要紧的事情就是要对自己所采取的沟通方式进行深入的反思了。

如果你采取的沟通方式不能得到客户的认同,不能与客户之间建立一种良好的沟通氛围,那么你与客户之间的合作必定会出现一连串的问题。

至于如何选择合适的方式去与客户进行沟通,其实在不同的情境下、针对不同的客户,所采取的沟通方式都是不同的,而在采取灵活多变的沟通方式的同时,在与客户沟通的过程中还需要注意掌握以下几条重要原则:

● **对客户提出真诚而切合实际的购买建议**

无论营销人员运用多么娴熟、灵活的方式去与客户沟通,都必须坚

守这样一条基本原则，那就是对客户一定要充满真诚，要真正地着眼于客户的实际需求。

在实际生活中，很多客户对于他们自身的需求的认知是比较不准确的，他们认为自己需要的某些产品或服务有可能并不一定适合他们，而有时他们先前不看好的产品或服务可能正好可以满足其需要。对于这类客户，营销人员应该根据客户的实际需求在沟通过程中认真加以分析，然后提出最符合客户需求的建议。

值得注意的是：在真诚提出建议的时候，千万不要指责客户先前的不准确认识，要真正地站在客户的立场上、完全为他们的需求着想，并且要用自己的真诚去赢得客户的信任与合作。另外，千万不要为了眼前的利益而向客户提一些不符合客户需求的建议，你的这种做法迟早会被客户看穿，而一旦让客户发现你的不良意图，那你与客户之间精心建立起的友好关系就会瞬间瓦解。

● 不随意攻击竞争对手

在与客户进行沟通的过程中，往往很难避免提到竞争对手与本公司在各方面的比较。在谈到竞争对手的时候，一些员工错误地选择了采用充满攻击性的语言去恶意评价竞争对手。这些员工以为通过自己的攻击和游说，就可以破坏竞争对手在客户心目中的形象，并能在此基础之上说服客户与自己进行合作。

毫不客气地说，这些员工的想法纯粹属于痴心妄想！因为当你在客户面前恶意攻击竞争对手的时候，你破坏的通常都是自己在客户心目中的形象，你的做法会令客户产生轻视心理，并且这种轻视心理还会直接影响客户对于你所代表的企业的看法。

员工要认清一点，在与客户进行沟通的任何一个环节当中，你都不能随意地对竞争对手进行攻击，因为你与客户之间的友好合作并不能靠诋毁和攻击竞争对手的方式去实现，甚至你还会因为自己的这种不当行为而引起客户的反感与疏离。

● **根据客户需求调整沟通方式**

创造良好沟通氛围的关键在于客户的态度，要想使客户愿意与你保持友好沟通，你就必须做到使客户满意。这需要你首先认清自己在沟通中所处的地位，有些员工把自己视为沟通活动的导演加主角，客户只处于附属地位，客户要说什么、想做什么几乎都要受他们的摆布，之后还将这种摆布美其名曰"引导"。

客户其实十分讨厌这种分工，他们不喜欢像洋娃娃一样被随意摆布，他们也不愿意强迫自己适应这种员工开展的活动。你应该认识到，在这场沟通过程中，客户才是真正的主角，只有他们愿意，这场沟通才可能继续下去；只有他们的需求能够得到满足，最终才可能实现交易的成功；只有让他们对所购买的产品感觉放心和舒适，才可能与你建立持久的联系。

所以，你应该根据不同客户特点去适应客户，而不应该让客户迁就你；应该随时关注客户的需求和态度，并尽可能地使他们感到满意，而不是完全按照你自己的意愿告诉客户下一步该干什么、不该干什么。

员工要根据客户的需求和态度变化来调整沟通方式，而不是一成不变地用自认为合理的套路与客户沟通。这需要你在沟通过程中既要仔细观察，又要不断进行换位思考。假设，如果自己站在客户的立场上，会关注哪些事情、喜欢用什么样的方式与人交流、希望得到怎样的尊重与关爱等。

真正替客户着想的员工，客户会把他们当朋友一样看待，这是每一次合作成功的基础，也是双方之间能够保持长期合作的有力保障。因此，无论我们面对怎样的客户，无论我们采用怎样的方式去与客户进

第八章 真诚合作搭建心灵之桥

行沟通,都必须做到对客户充满真诚的尊重、关爱和理解,并且要根据客户的心理及需求特点来选择合适的沟通方式。

千万不要完全按照自己的意愿去将某种自认为合理的方式强加到客户身上,因为这样会令客户感到不自在和不满意,而一旦客户感到不自在和不满意,那么无论你在沟通过程中表现得多么精明能干都无济于事。你一定要明白,合作是你与客户两方面的事情,而合作的基础则是良好的沟通,因此在选择沟通方式的过程当中一定要着眼于客户的需求、考虑到客户的感受。

精心准备拜访,打有把握之仗

美国钢铁公司在当时的美国工商界是有名的"铁公鸡",对成本控制非常严格。这家公司虽然在美国的钢铁生产行业,乃至全美国的商业领域都居于重要的领先地位,但是该公司也一度因为种种原因而出现了诸如公司高层频繁变动、重要人才不断流失、财务状况陷入低迷等一系列严重问题,这些问题的出现曾经使美国钢铁公司陷入非常困顿的境地,而正如这些问题的出现并非一朝一夕形成的一样,要想使问题得到有效解决、公司走出困境也并非那么容易。在这种情况下,该公司的领导层都感到了压在自己身上的担子十分沉重。

虽然公司面临较为严重的困境,但是公司的各项工作还必须得到很好的运转,否则公司只会面临更大的问题。就在美国钢铁公司处于这样一种困境的时候,MCI 公司和 AT&T 公司都在争取该公司的通信项目。MCI 公司派出经验老到的项目经理,去见美国钢铁公司主管该项目的副总裁。他一进副总裁办公室就开始大谈 MCI 公司方案的优势和如

何能帮助美国钢铁公司降低成本，结果不到 5 分钟，该项目经理被无情地扫地出门。

AT&T 公司的经理紧随其后赶到美国钢铁公司副总裁的办公室。按常理，在此情景下不会有什么好果子吃。此人是专做客户关系的经理，而非项目经理，有备而来的他把美国钢铁公司近二十年的发展资料、重大事件、高层变动、财务报表以及目前存在的问题做了透彻的研究。

一进副总裁办公室，他就直接谈美国钢铁公司目前面临哪些问题。那位副总裁原本想更好地羞辱一番 AT&T 的经理，不会给他超过 2 分钟的机会。但他发现 AT&T 公司的经理所提到的很多问题都正是本公司确实存在的问题，而且对方提出的某些问题他自己还没有意识到。在这种情形下，那位副总裁对来自 AT&T 公司的这位客户关系经理产生了浓厚的兴趣，还请他吃晚饭。AT&T 公司最后赢得了美国钢铁公司的合同，并且得到了很好的回报。

在每一次拜访客户之前，千万不要打没有把握之仗——如果没有做好充分的准备，那么你还不如等到做好准备之后再去拜访客户，因为缺少精心准备的拜访只会令你与客户之间的沟通更加艰难。优秀的员工在拜访任何一位客户之前，都会回顾一遍所有的细节，他们会研究以往的拜访记录，阅读从潜在客户处收集来的介绍和信息，所以他们的潜在客户在交谈一开始，就会立刻感受到他们的确是有备而来。

为成功实现拜访所应做的准备包括三个方面：拜访前的调查研究，拜访的明确目的以及拜访后的分析。

● **拜访前的调查研究**

在拜访客户之前，你首先应该尽可能多地收集潜在客户或是潜在客户所在公司的信息。通过因特网、当地图书馆、报纸或与客户熟悉的人群等其他渠道收集这些信息。而且在你收集某个公司信息的时候，你

可以前往那里进行拜访，或者请那个公司的人将他们近期用来开拓本公司市场的产品信息小册子以及其他销售资料寄给你。拿到资料后，通读这些材料，并对其中的主要观点做笔记。你的前期调查研究工作做得越充分，最后坐下来和客户交谈时，你的发言就会越发显出你的信息灵通、思维睿智。

● 拜访的明确目的

在这一阶段，你应该预先对拜访的各个细节进行仔细思考，认真计划。在你动身拜访客户之前，假设客户问："你将要与谁见面？你将要问他什么事情？通过这次拜访你希望得到一个什么样的结果？"无论对于上述问题你将给出怎样的回答，在拜访潜在客户之前，一定要认真思考这些问题并得出你的结论。对你来讲，最好将你要说的写在纸上，以便在你和客户交流的时候，把这些问题提出来。客户喜欢那些精心准备了书面提纲的拜访者。

● 拜访后的分析总结

对客户进行拜访后，立即拿出一些时间来回忆刚刚结束的这段谈话中的每一个信息，并将它们写下来。在这方面不要过于相信你的记忆力，也不要等到一天的工作全部结束后再去回想与客户谈话的情况。将你所能够回忆起来的每件事情都写在纸上，早晚你会发现，这样的记录对于你将一位潜在客户发展成真正的客户会有多大的帮助。

只要存在疑问，就一定要进行充分而有效的准备！只要你有过多次与客户进行交流的经验，你就一定会产生这样的深切感受：你所有的准备都会在某个不经意的沟通过程当中对你产生某种帮助，在激烈的竞争形势下，你所做出的准备永远都不会太多。

总而言之，在与客户沟通的过程当中，虽然客户不会总是嫌我们准备太少，但是他们却一定会与那些准备更为充分的企业展开更进一步的合作。

这是因为，在客户看来，你在拜访过程当中没有进行充分而认真的准备就贸然采取行动，这只能表明你并不看重与客户之间的合作，而且也不尊重客户本人。退一步讲，即使客户不会产生这样的想法，如果你在拜访客户之前对客户的实际需求、面临情境等问题知之甚少，那么你又拿什么去说服客户与你进行合作呢？

不管在哪一领域，精心准备、有备而来都是一种专业的标志。这要求你有着广博的知识积累，熟悉客户所在的行业和发展趋势，了解客户当前的状态和困难。你是否愿意去做精心准备以及你是否有能力进行精心的准备，这对于你将来是否成功和是否能够获得你想要拥有的财富至关重要。

对事不对人，解决问题才是关键

某公司新招聘了一批销售人员，按照公司规定，新招聘的销售人员需要通过三个月的实习期才能成为公司的正式员工。公司还规定，在实习期内，新招聘的销售人员必须在公司老销售人员的带领下亲身到销售第一线进行实践体验。

公司新招聘的销售人员小张随着公司的老销售人员刘某一起去面见一位客户。在他们刚刚向客户表明自己的身份之后，那位客户就用一种充满审视的目光盯着他们看了很长时间，然后便冷冷地说："我听说现在有些人冒充推销人员上门推销东西，一看到家里没人就撬门偷东西，如果家里有人就用一些花招骗人。我宁可不买东西，也不愿意被你

们这些人给欺骗了。"听到客户这么说,小张有点沉不住气了,他正要发作,带他前来的刘某很快用眼神和手势制止住了小张,然后热情地对客户说道:"我们这些正规厂家的推销人员其实最痛恨那些骗子了,那些人不仅破坏了我们的名誉,而且还使很多人家里受到了严重损失,真应该得到法律的严惩。不过真金不怕火炼,您的火眼金睛一定能让那些家伙无处藏身,我今天真是有幸能为您提供服务。"

听到刘某这样说,客户又不屑一顾地说:"来推销东西的人都说自己是正规厂家的,可是又有几个是正规厂家的呢?想想也是,如果说自己不是正规厂家的,又怎么好去骗人们相信他们呢?"

小张听到这里,脸上已经现出了愤愤不平的神色,刘某想到客户今天的态度和情绪不是很好,于是决定退一步,等再寻找合适的时机与客户进行友好协商。于是,刘某从自己的文件夹中拿出公司制作的几张精美的宣传品放到客户面前,并且用积极的语调说道:"这是我们公司的宣传品,如果有时间的话,您可以好好看一下。另外,在宣传品的下方还有我们公司的网站,您通过网站可以更加清楚地了解我们公司的品牌与实力,当然,如果您还有哪些需要或问题的话也可以随时给我打电话,这是我的名片。"说到这里,刘某顿了顿,他看到客户的眼睛正投向那几张精美的宣传品,于是他又站起身说:"不好意思,今天打扰您了,谢谢您能腾出时间接待我们……"

在刘某与小张走出客户家之后,小张忍不住开始抱怨了:"这样的客户根本就是不尊重咱们做销售这一行的,你看看,从一进门开始,他就把咱们和骗子混为一谈了,而且我看他就是故意要这么做的,他是存心和咱们过不去。"

听到小张的抱怨,刘某笑了笑,然后正色说道:"从这位客户的态度上看,他确实是对我们存有成见。不过,这也不能怪客户,因为现在的确有很多人打着销售产品的旗号去欺骗消费者,让消费者吃了不少亏、上了不少当。看来,要想真正地打消客户对我们的成见,我们就必须用诚心去赢得客户的信任。"

"可是，要怎样才能赢得这类客户的信任呢？看看刚才，你都告诉他咱们是正规厂家的了，可他呢，还不是一副拒人于千里之外的态度。依我看呀，这种客户不理也罢，和他们沟通，简直就是自找没趣！"小张依然是满腔的不满，而且看上去他是越说越生气了。

看到小张这副模样，刘某不由得停下脚步对小张说："作为销售人员，我们不可能要求客户一见到我们就对我们及我们的产品和服务充满了热情，而且这也是不现实的。的确，客户有时会对我们抱有成见，但这种事情本身并不是客户的错，而且对于我们来说，最重要的事情并不是对客户的成见表示不满，而是引导客户放下成见，领会我们的诚意，愿意心平气和地与我们进行沟通。再好好想一想，如果我们本身都不能做到心平气和地面对这一切，那我们又如何去说服客户与我们进行心平气和的沟通与交流呢？"

停了片刻之后，刘某又对小张说，"另外，我想说的就是，作为公司的一员，要想在公司有所发展，那就永远都不要把问题和责任推到别人身上，尤其不能推到客户的身上。因为客户就是上帝，客户永远都是对的，即使客户有不对的地方，也要把客户的需求和感受放在第一位，不能把解决问题的责任放在客户身上。"

听到刘某说完这些，小张沉思了很长时间没有说话，之后当感到刘某正用力拍自己的肩膀时，小张握紧刘某的手对他说："今天是我进公司以来收获最多的一天……"

沟通的目的是为了更好地解决问题，既要解决阻碍企业与客户顺利合作的问题，又要帮助客户解决他们遇到的难题，同时还要有效地消除存在于客户与我们之间的隔阂与矛盾。要想很好地解决这些问题并不容易，也正因为不容易，所以才有了优秀员工与一般员工的区别，才显示出了现代企业竞争中优胜劣汰这一生存法则的重要意义。

那么，在工作实践当中，那些在激烈的商业竞争中取得优胜地位的

第八章 真诚合作搭建心灵之桥

企业以及那些做出了出色成绩的优秀员工是如何突破重重困难解决了一个又一个的难题，并通过良好的沟通达到与客户友好合作的目的呢？让我们看看在面对难题之时，这些优秀企业与优秀员工身上所共有的一些特点吧：

● 从不把问题和责任推到客户身上

无论是一个优秀的企业，还是一个优秀的员工，都懂得"责任到此为止"的道理——即使是面对再大的困难，他们首先想到的都是如何使问题得到及时而有效的解决，而不是像那些平庸的企业及员工一样首先把问题和责任推到他人身上。尤其在与客户进行沟通的过程当中，那些优秀的员工更是不会把问题和责任推到客户身上，因为这些优秀的员工通过自己多年的经验深刻地认识到，把问题和责任推到客户身上的做法非但对于问题的解决没有任何益处，而且只会令客户离自己更远，只会令客户与自己之间的沟通朝着更坏的方向发展下去。

● 始终着眼于实际问题的及时解决

除了从来都不把问题和责任推到客户身上之外，那些优秀的员工还会始终着眼于实际问题的及时解决，当很多员工正在花费时间和精力为自己所遭遇的困境与难题寻找理由与借口的时候，这些优秀的员工却将自己的时间与精力都积极地投入到了实际问题的解决上。他们深知时间与精力的宝贵，他们更清楚如果现已存在的问题得不到及时而有效的解决的话，那么问题就会变得更加严重。事实上，也正因为有了这些优秀员工的积极努力，企业内部以及与客户沟通过程中出现的种种问题才能得以及时有效的解决，企业与客户才能形成友好合作的关系，企业、客户及员工本人才能得到不断地进步与发展。

面对激烈的竞争形势，每一位员工都需要从根本上具有努力解决问题的态度与信心，要始终如一地把注意力放到实际问题的及时解决上。而在现实生活中很多企业员工都做不到这一点，因为他们总是把注意力放到探究问题出在谁的身上、责任应该由谁来负责的事情上。

在与客户进行沟通的过程中，总是会出现各种各样的问题，而且客户也确确实实会有意识地制造一些问题以拒绝合作或为自己赢得更多的筹码。在这种情形之下，这些员工更是会抓住问题本身不放。结果呢？经过多方努力和证明，问题也许确实是出自于客户一方，可是随着这些问题一再被推托，最终企业与客户之间的合作只能化为泡影。

当摆在你与客户面前的是一系列难以解决的问题的时候，甚至从你与客户进行沟通的一开始，客户就总是存在着强烈的排斥心理，他们会对我们的营销活动感到不满，抵触与我们之间的合作。此时，我们要做的就是积极主动地一一解决这些问题，当问题得到及时而有效的解决后，客户的态度自然会由排斥和抵触转为友好合作了。

客户产生不满和排斥心理是十分正常的，这是由很多客观及主观因素所决定的，既然这一点我们无法改变，那我们就要着眼于实际问题的及时解决，而不要太在意客户的消极态度，更不要得理不饶人，因为我们的目的是与客户展开良好沟通、实现与客户的友好合作，而不是打败客户、让客户感到理亏。

既然在沟通过程中总会不可避免地出现一些问题，那么身为一名员工，就要努力找到解决问题的有效方法，因为解决问题才是实现良好沟通和双方合作的关键。

无论问题出自于哪里，最终我们都要肩负起解决问题的责任，这是我们自身的工作职责所在，也是实现自身成长与进步的机会所在。做到这些固然非常不容易，但是如果我们能够努力做到这一点，就必将赢得客户的信任与合作。

争取得到客户的信赖和良好的口碑

李志军是某保健器材的销售人员,他在一位老客户的介绍下认识了某公司的牛总。李志军在见到牛总之前就得知,牛总对父母的健康非常在意,但是由于工作太忙而无法经常在父母身边进行照顾。

当李志军与牛总寒暄过后,李志军向牛总介绍了这种保健器材的一些功能和特点。牛总说他目前没有这方面的需求,如果有需要的话他一定会与李志军进行联系的。李志军当然听得出来,牛总是在下逐客令。可是李志军并没有在意,他又说:"听说您的母亲就要过七十大寿了,人生七十古来稀呀,不过以您母亲的身体状况就是活到100岁也没什么问题呀!"

听到李志军的话,牛总不由得慨叹道:"呀,虽然我母亲保养得一直很好,可是毕竟年龄大了,身体一日不如一日了呀,最近就时常闹些小毛病,我已经买了很多药回去,可是还没太见好。"

李志军接着说:"其实老年人身体状况不好光靠吃药是没有用的,关键还是要经常做些有益的活动,这样一来不仅可以增加身体的抵抗力,而且还可以使他们在运动的过程当中保持一种良好的精神状态。您也清楚,保持良好的精神状态对于老年人的身体健康来说是十分重要的。"

牛总仍然神色严肃地说:"以前他们也经常出外参加一些活动,可是最近他们自己总觉得太累,再说我也怕他们到外边活动出现什么问题不好及时处理。这个问题愁坏我了。"

"我们公司的产品正好可以帮您解决这个难题……"李志军接着说

道。然后他又向牛总说明了公司所生产的各种保健器材的特点与功用，同时他又结合牛总父母的身体条件与年龄状况向牛总推荐了一款使用方便、性能良好的保健器材。他还告诉牛总，虽然这款器材价格不是最贵的，但却一定是最适合牛总父母的，有很多老年人都对这款产品给予了很高的评价。

在达成了合作意向之后，李志军还详细询问了牛总母亲过70寿诞的一些具体情况，然后表示，他一定会在老人70寿诞之前把货送到老人家里。而牛总却说："你先把它送到我的办公室好吗？我想先好好地琢磨琢磨这种器材怎么操作，这样我就可以更好地教会我父母怎么使用了。另外，我还想等母亲生日那一天亲手送给她，给老人一个惊喜！"听到牛总这样说，李志军当即又说："您看这样好吗？我先把器材送到您办公室，您可以一边琢磨一边亲自体验一下这种器材的功用，等到老人寿诞的时候我再带人帮您把东西运到老人那里，到那时我再亲自给老人演示一下具体的操作方式。另外，如果在这期间您认为这种器材确实不适合您父母的话，您可以随时与我联系进行退换货！"

听李志军说完这些的时候，牛总深受感动，他动情地说："怪不得我的朋友会向我推荐你，最初我并不想购买这种产品，只是因为不想驳朋友面子才同意与你见面的。可是没想到你是如此的替我及我的父母考虑，难怪我的朋友说你是一位值得信赖的销售人员，看来他的话没有错，而且他让你来这里更是做了一件大好事。小伙子，谢谢你，如果我周围有人需要保健器材的话，我肯定会把你推荐给他们的！"

真正优秀的员工并不只是靠一张嘴去与客户进行沟通，他们会通过自己的真诚与关爱去实现与客户之间的心与心的沟通。如何才能实现与客户之间的心与心的沟通？关键是要赢得客户的信赖，有了信赖才有心灵相通的基础，如果连基本的相互信赖都达不到，那又如何开展有效的沟通，如何达成合作的目标？

客户的信赖需要靠员工长期的努力来获得和维护，无论在与客户沟

第八章 真诚合作搭建心灵之桥

通的任何阶段,员工都要对客户保持诚信,如果你欺骗了客户,那他们迟早会有所察觉,一旦他们感到自己被欺骗,那你就永远别想与他们展开合作。而一旦我们获得了客户的信赖,并能使客户对我们的信赖不断地保持下去,那么我们从客户那里获得的将不仅仅是一两次合作的成功,而且还会赢得良好的口碑、塑造良好的个人形象及企业形象。那么,怎样才能做到这些?一些员工可能会选择不断向客户信誓旦旦地进行各种各样的承诺和保证,这些做法果真有效吗?其实,要想真正地争取到客户的信赖和口耳相传的良好口碑,光靠承诺和保证是远远不够的,而且如果你的承诺和保证过于泛滥的话,反而会令你失去客户的信任。在此,我们建议企业员工在实际的沟通过程中应注意以下几个问题:

● 对客户的要求进行适度承诺

适当的承诺的确可以增强客户对企业以及双方合作的信心。如果在沟通的过程中,对于客户比较关心的一系列问题,你都不能及时给予坚定承诺的话,那么客户就会对你所在公司的产品或服务产生疑虑,从而不利于接下来的沟通与合作。所以,在具体的沟通过程中,如果客户提出的要求是合理的,同时确保己方可以通过努力满足客户的要求,而且这些承诺有利于坚定客户的信心、促进合作的实现,那么你就可以做出有力的承诺。

但这并不是说对于所有的客户要求,你都要进行承诺。在面对客户的要求时应该有选择、有技巧地进行承诺。比如,在确定客户的某些需求我们无法给予满足的前提下,就千万不要轻易进行承诺。这时,可以采取其他沟通技巧来淡化客户在这些方面的需求,或者真诚地向客户表明你的难处。

例如:

"您希望我们上门安装？您一定以为它安装起来非常复杂吧，其实特别简单，我现场给您演示一下，您就什么都明白了……"

"我知道您希望货物最好能在一个星期之内到达，不过您也了解，现在正处于准备迎接'奥运'期间，各个地区都要对城际间的物流进行严格审查，况且现在司机又少……"

如果以上方式仍然无法令客户改变要求的话，那么宁可失去一次合作成功的机会，也绝不要失去最基本的信誉。失去一次合作机会固然有些可惜，但是如果失去了基本的信誉，那以后就可能再也没有挽回客户信任的机会了。

当然，对于己方能够满足的条件，一定要用真诚的态度和坚定的语气向客户进行承诺，要向客户有效地传递我们的真诚与信心，切勿在承诺过程中表现得支支吾吾、唯唯诺诺，因为这样的话会令客户对我们的承诺产生怀疑，进而对彼此的沟通产生不满。

● 及时兑现对客户的承诺

对于客户提出的许多要求，如果你向客户进行了许诺，那就一定要尽全力去实现，即使凭借你自身的力量难以实现，也要通过团队其他成员及领导的帮助去努力兑现。如果你不能兑现对客户的承诺，就会失去客户对你的信赖，这种信赖对于你与客户之间的沟通与合作极其宝贵。

在兑现对客户的承诺之时，要做到尽可能地及时，要知道你兑现承诺的时间越及时就能越早地赢得客户的信赖，而且很多时候，当你过晚地兑现承诺的时候，客户的耐性已经完全丧失，你与客户之间的合作机会也会随之失去。

● 无法兑现承诺时及时予以道歉并采取有效措施补救

对于那些已经向客户做出承诺、最终却无法兑现的事情，一些员工

想当然地以为"只要客户不加以追究，就可以蒙混过关了"。如果你以为可以蒙混过关，那纯粹是一种侥幸心理。客户既然当时要求你做出了承诺，就表明他们对承诺的内容比较关注，如果他们发现你最终没能兑现承诺，即使不加以追究，可是对你的不满也已经形成了。这时，如果你再不及时予以道歉并采取有效措施加以补救的话，那这种不满就会越积越深，最终达到不可调和的地步。

因此，一旦发现我们无法兑现对客户许下的承诺，就要在第一时间向客户表示诚挚的歉意，同时要诚恳地向客户说明承诺无法实现的具体原因。记住，在申明原因的时候，一定要本着尊重实际、认真负责的态度，切勿把你的说明过程变成推脱责任和寻找借口的方式。另外，如果有可能的话，而且只要是有一线可能，你还要主动提出具体的补救措施。例如：

"××先生，对不起，我刚刚发现最初答应给您的那款产品库存不够了。实在抱歉，这都是因为我没有及时查看库存造成的。不过我看到库里正好还有一批产品，质量和功能与您要的那款完全相同，只是颜色稍有差别，我们还可以另外赠送一些零配件，您看可以吗？"

在向客户表达歉意的时候，一定要注意态度的诚恳，不诚恳的道歉态度更会激起客户的不满。同时，提出补救措施时要委婉地向客户表示询问，必须在客户表示明确同意的前提下再予以实施，千万不可自作主张。另外，在选择具体的补救措施的时候，最好选择那些让客户感到增值的服务性措施，这样既会令客户感到你提出的补救措施优于原先承诺的条件，又不会令自身的利益遭到太大的损失。

一定的承诺可以帮助我们赢得客户的信赖，但是只有真正及时地兑现这些承诺之后，我们才可能从客户那里获得良好的口碑。因此，争取得到客户的信赖和良好口碑的关键其实是你做得是否更令客户感到满意，而并非你承诺得是否够多。而且，一旦你的承诺不能及时予以兑现，那么你之前努力保持的良好形象也会受到破坏和影响。

所以，要想赢得客户的信赖和满意，你就要尽可能地做到比承诺的更多。而且在向客户进行承诺之前一定要进行充分的考虑，既要考虑到这样的承诺自己能否及时兑现，又要考虑一旦无法兑现将如何予以有效的补救。如果你没有进行充分的考虑就随意对客户进行承诺，那么你就不会赢得客户的信赖。聪明的员工绝不会这样做，因为他们知道一旦失去客户的信赖后果将会多么严重。

从客户那里寻求双方共识

约翰·柯威尔曾经在惠普公司担任销售代表，他在惠普工作的时候正是惠普公司才刚刚涉足于信息领域的阶段，当时信息领域的所有客户几乎都只知道IBM公司，对于惠普这样一家刚刚起步的信息技术公司还没有人知道它，更没有人愿意与这家公司进行合作。

在这种形势下，约翰·柯威尔来到一家公司推销惠普公司生产的电子设备。可是，当他刚刚表明自己的身份时，那家公司的经理就告诉约翰·柯威尔："你不需要在这里浪费时间，我们一直以来都与IBM保持着良好的合作，而且我们还将继续合作下去。因为除了IBM，我们不相信任何公司的电子产品。"

约翰·柯威尔仍然微笑着注视那位公司经理，他的声音中没有半点沮丧："史密斯先生，我想知道，您觉得IBM公司的产品确实值得您信赖，是吗？"

那位公司经理回答："那当然了，这还用说吗？"

约翰·柯威尔继续问道："那么，您能否说一说，您认为IBM公司的产品最令您感到满意的特点有哪些？"

那位公司经理饶有兴趣地答道:"那要说起来可就太多了,IBM的产品质量一直都是一流的,这一点大家有目共睹。而且这些产品的研究技术在全球也没有几家公司能够与之相比。更重要的是,IBM有着多年的良好信誉,它几乎就是权威的标志。我想仅仅是这些特点,就很值得我继续与其保持合作了。"

约翰·柯威尔又问:"我想,您理想中的产品不应该仅仅包含这些特征吧?如果IBM能够做得更好,那么,您希望他们在哪些方面能有一些改进呢?"

那位公司经理认真想了想回答说:"我希望某些技术上的细节更加完善,因为我们公司的员工有时会埋怨某些操作不够简便,可是我不知道现在有没有办法解决这些问题。当然,如果IBM愿意的话,我还希望产品的价格能够更降低一些,因为我们公司的需求量很大,每年花在这上面的费用一直居高不下。"

约翰·柯威尔此时胸有成竹地告诉那位公司经理:"史密斯先生,我要告诉您一个好消息,您的这两个愿望我们都可以满足。我们公司的技术人才同样是世界一流的,因此对于产品的技术和质量水平您都不用担心。同时,正因为我们公司的这项业务刚刚进步,所以操作起来就更加灵活,我们的技术部门完全可以按照您的要求对贵公司订购的产品进行量身定做。而我们的价格更低,因为我们的目的就是先以低价策略打开市场,赢得一些像您这样的大客户的支持。"

看到自己提出的几项条件惠普公司基本都能满足,那位公司经理当即表示先购进一小批产品试用。

很多有着多年客户沟通经验的员工发现,在与客户进行沟通的过程当中,有时候仅仅凭借自己的满腔热情和辛苦努力是很难与客户达成共识的,而如果能够巧妙地调动客户的热情与积极性,想办法让客户和我们一起努力克服彼此沟通过程中所遇到的障碍与问题,那么存在于我们与客户之间的许多问题便可迎刃而解了。

当然，要想让客户积极主动地参与到与我们的沟通活动当中，热情地与我们达成共识，这就需要你根据每一次沟通的具体情况审时度势地运用一定的技巧。要想达到这样的目的，你在与客户的沟通过程当中需要注意以下一些问题：

● 努力营造双赢的合作氛围

一些企业员工时刻谨记自己与客户展开沟通与合作的目标，那就是完成交易、增加业绩、获得利润。然而，这种纯粹追求业绩与利润的方式非但不会促进目标的尽早实现，反而还会令客户退避三舍，因为这些员工自始至终表现出来的态度与行为只会令客户感到他们的急功近利，而这种感觉会令客户产生严重的警惕心理与防范心理。显然，纯粹地追求业绩与利润的方式非但不能达到预期的赢利目的，反而还不利于我们与客户之间的友好沟通，也不利于我们与客户达成一致和共识。

记住：在与客户展开沟通的过程当中，千万不要只着眼于自身的工作目标，一定要在你与客户之间努力营造一种双赢的合作氛围。为什么要努力营造双赢的合作氛围？因为我们与客户之间的合作本身就必须是双赢的，如果客户无法从与我们的合作当中获得他们想要的东西，那么他们必定不会与我们展开任何合作，我们自身的利益也就无从获得。事实上，也只有让客户明白，通过与我们的合作可以帮助其获得一定的价值、实现一定的目的，客户才愿意和我们展开进一步的沟通。

在努力营造双赢的合作氛围的过程中，一定要在充分结合客户实际需求的基础之上注意自己的沟通方式与方法。比如，当客户说出他们对于产品的期望时，你首先要在内心将客户的理想产品和本公司的产品特征进行对比，明确哪些产品特征符合客户期望，哪些客户要求难以实现。在进行了一番客观合理的对比之后，你就要针对能够实现的产品优势与客户进行有针对性的沟通了。例如：

"您提出的产品质量和售后服务要求,我们公司都可以满足。您可以亲自感受一下产品的质地和制作工艺……我们公司为客户提供的服务项目包括很多种,比如……"

在强化能够实现的产品优势时,你必须表现出沉稳、自信的态度,而且必须保证自己的产品介绍实事求是。同时,在介绍这些优势时要围绕客户的实际需求展开,从潜意识里影响客户,让客户感到这些产品优势对自己十分重要,从而让客户十分明确地认识到与我们的合作是有利于他们自身的。

总而言之,努力营造双赢的合作氛围,这是促进与客户展开友好沟通的关键,也是坚定客户合作信心的关键,做好这一点对于我们与客户展开有效沟通、达成合作共识至关重要。

● **巧妙地对客户进行积极的引导和暗示**

优秀的员工在与客户进行沟通的过程中,一方面会努力营造一种双赢的合作氛围,一方面又会采取各种巧妙的方式对客户进行积极的引导和暗示,这种做法会有效地促进客户更加积极地与我们达成共识。例如:

"那款××型豪华厨具与您挑选的这款厨具在制作工艺上相比的确存在一定差距,不过这两种产品的价格也有着天壤之别……将各方面的条件更加综合地考虑一下,您认为我们做到哪些才能够令您感到满意?"

上述说法其实就是员工在对客户进行某种引导与暗示——客户从员工的这些话里面就会非常清楚地明白一点,既想得到豪华厨具的品质又想支付较低的价格那是不可能的,两者只能取其一。在这种情况下,客户会根据自身的购买能力、实际需求等条件来主动地找到一个平衡点,而这个平衡点往往会使客户与企业之间达成共识。

在对客户进行引导和暗示的过程中,一定要充分结合客户的实际需求及内在心理来进行,根据每一位客户的特点来选择相应的方式。同时,要充分考虑自身产品及服务的特点来进行,尽可能地强化自身产品或服务的优势,引导客户更加关注这些优势,并向客户暗示这些优势是最能满足其实际需求的。一旦我们对客户的引导和暗示在客户内心引起共鸣并不断得到强化,那么我们与客户之间的沟通也会畅通无阻。

与客户的共同成长要靠双赢的合作来实现,而这种双赢的合作能否实现要靠双方之间的沟通来获得。其实,如果客户相信他们在与我们的合作过程中能够实现双赢,那么客户是很愿意与我们合作的。他们还会用长远而全面的眼光来考虑,究竟与我们合作对他们有利,还是与其他企业合作更有利。

在这种情况下,你所要做的就是要努力使客户相信与我们的合作有助于他们自身需求的满足和利益的实现,同时还要让客户坚信,与我们合作能够令他们的利益得到最大限度的实现。

公司是船,客户是帆

周小姐两年前应聘到一家设计公司从事图纸设计工作,工作中她表现出的专业技能一度让公司的同事和领导刮目相看,大家都认为这个年轻人将来在公司里肯定会有很好的发展前途,因为公司里缺少的正是这种专业技能优秀的年轻人才。可是,时间一长,大家就发现,周小姐虽然专业技能出众,可她平时在工作中的表现却只以自己分内的事情为重,只要是与自身业绩无关的事情,周小姐总是表现出一副事不

关己、高高挂起的样子。

比如，一位居住地离周小姐家很近的同事出差去了，正好有一个已经拟定的设计方案需要放到上司的办公室里，于是这位同事就请周小姐帮忙取一下设计方案，然后把设计方案交给公司领导，可是直到公司领导到设计部催问这件事的时候，周小姐才把设计方案交到公司领导手中。结果，公司领导由于没有充分的时间对设计方案进行整改，最终该设计方案没有得到客户的认可，公司因此失去了一大笔生意。

又有一次，周小姐负责和一位客户进行接洽，该客户长期以来一直与公司保持着密切合作。这一次，这位客户想要让周小姐为自己设计公司成立十周年的徽标，这个徽标要载入公司档案当中，还要制作成金质徽章送给那些为公司做出卓越成就的优秀员工。

在听到客户说了一些对于徽标的大致要求之后，周小姐告诉客户她会尽快把自己设计的几种预选方案送到客户那里，最后由客户敲定最终的设计方案。

几天之后，当周小姐把自己设计的几种预选方案送到客户那里的时候，当时与周小姐接洽的那位客户满怀歉意地对告诉周小姐，公司员工对于公司举办成立十周年庆祝大会这件事都非常积极热情，其中有一些员工已经自发地组织设计了一些徽标，因此，周小姐设计的那几种预选方案有可能就不再用了，而且还需要周小姐结合员工自发设计的这些徽标来进行修改和处理。

从事设计工作多年的周小姐深知，如果客户从自己的预选方案当中选择一种方案作为徽标的话，那么就必须支付全额的设计费用，而如果周小姐只是对客户提供的一些徽标进行修改和处理的话，那么就只能得到很少的设计费。

因此，听到客户的这些话以后，周小姐心里感到很不愉快，而且她要求客户必须按全额支付自己的设计费，否则就不会继续为客户提供服务。周小姐的表现当然令客户感到非常不满，最后这位客户不仅将此次设计徽标的工作交给了其他设计公司，而且还决定今后也不准备再与该设计公司进行任何方式的合作了。

在这些事情发生之后，公司领导语重心长地对周小姐说，由于周小姐在维护公司整体利益及为客户服务的过程中所表现出来的种种问题，公司决定对周小姐提出警告。

在看到周小姐一副不以为然的态度之后，公司领导又对周小姐说："你的专业能力确实非常出色，这从你设计的每一张图纸当中都能得到充分的体现。但是仅仅凭借自身的专业能力是不足以在事业道路上取得重大进展的，因为你的事业发展离不开公司的进步，也离不开客户的支持，而你恰恰忽略了公司与客户的利益，这样的话无论你自身能力多么出色，你的事业发展都会受到不良影响。"

如果把员工比喻为一粒种子，那么公司则是培育这粒种子的厚土。不论是为了个体的生存，还是为了实现人生的最高理想与价值，生命的成熟与成长，都必须在工作中得以完成，而公司这片厚土的价值也要靠员工的成长与进步来体现。如果把公司比喻为一艘船，那么员工便是承载船只的水，没有员工的努力与支持，公司的发展与辉煌就无从谈起，反之，若船只不能顺利航行，那么员工这片水域便再也没有了水涨船高的辉煌与气势。如果员工为种子，公司是厚土，那么客户便是种子生存与成长所必需的营养，没有了客户的滋润与浇灌，厚土将成为荒原，种子亦会过早凋零；如果公司是船，员工是水，那么客户便是令船只启动航行的风帆，正因为有了客户的大力推动，公司之船才能扬帆起航，员工亦可乘船破浪，一路前行。

员工自身的成长与整个公司的进步息息相关，而公司的进步和发展又与客户的支持密不可分，员工与公司及客户需同舟共济、一起扬帆远航。在实现共同成长的道路上，作为一名员工，需在日常工作当中端正如下基本观点：

● 努力推动公司进步才能实现自身不断发展

员工想实现自身成长，首先要努力推动公司这条大船向前航行。如果员工自己不努力，而只想搭着公司成长的顺风船一路前行，那是不可能的。且不说公司内部有相对公平的人才发展机制，也不说公司内部其他同事的竞争和抵制，就是公司自身面临的严峻竞争形势也迫使公司不得不优先让那些付出努力与做出成绩更多的优秀员工来首先取得事业的长足发展。因此，员工要想实现自身进步，就要不断地努力工作，认真做好自己应该做的每一件事情。

衡量一个员工是否努力工作、能否做好事情的重要标准就是看这个员工所做的工作是否能够有助于公司的发展、这个员工所做的事情是否是有利于公司的整体利益。如果一个员工的工作能力强、做事情的效率也很高，同时他所开展的工作与从事的事情都是为了推动公司进步来进行的，那么这个员工就是能够与公司共同进步的优秀员工；如果一个员工并不以推动公司进步和发展为己任，那么这样的员工无论其工作能力多强、做事情的效率多高，最终也不能成为与公司同发展、共进步的一员。

● 对客户负责就是对自己负责

员工要主动肩负起为客户服务的重责，任何时候都不要说那些不负责任的话，任何时候都不要做那些不负责任的事。在与客户交流时尤其要避免说出诸如"这件事我并不知情""我与这些问题没有任何关系""这种问题您可以去找××部门"等言辞。

作为一名员工，也许事实上你真的对于客户询问的事情并不知情，或者你确实与某些问题没有直接关系，又或者凭借你自己的能力无法帮助客户解决某些问题……但是，客户是通过你来了解公司以及产品的，而在与客户交流的过程中，你的形象即代表着整个公司的形象，在客户看来你既是帮助他（她）了解公司和产品的有关信息并解决一切有关产品的问题，而且你也确实有责任、有义务帮助客户做到这些。

从与客户进行沟通与合作的一开始，你就要坚定地告诉自己：我会为整个过程中遇到的所有问题承担责任，如果我没有能力解决某些问题，那么我也有责任找到解决这些问题的人，而不是把问题留给客户。

对客户负责就是对自己负责，当你以一种积极负责的态度去面对各种问题的时候，客户会因此而受到鼓励，并且会增加对企业及双方合作的信心，这种信心会直接影响到最终合作的成功。

通用电话电子公司的董事长查尔斯·李说过："最好的CEO是构建他们的团队来达成梦想，即便是迈克尔·乔丹也需要队友来一起打比赛。"

对于员工来说，在实现成长的道路上，我们的队友不仅仅是身边的同事、公司的领导以及一直支持我们的家人和朋友，还有我们的客户。我们的客户始终与我们相伴，没有客户的同行，路便不能称其为路，因为成长源于合作，没有合作就没有成长。

每天有所成长，日后将有成就

小白已经来公司五六年了，在现在这个人才交流和变化如此迅速的时代，小白能够在一个公司五六年而从没跳槽，这实在是很难得。不过，公司好像并不领情，在最近的一次人事调整之后，公司的人力资源部找小白谈话，他们委婉地告诉小白，公司将不再与他续签劳动合同——小白被公司解聘了！

小白感觉自己很委屈,他向人力资源部领导说:"我想和公司的杨总谈一下,我希望杨总能给我一个更合适的解聘理由!"人力资源部领导告诉小白:"杨总也想和你好好谈一谈,他就在隔壁的小会议室等你呢。"

小白来到了小会议室,在那里他看到杨总早已坐在那里了。看到小白,杨总伸手示意他坐到旁边的椅子上。还没等小白开口,杨总先说话了:"我知道你觉得自己很委屈,因为你并没有犯下什么严重的错误。而且,我也十分清楚,你的家庭负担比较重,所以我已经为你联系了另外一家公司,这家公司刚成立不久,正是用人的时候,而且他们特别需要一些经验丰富的销售人员。如果你愿意接受这份工作,我马上就打电话过去。不过,在你接受这份工作之前,我还是要奉劝你一句:到了那里,一定要努力使自己不断进步,到了一个新地方,就要有一番崭新的精神面貌。如果你仍旧像在咱们公司一样,始终保持原地不动而没有丝毫进步,那么你将来的事业恐怕也会出现挫折。"

杨总看了看对面的小白,又继续说道:"你在公司的这次人事调整中被解聘,这其实是公司领导和人事部长期考虑的结果,虽然你在公司基本上没有犯过大错,可是公司需要的并不只是不犯错的员工,而是需要那些能够不断进取、积极主动的员工。公司也要发展,如果每一位员工都像你一样在工作中总是消极被动地接受一些任务,而不能积极进取地实现自身的进步并主动推进公司的发展,那么咱们公司就不可能一步一步走到今天。"

听到杨总的话,小白先是一阵沉默,之后他回应说:"其实我早应该想到自己现在的结局,因为早在很久以前,我就感觉自己极大地落后于公司中其他人的发展了,像李健、张明、周涛……他们都是和我一起被招进公司的,可他们现在都已经成为公司的中高层领导,而我却仍然和刚来公司时一样还是一个普通销售员,而且销售业绩还一直不太好。谢谢杨总多年来对我栽培和鼓励,我愿意接受您刚才提到的那

份工作，而且我也决心到了新公司以后一定要积极进取，使自己每天都有新进步，绝不辜负杨总对我的支持……"

现代商业领域充满了严酷的竞争，恐怕任何一位员工都不喜欢自己被淘汰。可是，要想不被淘汰，那就首先要保证自己不落后于周围的同事及竞争对手，要使自己在每一天都能不断取得更大的进步。有些员工认为："谁不想取得进步，可是并非人人都能做到这一点，也许我就是属于注定不会取得进步与成功的那一类人。"心理学认为，人是思想的产物，积极的心理会导致积极的结果，而"不相信自己会取得进步与成功"的想法是消极的，这种消极的想法往往会使你最终成为落后与失败的那一类人。而当自己无法取得进步与成功的时候，一些员工又会自暴自弃，从而导致自己更难与成功结缘。

还有一些员工认为："我相信自己终有一天能够取得巨大成就，然而一直以来却未能碰到有利的成功机会，等到机会来临之时，成功自然会属于自己。眼前的工作过于琐碎和平庸，在这些工作当中是永远也不会找到出头之日的，所以眼下自己只能得过且过了。"于是，这些员工便一边胸怀伟大的事业理想，一边在日常工作当中庸庸碌碌、敷衍了事。结果，这些员工最终也没能等到成功机会降临的那一刻，所以他们只能在发现自己久无进步的时候抱怨命运的不公。

其实，无论是那些消极地认为自己不会取得成功的员工，还是那些坐等机会降临的员工，都没有认识到"不积跬步，无以至千里"的道理。没有人会一口吃成胖子，也没有人会一步跨入成功者行列，任何一位事业有成者无不经历了一步一个脚印的努力，无不是在积累了点点滴滴的成长之后才实现了伟大的成功。

因此，你要充满信心，要相信如果自己尽心尽力、积极进取，就一定能够取得进步并实现最终的成功。一步一个脚印地向前努力迈进，只要你每天都能有所进步，那么将来就必定能够取得伟大的成就。为此，我们提醒员工在日常工作当中需要努力做到以下几点：

● 具有积极、主动、进取的工作精神

每当发现自己在事业上一直没有取得预期中的进步之时,一些员工便会感到十分懊恼,同时也一直搞不懂,他们不明白自己每一次都按上司要求完成他们布置的任务,可为什么总是得不到上司的赞赏;他们每一天都做好自己工作范围内的每一件事,可是为什么总是没有其他同事进步得更快?

事实上,在日常工作当中,我们不难发现,在能力上不断取得进步、在事业上逐渐获得成功的员工,往往都是那些不仅仅能够很好完成上司布置任务的人,也不是那些仅仅做好自己分内工作的人,而是那些更加积极主动地完成工作的人。

你必须具有积极、主动、进取的工作精神,只有以这样的精神去认真努力地做好每一项工作,你才可能在每一天都取得相应的进步。同时,要以积极的眼光看待工作对于你的历练,要相信,你现在做的每一项工作对你来说都是一次难得的机会,你所做的工作越多、处理的问题越复杂,你进步得就越快。要知道,眼前的很多工作看上去与你自己的业绩没有直接关系,但是只要事关公司发展的大局,只要有利于与客户之间的友好合作,那么在做好这些工作的同时你就必定会拥有自己的收获。

● 勇于进行深刻的自我反省

你还应当具有勇于反省的精神,经常对自己进行深刻的反省活动,要知道自己的优点与不足,以便充分发挥自身长处、弥补自身短处,使自己不断得到成长与进步。在对自己进行深刻反省的过程中,同样要结合公司的整体利益及客户利益来进行,如果发现自身在维护公司与客户利益等方面出现问题,一定要及时采取积极措施加以修正。相信在你不断开展自我反省及进行自我修正的过程中，你就已经取得了自己应有的进步。

● **吸取他人优点，不断完善自己**

你还要学会从他人身上汲取精华，以谦虚认真的态度向他人学习，从而不断地完善自己，比如向周围的同事、公司的领导学习，或者向我们的客户甚至是竞争对手学习。在向他人学习的过程当中，一方面要懂得欣赏他人优点，另一方面要保持自己独立自主的精神与意志，不要盲目地崇拜、附和别人而贬低自己，而要通过与他人的对比更有效地完善自己，使自己取得更大进步。相信你一定能够通过自己与他人的竞争与合作促进彼此间的共同进步。

不局限于眼前的工作，不满足于眼前的能力，要把自己的发展空间想得更高更远，并全力以赴地朝着目标迈进。在实际工作当中，能否使自己的事业不断取得进步和发展，关键还在于你自己。

如果你本身从思想上不积极进取、不主动提高自身能力，那么无论别人怎么帮你，都不会有太大作用。而竞争形势激烈的现实也不允许职场中的我们停滞不前，如果我们不能实现自身的逐步发展和进步，那么最后我们只能大大地落后于其他人及公司乃至整个社会的进步！

要想在事业上取得巨大进步，就必须以一种积极进取的心态去面对自己的工作，要努力从每一项工作当中得到锻炼和进步，尽可能地从自己周围的每一件事、每一个人身上学习优点。长此以往，日积月累，日后必将有所成就。

● **放飞梦想，与客户一起同行**

邓小姐是一家办公用品生产企业的销售人员，最初进入这家企业的时候，邓小姐只是一名刚刚毕业的大学生，既没有丰富的经验，也缺乏

灵活的销售技巧，但是经过几年的实践锻炼，邓小姐现在已经成为这家办公用品生产企业销售业绩最高的优秀销售人员了，而且最近，该企业正决定提升邓小姐为主管销售工作的部门经理。

邓小姐究竟是凭借什么获得事业上的逐步成长的呢？

长期以来认真的努力与潜心的付出自不必说，用客户的话说，邓小姐是凭借其对于未来梦想的一片热情打动客户并激发客户与之进行合作的。原来，邓小姐能够取得较高销售业绩、赢得越来越多客户信赖与合作的"秘诀"，便是与客户共同放飞美丽的梦想——在与客户进行沟通的过程中，邓小姐总是不断地向客户描绘彼此合作成功所带来的美丽愿景。在邓小姐所描绘的美丽愿景当中，客户既可以从中清晰地看到自己在彼此的合作过程中所能获得的利益与价值，又能够进一步地想象出当双方之间实现长期合作之后彼此在未来事业道路上的不断成长，同时还能深深地体会到一种共同携手、一起向未来美好梦想同行的激情与向往。

邓小姐是如何做到这些的？

首先，邓小姐具有实现美好梦想的强烈愿望，而且她在与客户的沟通过程中适时地不断向客户表明自己内心的这种强烈愿望。在表明自身对于未来理想的强烈愿望的同时，邓小姐还会将客户未来的发展融入自己的未来理想当中，并且会充分运用她特有的热情去感染客户，让客户也置身于邓小姐描绘的美好梦想中。

比如，当客户表明自己暂时没有这方面预算的时候，邓小姐会声情并茂地告诉客户："您知道吗？公司今年给我定的销售任务是100万元，可我却为自己设立了150万元的销售目标，因为我想要成为公司内最高效、最优秀的销售人员，这样的话将来等我成为公司的销售经理之时，我就会拥有更多的资本，而与贵公司的合作就是我完成150万元销售目标的重要一步，而且我相信您同样希望贵公司的每一位员工都能像我一样高效而优质地超额完成工作，但是'工欲善其事，必先利

其器',如果公司的办公用品不够用、质量也不够好,那么员工又怎么能高效优质地完成工作呢?让我们一起努力促成彼此,好吗?"当客户提出邓小姐给的报价要比其中某一厂家的报价高出许多时,邓小姐则会非常自信地对客户说:"这正是我们公司的优势所在,因为我们公司的宗旨就是要为客户提供最优质的产品,而并非是廉价而不能确保质量的产品,也正因此我们公司才确立了在办公用品生产行业内的领先地位,而那些长期与我们保持密切合作的客户也能够在其各自的领域内树立了良好的形象……"

邓小姐的满腔热情以及她对于未来梦想的决心和信心使得客户相信:邓小姐对于自己未来的事业理想具有如此强烈的愿望,那么这种强烈的愿望就一定会激发邓小姐的全部努力。同时,客户还因为受到了邓小姐的强烈感染而坚定地认为,与邓小姐这么优秀的销售人员以及与其所代表的代表企业合作,这对于客户未来梦想的实现将具有重大推动作用,客户愿意与这样的销售人员及其企业一起同行,共同实现伟大的事业理想。

优秀的员工必定具有伟大的事业理想,而这种伟大事业理想的确立也并不是只根据自己的兴趣、爱好及能力特点来确定的,更不可能只靠自己一个人的力量就能实现。优秀的员工所确立的伟大事业理想必定是结合公司未来的发展愿景来确立的,同时还需要充分考虑客户未来的发展态势。当然,仅仅做到这些还不够,员工还需在工作中不断以伟大的事业理想作为自己的奋斗目标,并且坚持努力、不断向前。

● 有勇气向客户展示自己的事业理想

公开向客户展示自己的事业理想,比如告诉客户"我想要做哪些事情""我想把哪件事情做到较高的标准""我希望自己的销售业绩能够进入公司前五名""我这个月底想要完成100万元的销售任务"等。

有些员工认为，这种做法实在难免"说大话""吹牛皮"的嫌疑，而一旦不能像自己公开展示的那样实现自己的愿望，到最后在客户面前岂不是非常难堪？

公开向客户展示自己的愿望，这固然会给你带来一些压力，但是这些压力往往正是你实现这些愿望的巨大动力。更何况，与自身愿望的实现相比，暂时的压力又算得上什么呢？可以说，公开向客户展示自己的愿望，至少有以下三方面的作用：第一，这种方式可以更有效地激励自己的进取心，使自己更加积极主动地为愿望的实现付出努力；第二，这种方式有助于我们更加专注地实践自己的梦想；第三，这种方式有助于企业员工向客户传递自己促成合作的诚心与信心，而这种诚心与信心也可以有效地激励客户更加放心地与我们展开积极的合作。

● **描绘愿景的时候一定要做到清晰、明确**

你应当首先保证自己能够清晰、明确地描绘自己的愿景，如果连这一点都不能做好，那么即使你有足够的信心和勇气去公开展示自己的愿望，你也很难达到既定的目标。这是因为，如果你不能清晰而明确地向客户公开展示你的愿望，甚至于连你自己都不能清楚地知道自己到底想要实现怎样的愿望，那么你又如何使客户相信你有能力实现这种模糊而不确切的愿望！

那么如何使自己能够清晰、明确地描绘你的愿景呢？这就需要你根据自身及周围环境的客观实际来确定自己的目标和愿望，在目标和愿望得到确定之后，在纸上写下自己的这些愿望，并不断地大声朗诵，直至非常深刻地将这些愿望记在心里并能够随时随地表达好这些愿望。当你能够很好地做到这些以后，你就可以挑选合适的时机来向客户展示自己的愿望了。

● 将自己的愿望展示给客户时态度必须坚决

在公开展示自己的愿望时，你的态度一定要十分坚决，心理要足够自信、勇敢，告诉自己：把我的愿望告诉给客户，这是对我有利的事情，这也是我应该做到的事情。如果你不能确定自己足够自信、勇敢和坚决，那么你就不要贸然公开展示自己的愿望，因为临阵退缩会挫伤你对自身愿望的信心，而且也会向客户传递出你对自己的不自信，一旦如此，那么客户就很难再对你们之间的合作产生足够的信心了。

为了增强自己在展示愿望时的信心和勇气，不妨在日常生活与工作中这样做：每天从家里外出之前，对着镜子大声说出自己想要实现的愿望；在公司里，要经常充满自信地向你的同事、上司及其他人说出你的愿望；在与客户交流之前及交流过程中，你也可以不断地告诉自己及客户，你想要实现的目标是什么。这种做法，一方面可以增强你实现愿望的信心，另一方面也可以使周围人感受到你的这种自信，同时还可以达到让周围人监督你、激励你的作用。

● 热情描绘与客户合作成功的美丽愿景

除了要态度坚定、明确清晰地向客户描绘我们个人的事业理想及公司的发展愿景，你在与客户进行沟通的过程中还应当着重向客户描绘彼此合作成功的美丽愿景。在描绘这些美丽愿景的过程，一定要保持激情饱满的积极状态，因为你的状态将直接影响客户对于你所描绘愿景的信任程度及热情水平。用热情的态度、积极的语言和充满感染力的表达方式告诉客户一旦彼此合作成功将会具有怎样的美丽前景、将会获得怎样的发展机会及既得利益等。这会令客户从中受到鼓舞和感染，还会使客户对于彼此合作的成功怀有美好的憧憬和强烈的渴望，在这种基础之上进行合作，必将水到渠成。

放飞我们的梦想,和客户一起同行——没有伟大的事业理想,就不会有我们不断向前推进的事业发展道路,但是仅仅拥有伟大梦想是远远不够的,我们必须将客户未来的发展目标、公司愿景与个人理想紧密结合,并将公司及个人的未来梦想传递给客户,让客户了解我们的成长愿望,坚定客户与我们相互合作、共同成长的信心与决心,同时也帮助客户树立一种努力向前迈进的决心与信心。要相信,当我们的梦想与客户的梦想共同放飞之时,我们与客户也必将在彼此的合作当中一起奔向美好未来!

与客户患难与共,缔结坚固友谊

一位推销保险的女销售人员在给一位客户打电话时得知,客户的女儿在学校不小心被水烫伤了,随即,这位女销售人员询问了孩子被送进了哪家医院。当她赶到那家医院时,她发现孩子的腿和脚都被烫得很严重,接着她又发现客户面临的问题还不仅仅这些:

孩子的母亲正在国外接受培训,一个月以后才能回来;而孩子的父亲——那位在电话中联系的客户,他的工作十分忙碌,就在照料孩子的一个小时之内,他已经接听了无数个电话,而且还推掉了两三个会。孩子正因为父母都忙所以一直住在寄宿学校,结果却发生了这样的事情!

看到客户忙得焦头烂额的样子,女销售人员主动提出由她来照顾孩子,她告诉客户:"正好我也有一个同样大小的女儿,我可以把孩子接到家中照顾,这样我的女儿正好可以和您的孩子一起补习功课,要不然,等孩子的伤好了以后,恐怕也要落下很多功课了。"

之后,女销售人员实现了自己的承诺,她把孩子照顾得非常周到,而且孩子在养伤期间的功课也没有被落下。等到孩子的母亲从国外回来以后，夫妻俩十分感激她的帮助，他们不仅主动购买了一些家庭保险，而且还介绍她做成了他们各自公司的一些保险业务。

后来，这位女销售人员因为遭遇了一次意外事故而受了重伤，这使得她在两三个月的时间之内不能正常到公司上班，也不能像往常一样为客户提供一些相应的服务。

然而，在养伤期间，这位女销售人员却并没有闲待着，在她刚刚能够坐起与外界进行通话联系的时候，就让自己的爱人到公司中拿了客户资料，然后根据客户资料显示的信息，她又逐个与这些客户取得联系，并把自己眼前面临的实际情况告诉了客户，同时她还不忘对每一位客户说：

"虽然我现在受了一点伤，不过没关系的，医生说等到两个月以后我就可以正常工作了，而且现在我在医院里同样可以联系公司为您处理那些急需处理的事情。如果在我养伤期间有哪些问题不能令您满意的话，您可以及时打电话与我联系，相信我一定会协调处理好的，等到两个月以后我会上门为您提供相关服务……"

这位女销售人员并没有因为自己受伤而流失一位客户，而且很多客户都被她这种敬业的精神和乐观的态度所深深感动，有一些客户还去医院看望了她，同时表示会继续与她合作并愿意为她介绍更多的客户。

天有不测风云，人有旦夕祸福，无论是员工个人、整个企业，还是我们的客户，在现实生活当中随时都有可能面临困境和遭受挫折。我们要积极主动地迎难而上，并且要尽自己最大努力在困难中维护与客户之间的友好关系。甚至可以说，只有与企业、与客户共同经历了风雨与灾难，在齐头并进面临困境时一起努力保持友好合作，才可以真正称得上是"风雨同舟"，彼此之间也才能够真正地一起扬帆远航。

当种种的不顺利与艰难的困境向我们及客户袭来的时候，一定要坚定信心，与客户患难与共。在实际工作中，无论面临如下哪种难题，你

都需要打起十二分的精神、付出百分之百的努力：

● **当客户面临困境或遭遇难题时**

你的客户可能会面临一些难题，如果你在沟通的过程中发现了客户的这些难题，那不妨尽可能地帮助他们进行解决，因为当你这样做的时候，你得到的不仅仅是客户的感激和信任。如果当客户面临困境或遭遇难题时，你不能与客户肩并肩、手挽手地与客户共患难，甚至对客户落井下石，那么客户必然会以他们所能采取的最激烈的方式来对你的冷漠行为进行报复，而拒绝合作也许只是客户所采取的方式之一，你因此而失去的也不仅仅是眼前这位的这位客户，还包括个人信誉并造成了企业形象的破坏以及其他客户的不信任。

● **当员工个人或企业面临困境或遭遇难题时**

员工个人在生活及工作当中遇到的一些问题或遭遇的某种困境有时会影响到与客户之间的合作，比如在与客户沟通与合作期间员工个人的身体出现问题、家庭成员遭遇某种意外，或者由于某项工作的意外导致员工不能按照规定的时间和要求为客户提供服务等。当遇到类似的问题时，你要努力排除困难去与客户展开联系、为客户提供相应的服务，尽可能地将难题控制在自己这一边，而切勿将问题带到与客户进行沟通与合作的工作过程中。如果你暂时无法为客户提供某些服务或创造某些利益，那么也要及时向客户说明情况，并寻找能够代替自己为客户提供服务的同事、上司或其他人去与客户展开合作。

企业面临的某些困境往往会对与客户之间的合作产生十分重要的影响，比如企业的资金周转出现问题导致的原材料无法供应，这将直接导致客户需要的产品无法及时送达；又如企业的客户信息系统出现故障，这又会导致很多客户信息的流失，从而导致内部员工无法及时准确地了解客户资料、与客户进行充分沟通……当这些问题难以避免地出现的时候,切勿采取虚假承诺应付客户,也不要用一些谎言来遮遮掩掩,而要有技巧地告诉客户实际发生的问题,并且要坚定地告诉客户,一定要相信你,相信你的公司,相信只要你们携起手来就一定能够渡过难关、再创辉煌!

客户通常都是通情达理的,在你面临困境或企业遭遇难题的时候,只要你能尽全力地维护与客户之间的沟通与合作、尽可能地保证客户的利益,那么客户在了解到你的困境之后一般是愿意与你患难与共的,而且在彼此共同经历了重大的危难与困难之后,你与客户之间的合作关系往往会更加紧密,彼此之间的心理距离也会分外亲近。

"燕子去了,有再来的时候;桃花谢了,有再开的时候",但客户一旦失去,通常都会一去不回头。当客户因为遭遇困境和面临难题而无法与你展开合作时,或者当你遭遇困难而暂时不能为客户提供某些服务的时候,你千万不要因此而放弃客户,因为此时一旦你放手的话,那么你就会永远地失去客户。

当发现客户遇到困难时,不妨尽你的最大努力向他们伸出援助之手;当你自己遇到困难的时候,也要尽自己最大努力去与客户保持密切的联系。

要相信你与客户可以结成患难与共的亲密关系,而且在患难中结下的友谊往往更经得起考验。不要仅仅为了销售产品或售后服务去和客户沟通,而应该和客户成为患难中的朋友和休戚与共的合作伙伴,这种友好关系一经建立,就会更加持久、更加稳固。

第八章 真诚合作搭建心灵之桥

携同公司一起进步

小安所在的公司发展很快,很多和小安一起进入公司的人都依靠自己的努力得到了公司的重用。最近,公司合并了另外一家公司,正在对内部人才进行整合,又有一批同事得到了提升,而唯独小安仍然保持原位。小安心里越来越感到不平衡了,他问自己:"为什么公司在发展之后提升了那么多同事,而唯独我一直以来都没有得到重用呢?"

在公司成功合并另外那家公司的庆祝大会上,新任总裁在大会上发表讲话,其中有一段话令小安印象深刻。总裁说:"公司有了今天的进步离不开每一位优秀员工的努力付出,希望大家今后仍旧能视公司成长为己任,再接再厉,和公司共同成长,并且希望大家认真协助我的工作。"

"和公司共同成长?为什么公司成长了而我仍然像以前一样原地踏步呢?"小安在员工席上自言自语,言辞中颇有愤愤不平之色。这时,他的前排正好坐着公司的人力资源部总监罗总,罗总在无意中听到了小安的话,但他没说什么,只是回头看了看小安,然后继续听总裁讲话。

总裁的话讲完之后,罗总走到台上发言。罗总说:"作为公司的人力资源部总监,我要说的就是有关公司人力资源调整的一些事情。大家都知道,公司发展很快,这就需要有更多、更优秀的人才充分发挥他们的才干,挖掘他们的潜能,而公司的发展实际上就是在这些人才的共同努力下实现的。因此,公司对人力资源的调整也是依照每位员工对待公司的态度和为公司创造的价值进行的。"

顿了一顿，罗总继续说："台下的诸位，有的人随着公司的成长已经实现了自身价值的不断提高，我在此对你们取得的成就表示祝贺；同时，也为你们对公司做出的努力表示感谢。在公司成长的每一步中，你们都主动承担了必要的责任，你们在追求自身进步的同时也推动了公司的成长，这正是你们得到提拔的重要原因，也是你们以后仍然能够取得更好成绩的有力保证。

"还有另外一些人，你们可能在公司默默无闻地工作了很多年，而你们直到今天还默默无闻，你们也许觉得自己的处境不够公平，当然，我也为你们的处境感到难过。不过，我想告诉你们的是，从大家走进公司的那一天起，公司就希望每一位员工都能够在公司中得到成长，因为公司的成长靠的是大家的共同努力。如果直到今天，你们才发现在公司成长之后自己仍然停留在原地，那么我想一定是你们过去的工作出现了问题。

"我的意思是，实现自身的成长是每一位员工必须承担的责任，而对自己的这种责任和推动公司成长的责任是合为一体的，如果你们过去从来没有承担过实现自身成长的责任，也没有把公司的成长当成自己的责任，那么今天在公司获得成长机会的就理所当然地不是你们。不过，现在想清楚这一点还并不算晚，因为你们还在这里，这里会为你们提供公平而宽广的事业平台，我希望在以后的工作中你们能够全心全意地为公司的成长贡献自己的价值。路就在你们自己的脚下，要如何走或者要走到哪一步完全靠你们自己的选择了。"

听到罗总的这番话，小安羞愧地低下了头，他过去看到别人取得进步时总以为那都是机会使然，而这种机会是可遇不可求的，却从来都没有想到成长是一种责任，促进公司的成长也就是促进自己的成长，只有携同公司一起进步，自己的事业道路才会愈加宽广。

优秀的员工会以推动公司成长作为自己的重要责任，也正是在这种强烈责任心的推动下，这些优秀的员工为推动公司的成长付出了自己

的巨大努力，而与此同时，这些优秀的员工自身也实现了应有的进步和成长。其实，作为公司的一员，员工原本就应该以推动公司发展和实现自身进步为己任，携同公司一起进步。然而，在现实生活中，并不是每一位员工都能做到这一点的，一些员工认识不到自己身上的重任，在放弃成长重任的同时他们也失去了一次次与公司一起进步的机会。对于这些员工而言，若想搭上公司成长的顺风船，首先要从自己做起，至少从以下两方面做出长期而又切实的努力：

● **努力提升自己的专业技能**

无论从事什么行业，无论身在哪一家公司，只要想在该行业中站稳脚跟，想在企业内做出一番成就，就必须具备精到的专业技能，而且还要始终以一种精益求精的态度不断提高自己的专业技能。专业技能水平的高低对于员工在这个行业中的成长具有关键作用，可以说专业技能是实现个人成长的敲门砖，而专业技能水平的高低也从很大程度上决定了员工对于推动公司成长所贡献力量的大小——谁也不能奢望一个专业技能水平很低的员工能够在竞争形势日益严峻的形势下大力推动公司取得长足进步，同样的道理，任何一个员工都不可能脱离专业技能之本而空谈事业的进步与成长。

专业技能水平的高低往往决定了员工在实际工作中能够创造价值的大小，从而也决定了员工日后的成长态势。如果你对自己持以敷衍了事的态度，不愿意潜心提高自己的专业水平，那么你就很难在工作中实现成长，获得进步。试想一下，一个专业技能平平的人，如何能够在工作中创造更大的价值，又如何能够实现自己价值的日益成长、促进公司的不断进步呢？现代竞争形势如此激烈，如果你不能在某一专业上做到精益求精，那么实现成长的目的就无从谈起，而且你随时都可能面临被淘汰的结果。

这种说法没有一丝一毫夸大的成分，而是从现实生活当中每一位员工面对的客观实际得出的结论。看看周围那些发展迅速的公司，在公司迅速发展的过程中，为了保持公司的正常运转，为了提高公司的整体实力、保证公司拥有强大的竞争力，这些公司每年都不得不忍痛淘汰一些专业水平较低的员工。因为这些员工已经跟不上公司的成长，这些员工的专业水平始终保持原地踏步。在充满竞争的企业发展大潮当中，不进则退，企业不能因为一些员工的不求进取而使整个企业居于危险之地。

因此，无论从推动公司发展的角度出发，还是从自身的进步与成长来考虑，你都十分有必要努力提升自己的专业技能。事实上，也只有不断提高自己的专业技能水平，才能在工作中实现自己的价值与目标，才能让自己不断成长，并充分发挥自身力量推动公司的进步与发展。

● **毫不吝惜地挖掘自身潜能**

我们之所以强调要"毫不吝惜地挖掘自身潜能"，是因为在挖掘自身潜能这一问题上，确确实实存在这样一些员工，他们靠上司的督促和客户的要求去发挥自身能力，只要能够勉强过了上司或客户的关口，便将自身潜能的开发理解为"多一分则太浪费"。在追求成长的道路上，任何一种知识能力的开发、运用和挖掘都不会成为浪费，因为这些知识能力无论怎样开发、运用和挖掘最终都是属于你本身的，任何人都夺不走、拿不去。而且，这些知识能力还会愈用愈多、愈挖愈深，会成为你一生用之不竭、取之不尽的成本和资源，而无论是实现自身的成长还是推动公司的发展都离不开这些成本与资源。相反，如果知识与能力得不到有效的开发和利用，那么拥有再多的知识与能力也一无用处，况且久置不用还会失去其应有的效力，因为知识和能力也是有使用期限的，且必须不断更新和补充，在这个发展迅猛的现代商业社

会尤其如此。

因此，切勿吝惜自身知识与才能的发挥和运用，同时还要不断地在工作实践当中努力挖掘自身潜能，这是你实现自身成长的重要基础，也是推动公司进步与发展的力量之源。

当整个公司以及公司内部其他同事都已取得事业上的巨大进展而你仍然没有取得进步的时候，切勿浪费时间慨叹命运和机会对自己的不公，也不要再抱怨老板的苛刻和吝啬了。你的收获由你的付出来决定，公司不会让那些能够推动公司取得巨大发展的优秀员工遭受任何的不公平，因为公司的发展需要这些优秀员工的共同努力。

如果愿意，你也可以成为推动公司发展的一名优秀员工，只要你愿意携同公司一起进步，并能潜下心来努力实现自身的成长与进步，那么你就一定能够抓住真正属于你的成长机会，并能在实现自我成长的同时让自己成为推动公司成长的重要一员。